Über dieses Buch

Nach seinem Bestseller ›Alter Narr, was nun?‹ legt Werner Finck jetzt ein neues Buch vor. Waren es damals autobiographische Satiren, sind es heute Erzählungen, Glossen, Reden, Gedichte im Kästnerstil und geistreiche Wortspiele aus einem halben Jahrhundert satirisch-kabarettistischen Wirkens.
Alles, was dem Zeitkritiker und Alleinunterhalter im Laufe der Jahre so »zwischendurch« begegnet und eingefallen ist, hat seinen in der Pointe verborgenen Doppelsinn und seine kritisch-humoristische Wirkung noch nicht verloren.

Der Autor

»Unter einen Hut sind wir nie zu bringen.
Aber unter einen Helm sofort.«
Werner Finck, 73, ist bis heute nicht nur Kabarettist, Schauspieler, Conférencier, Schriftsteller, Humorist und Satiriker. Er hat auch seine unverwechselbare Originalität bis ins hohe Alter hinein erhalten. Er ist geblieben, was er immer war: Ein pointierter Streiter für die Freiheit des Geistes und des Wortes.

Werner Finck

Zwischendurch

Ernste Versuche mit dem Heiteren

Fischer Taschenbuch Verlag

In Zusammenarbeit mit dem Autor
herausgegeben von
Bartel F. Sinhuber

Editorische Anmerkung

Die nach Möglichkeit chronologisch angeordneten Texte sind meist selbst Zeit-Kommentar genug, nicht zuletzt jene resümierenden Silvester-Ansprachen, die – für verschiedene Gelegenheiten geschrieben – häufig die Jahre beschließen. Was der Herausgeber darüber hinaus erinnernd erklären zu müssen glaubte, ist kursiv gesetzt. In vielen Fällen jedoch durfte er getrost auf die noch andauernde Aktualität des damals Geschriebenen bauen.

B. F. S.

Fischer Taschenbuch Verlag
Juli 1977
Ungekürzte Ausgabe
Umschlagentwurf: Jan Buchholz/Reni Hinsch
Fischer Taschenbuch Verlag GmbH, Frankfurt am Main
Lizenzausgabe mit freundlicher Genehmigung der
F. A. Herbig Verlagsbuchhandlung, München – Berlin

Gesamtherstellung: Hanseatische Druckanstalt GmbH, Hamburg
Printed in Germany
1845-680-ISBN-3-436-02502-x

INHALT

VORABGESAGT

WERNER FINCK: Nachdem mein letztes Buch so ein Bestseller . . .
HERAUSGEBER: Ihr vorletztes.
WERNER FINCK: Also gut, mein vorletztes. Das letzte zu schreiben, bin ich ja gerade im Begriff.
HERAUSGEBER: Das brauchen Sie ja nicht mehr zu schreiben. Liegt doch alles schon vor.
WERNER FINCK: Jetzt reden Sie schon wieder von dem Buch, das Sie herausgeben wollen.
HERAUSGEBER: Und Sie meinten das Buch, an dem Sie jetzt schreiben? Eine Viertelseite pro Woche – im Durchschnitt.
WERNER FINCK: Schön wär es ja, aber dazu kommt, daß ich viele Wochen nicht dazu komme. Unter den gleichen Bedingungen ist ja auch der »Alte Narr« entstanden.
HERAUSGEBER: . . . was nun?
WERNER FINCK: So einen Erfolg wird man nicht wiederholen können. Auf dem Gebiet der Literatur war der »Alte Narr« mein größter Erfolg – vor allen Dingen für das Finanzamt, dem ich Steuern in schwindelnder Höhe – sagen wir steiler Höhe – entrichten mußte, denn dem Finanzamt gegenüber zu schwindeln, ist ein Dichter viel zu unbegabt.
HERAUSGEBER: Sie sagten einmal . . .
WERNER FINCK: Das kann nicht stimmen.
HERAUSGEBER: Was?
WERNER FINCK: Daß ich einmal etwas gesagt habe. Ich habe alles schon hundertmal gesagt. Auch das habe ich . . .
HERAUSGEBER: . . . schon hundertmal gesagt.
WERNER FINCK: Gedankenleser!
HERAUSGEBER: Wir kommen leider vom Thema ab.
WERNER FINCK: Leider? Gott sei Dank. Je öfter unsereins vom Thema abkommt, um so mehr freut sich das Publikum, je mehr ich zur Sache komme und bei ihr bleibe, um so enttäuschter sind die Zuhörer. Aber gut, ich will kein Spielverderber sein: Unser Thema ist die Herausgabe alter Manuskripte von mir. Ich bin dagegen. Dagegen bin ich für . . .
HERAUSGEBER: Moment mal, sind Sie jetzt dafür oder dagegen?
WERNER FINCK: Für . . . Das ist doch selbstverständlich. Wie oft soll ich das noch sagen.
HERAUSGEBER: Hundertmal.
WERNER FINCK: Das hätte von mir sein können.
HERAUSGEBER: Welche Ehre, großer Meister, aber wir kommen so nicht weiter.
WERNER FINCK: Wie weit wollen wir denn kommen?
HERAUSGEBER: Daß das nächste Buch im Herbst erscheint.

WERNER FINCK: Also meinetwegen. Wenn Sie die Verantwortung übernehmen, soll es im Herbst erscheinen.
HERAUSGEBER (atmet auf): Dann kann ich ja endlich die Manuskripte in die Setzerei geben.
WERNER FINCK (atmet aus): Unter einer Bedingung: Daß ich bestimmen kann, in welchem Herbst.

Diese Unterhaltung hat nie stattgefunden, jedenfalls nicht in dieser komischen Form. Die erwartet man ja leider von mir, die Verfremdung ins Komische. Man will nicht viel nachdenken über das, *was* ich gesagt habe, sondern lachen darüber, *wie* ich es sagte. Ich habe schon hundertmal gesagt, daß es mir umgekehrt geht wie einem konventionell predigenden Pfarrer, noch besser einem akademischen Redner: Wenn bei deren Predigten oder Reden mehr als dreimal gelacht wird, könnte das ihrem Ruf schaden; wenn ich mich eines wissenschaftlichen Tones bediene (statt bei meinem Leisten zu bleiben) und bei meinen Vorträgen nicht mehr als dreimal gelacht würde, wäre mein Ruf genauso gefährdet. Ein lebenfüllendes Dilemma. Deshalb, ganz allein deshalb mein Unbehagen, lebenslänglich als Kabarettist abgestempelt zu bleiben. Darum, Kabarettist bleib bei deinem Leisten. Daß du etwas geleistet haben mußt, zeigt allein schon die Tatsache, daß dein Name in zwölf (!) Nachschlagewerken verzeichnet ist:
Brockhaus-Enzyklopädie, Wiesbaden 1966ff.; Der Neue Brockhaus, Wiesbaden 1968; Meyers Großes Personenlexikon, Mannheim 1968; Meyers Großes Handlexikon des gesamten Wissens, Mannheim 1968; Wer ist Wer? Das Deutsche Who's Who, Berlin 1967; Ullstein Handlexikon, Berlin 1964; Bertelsmann Lexikon (Lexikothek), Gütersloh 1972ff.; Knaurs Lexikon a–z, München 1965; Der Große Knaur, München 1967; Der Neue Knaur, München 1975; Duden-Lexikon, Mannheim 1967; Der Große Duden, Mannheim 1965.

HERAUSGEBER: Darauf würde ich doch stolz sein.
WERNER FINCK: Ich sagte verzeichnet – nämlich als Kabarettist, nicht als »Dichter«. In den einschlägigen Literaturlexika findet man meinen Namen nirgends. Wie finden Sie das?

HERAUSGEBER: Um es kurz zu sagen: zu lang. Müssen denn all diese Nachschlagewerke hier aufgeführt werden?

Der Schauspieler, der Politiker, der Lyriker, der Epiker, der Seelsorger, der Philosoph Finck steht immer im Schatten des einmaligen Kabarettisten. Daß wissenschaftlicher Ernst und spielerisches Vergnügen einander ausschließen, das ist ja der Leidfaden meines Lebens und das ständig variierte Thema dieses Buches, gegen dessen Herausgabe ich mich sträube. Es enthält noch immer vieles, was meinen Lesern bekannt vorkommen dürfte. Über meine Art, das alte Thema immer wieder neu anzubringen, schrieb Friedrich Luft in einer Kritik: »Das hat es so noch nicht gegeben, eine solche Durabilität von Witzen, die, als sie noch ganz neu waren, schon wie Spontaneinfälle wirkten, und die nun auch heute, also nach Jahrzehnten der Repetition, immer noch zünden, als seien sie wirklich Momenteinfälle.«

Zu den Wiederholungen kommen schließlich die Fülle der »Witze« und die unzähligen Wortspiele. Davon lebt das ganze Buch. Davon könnte es aber auch umgebracht werden. Zumal es in einem Land erscheint, das mit »Witzen« und Wortspielen allzuoft wenig anzufangen weiß.

Der Witz als Einfall, der primitiv erzählte Witz, der Mutterwitz, der kreative Witz, sie alle werden hierzulande in einen Topf geworfen.

Wieviel charmanter und eleganter gehen die Franzosen mit dem Begriff Witz um: Der Kalauer alias Calembour hat den niedrigsten Rang. Ihm schon weit überlegen ist das Aperçu, das Bonmot wird bereits mit gezogenem Hut begrüßt, vom Aphorismus ganz zu schweigen, der das Zeug zur Unsterblichkeit hat.

Zu den seltenen Liebhabern des Wortwitzes unter den deutschsprachigen Schriftstellern gehörte kein Geringerer als Karl Kraus: »Der Wortwitz, als Selbstzweck verächtlich, kann das edelste Mittel einer künstlerischen Absicht sein, indem er der Abbreviatur einer witzigen Anschauung dient. Er kann ein sozialkritisches Epigramm sein . . . Beim Witz ist die sprachliche Trivialität oft der Inhalt des künstlerischen Ausdrucks. Der Schriftsteller, der sich ihrer bedient, ist echter Feierlichkeit fähig. Das Pathos an und für sich ist ebenso wertlos wie die Trivialität als solche.«

Zum Thema politischer Witz hier ein Zitat aus einem Brief von Dr. Fritz Hippler, seinerzeit Referent in Goebbels' Propagandaministerium: »Dann und wann werde ich auf Ihre liebenswerten Memoiren mit der Frage angesprochen, warum Sie jene Episode nicht erwähnen, das Sie eine Zeitlang (etwa 1935 oder auch später) in der damaligen Bavaria-Wochenschau jeweils regelmäßig ein ›unpolitisches‹ Sujet in dem Ihnen eigenen Stil kommentierten. Roellenbleg und ich als der Verantwortliche hatten dieserhalb bekanntlich öfters Krach mit Goebbels. Und als Sie dann einmal einen Eisbären, der zwischen Eisblöcken spielte, in einem weiterführenden Wortspiel als ›Eisblockwart‹ bezeichneten, gab es einen Bannstrahl Hitlers, dessen striktes Verbot es uns leider unmöglich machte, diese witzigen Sujets weiter durch Sie besprechen zu lassen.«

Inzwischen ist der längst fällige Termin für den Druck unseres Buches überfällig. Vom Verlag aus ist alles bereit. Man wartet lediglich noch auf den Startschuß des Autors. Er hat ja, wie gesagt, versprochen, ihn zu geben. Für den Herbst. Er dachte an den Herbst 1977. Der Verlag an den Herbst 1975. Nun erwägt der Autor einen Kompromiß, wenn er die noch fälligen hundert Korrekturen und Streichungen des Buches bis zum Herbst 1976 schafft.

Im Herbst 1975 *Werner Finck*

Unter den unveröffentlichten Manuskripten, die es für diesen Band zu sichten galt, fanden sich einige auf das Jahr 1919 zu datierende Gedichte. Teils als Kuriosum, teils als Dokument stehen sie hier zu Beginn der Sammlung. Damals, im ersten Nachkriegsjahr, war der Autor siebzehn Jahre alt.

Dunkle Unrast lähmt mir meine Sinne,
Und auf meiner Sprache liegt ein Bann.
Alles, was ich auch beginne,
Glotzt mich fremd und höhnisch an.
Glaubt mir doch den Faden, den ich spinne,
Den ich unbewußt begann.

GEDICHT AN LIESEL REIMANN

Langsam schleichen sich die Stunden,
Rasend schlägt mein Herz dazu.
Ewigkeit sind die Sekunden,
In dem Schlaf selbst keine Ruh'.
Morgen erst kann ich sie sehen,
Auch das ist noch Ewigkeit.
Nacht, willst du denn nicht vergehen?
Niederträchtige Ewigkeit!

Gott, hab Erbarmen
mit mir Armen.
Erst kürzlich hab' ich dich gefunden,
noch frisch sind meine tiefen Wunden.
Bewahre mich in aller Zeit
vor Zweifel und vor Schlechtigkeit.

ÜBER EINE ZUGBEKANNTSCHAFT

Glücklich ist, wer vergißt,
wenn sie auch ganz niedlich ist.

Aber wehe, es gelingt nicht,
dieses Mädelchen bezwingt mich. (Späterer Nachtrag?)

IN EIN POESIE-ALBUM

Du süßes, gutes Mädel,
ich habe viel gesehen,
noch keine war so edel,
so feurig und so schön.

Und eine Künstlerseele
lebt gern im Überschwang,
drum nimm aus meiner Kehle
des armen Toren Dank.

Noch öfters will ich lieben,
das ist des Künstlers Los.
Was mir von dir geblieben,
ist heilig, schön und groß.

Ob auch die Flut die Dämme bricht,
speit ihm der Feind auch ins Gesicht.
Ob auch das stolze Reich zerkracht,
Der Deutsche lacht.

Winkt auch der Tod mit eis'ger Hand,
verheert der Räuber auch sein Land,
ob sich der Feind im Land verschanzt:
Der Deutsche tanzt.

Will man ihn auch in Stücke fetzen
und ihn in Tod und Schande hetzen:
Der Deutsche bleibt ein blinder Wicht
und merkt es nicht.

1929 wurde in Berlin die Katakombe eröffnet. 1930 schrieb Finck in der Zeitschrift »Das Volksspiel«:

»KATAKOMBE« UND ÜBERHAUPT

Sie verlangen wirklich zuviel von mir, Herr Doktor! Da überanstrenge ich mich nun Tausendundeine Nacht, Ihnen einen Aufsatz über die »Katakombe« abzuliefern, in dem endlich einmal meine wahre Natur, der ostelbische Pfarramtskandidat mit dem tiefen und gewissenhaften . . . Nein, Sie sollen ihn nicht haben, den gut vorbereiteten langen Nachsatz. Hätte ich Sie nie mit meinem ersten Entwurf betelephoniert! Meinen Stil den preußischen Jahrbüchern ähnlich zu finden, und statt dessen auf meinem lächerlichen Conferenceton zu bestehen. Wann wird man mich endlich einmal ernst nehmen? Aber Ernst beiseite, allen Spaßes, Herr Doktor: Die Situation des heutigen Kabaretts kann man doch gar nicht anders als langweilig schildern. Das liegt an der Materie. Aber ich verstehe; eben deshalb soll ich Ihnen mehr von der Katakombe erzählen. Ja, wer hätte das vor einem Vierteljahr geglaubt, daß die Katakombe so zugkräftig werden würde. Sie kennen doch unsern Raum, diese verunglückte Mischung aus bayerischer Bierschwemme, Ahnengalerie und Lyzeumsaula, während die Konkurrenz ihre Gäste mit allen Reizen der modernsten Innenarchitektur kitzelt. Nach einer Woche spätestens wären noch vier Mann im Zuschauerraum. Nämlich: die Kellner. Das hat uns jeder Fachmann prophezeit. Und wie kam es? Fünf Kellner sind jetzt im Zuschauerraum, statt vieren. So gut geht die Goldgrube. Vier Tage vor der Eröffnung wollten wir eigentlich schon schließen, weil wir zwar genügend Künstler, aber nicht eine Zeile Repertoire hatten. Mit der einstimmigen Abneigung gegen alle zeitgenössischen Kabarett-Texte sexual-neurotischen Einschlags war noch nichts geholfen. (Allerdings gab das eine tüchtige Grundlage. Das ist weniger paradox, als es zuerst klingt.) Einer von uns, dessen Namen ich nicht nennen will (ich bin zu bescheiden, um mich auf diese Art vorzudrängen), kam schließlich auf den Gedanken, eigene Gedichte zu verwenden. Teilweise schrieb er sie den andern auf den Leib, teilweise sagte er sie selbst auf. Die notwendigen Szenen wurden zu zweit verfaßt bzw. gemeinsam auf der Stellprobe gebaut. Auf Stegreifproben kommen ja oft die besten Witze zustande. Da hatten wir z. B. eine Parodie des blauen Vogels. Da blieb kein Stuhl trocken im Publikum. Und wie hieß das Kennwort der ersten Probe: Finanzministerium!! Katastrophe über Katastrophe. Es gab weder Text noch sonstige Anhaltspunkte. Jeder redete, was dem andern gerade einfiel. Schließlich machten wir uns über unsere eigene Unfähigkeit lustig.

Diese Lustigkeit brachte in kurzer Zeit die Szene in Reih und Glied. Das andere kam ganz von alleine. Wollen Sie sich jetzt bitte notieren: Billige Russenhemden erzielt man am schnellsten durch Überstreifen des Oberhemds über die Hosen. Zweitens: Charaktereigenschaften werden am sichersten erkannt, wenn man sie weniger spielt als ausspricht. Beispiel: »Ich bin typisches russisches alter Mann. Ich habe einen langen Bart und eine knorzige Stimme; von vieles Wodka trinken. Ich muß immer steh'n auf Steppe und schauen über Wolga.« Der Darsteller dieser Worte hatte übrigens einen allabendlich ausverkauften Lacherfolg mit einer zur Tugend gemachten Not: Er tanzte den kniegebeugten Krakowiak. Da es ihm aber an der nötigen Kniegelenkigkeit gebrach, zog er sich immer zwei Stühle heran, auf die er seine Ellenbogen stützen konnte. (Figur drei unserer nicht vorhandenen Abbildungen.) Das Publikum vergaß das Bezahlen vor Vergnügen!

Überhaupt merken Sie sich das, meine verehrten Unbekannten: Zwischen zwei Kompliziertheiten ist der Knüppelvers immer der kürzeste. In dem Bestreben, alles Geschehen auf die primitivste Formel zu bringen, ähneln wir den Laienspieltruppen à la Haaß-Berkow (O armes Häschen in der Grube; dort drinnen liegt begraben meine schönste Hoffnung. Du hast sie in immer neuen Serien zu Tode getanzt!), Hanns Holtorf und wie sie alle hießen.

Aber jetzt fragen Sie mich bitte einmal unaufgefordert: Welches sind wohl die Grundbedingungen zum Gelingen eines Kabarettprogramms in euerm Sinne? Sie bekommen dann folgende Antwort: Möglichst wenig Geld, möglichst viel Talent. (Muß das eine ideale Zeit gewesen sein, da man – das konnte eben nur im Altertum sein – noch mit Talenten rechnete. Wer rechnet heute noch mit Talenten. Jeder nur noch mit Stars.) Ich kann Ihnen übrigens ein ziemlich sicheres Rezept verraten: Nehmen Sie eine Anzahl junger gesunder Menschen. Daß sie kein Abitur haben, ist wünschenswert, aber nicht Bedingung. Geben Sie ihnen solange Freikarten für angesehene Kleinkunstbühnen, bis sie sich tätlich dagegen widersetzen. Bei richtiger Auswahl der jungen Leute wird dieser Zeitpunkt sehr bald eintreten. Vermitteln Sie ihnen daraufhin eine Einladung zu einem Gesellschaftsabend. Hier fordere man sie auf, etwas zum besten zu geben. Tritt dann jemand in den Ring, der mit überlegener Vortragskunst Ringelnatz, Erich Kästner oder Werner Finck spricht, so bringe man ihn durch anhaltendes Beifallklatschen zum Schweigen. Er kommt nicht weiter in Frage. Nichts ist ansteckender als ein falscher Routinier unter echten Wenigkönnern.

Wer dagegen Wildenbruchs Hexenlied so ungekünstelt spricht, daß sich die Zuhörer verlegen ansehen: sollen wir klatschen oder schockiert sein: Das ist eine Hoffnung. Er soll das Repertoire des Vorgängers probieren und lernen.

Den Sänger warne man beizeiten.
Dagegen soll die Tänzerin nur im Straßenkleide probetanzen.
Wo aber sich einer freiwillig gemeldet hat, die Darbietungen seiner Kollegen mit ein paar eig'nen Sätzen zu verbinden, bei seinen Worten aber rot wird, stottert und nur noch die Geistesgegenwärtigkeit aufbringt, die Anwesenden durch seine liebenswürdige Hilflosigkeit zu entwaffnen: dieser ist in engste Wahl zu stellen: ein aussichtsreicher Conférencier.
Sollte es sich zu allem Überfluß noch ereignen, daß der Gastgeber zu einem der Bewerber geht, der es vorgezogen hat, nicht mitzutun (dieser verlockende Schachtelsatz soll im Keime erstickt werden). Er geht zu ihm hin, der Gastgeber, und sagt: »Gestatten Sie mir dieses Geldgeschenk; die Darbietungen waren zu vorzüglich.« Und der also Beschenkte geht hin zu seinen Kollegen und sagt: Kinder teilt euch das. Unsere ersten Einnahmen. Sollte er das, so ist auch der Direktor entdeckt. Der beste der Welt.
Anmerkung von mir: Der Verfasser gibt uns in dieser reizenden Allegorie einen Wink, Kabarettdirektoren menschenfreundlicher anzusehen, als sie es sind.
Meine Ausführungen wären damit zu Ende. Aber einen Moment! Mir fällt eben ein, daß Sie noch etwas über das Thema: Conférencier hören wollten. Ich komme da in meine persönliche Note, aus der ich eine Tugend gemacht habe. Nämlich in größte Verlegenheit. Darf ich Ihnen nicht lieber ein Rezept geben, wie Sie in der preußisch-sächsischen Staatslotterie ein Landhaus gewinnen können? Es ist sicherer. Ja, wenn das Publikum nicht wäre! Diese komplizierte Mischung. Wer Gelegenheit (und Ausdauer) hat, sich ein Kabarettprogramm Abend für Abend anzuschauen, wir merken, wie verschieden das Publikum reagiert. Der Witz, über den gestern die Leute gewiehert haben, kann morgen derartig daneben wirken, daß eine peinliche Stille entsteht, weil kein Mensch lacht. Dabei braucht der Witz nicht ein bißchen anders erzählt worden zu sein.
Es gibt ein schlechtes Publikum, das will mit Kalauern traktiert werden, das kommt in Stimmung, wenn der jovial überlegene Conférencier zu einem Kommis am vordersten Tisch bemerkt: »Sie haben ein Loch im Strumpf, Herr Doktor! Nehmen Sie Kakao. Das stopft.« Und ein gutes, das nach diesem Vorfall das Lokal verläßt. Meistens ist das Publikum aber weder gut noch schlecht, sondern gemischt. Und hier versagen alle Ratschläge. Konferieren ist dann eine Takt- und Geschmacksfrage. Was mich betrifft, so verlasse ich mich auf meine natürliche Bescheidenheit (siehe erste Seite.) Ich liebe das Publikum. Ich bin wie ein bescheidener Junge zu einem anspruchsvollen Erwachsenen. Außerdem lasse ich Sinn für Humor durchblicken. Und freue mich prinzipiell über moi-même. (Das ist ein ägyptischer König.) Im übrigen muß ich mich sehr vorsehen,

es mit meinen Kollegen nicht zu verschütten. Denn sie bemühen sich, das Publikum mit allen Mitteln zu fesseln, während mein ganzes Bestreben sich darauf richtet, es zu lockern. Es jedem recht zu machen, ist eben eine Gunst, die einem Sterblichen nur selten zuteil wird. Nie aber einem Conférencier.

MUTTERS SECHZIGSTER (3. 9. 1932)

Heut' möchte ich mal feierlich erscheinen
In Frack und so. Und scharf rasiert.
(So etwa, wie man in Gesangvereinen
dem ersten Vorstand gratuliert.)

Ich möchte mich so gut es geht verbeugen,
Dazu den Spruch: »Die Liebe siegt«,
Und Dich mit diesem allen überzeugen,
Daß mir das alles absolut nicht liegt.

Ich fühl' mich Jubiläen nicht gewachsen
Und gebe das ganz offen oder zu.
Ich lebe vom Verpflaumen und Verflaxen,
An meiner Würde haftet ein haut goût.

Wenn man so denkt, vor 59 Jahren
Warst Du erst kaum, geschweige ich –
Heut zieh' ich mir an meinen sechzig Haaren
das Jubiläumslied herbei für Dich.

Sei auch nicht traurig, wenn ich Dir nichts bringe,
Denn Bargeld kenn ich nur noch per distance,
Genügt's, wenn ich Dich kostenlos besinge?
(Honny soit, qui mal y pense!!)

Am Ende wären noch drei Wünsche schicklich,
Drei Wünsche wüßte ich zugleich:
Ein langes Leben erstens, zweitens glücklich,
Vielleicht erfüllt sich dann das – Dritte – Reich!

NEUE FASSUNG ZU VATERS FÜNFZIGSTEM (2. MAI 1952) VON HANSWERNER

Heut' will Dein Sohn mal feierlich erscheinen,
Doch ohne Frack, und nicht rasiert,
Nur so, wie man im allgemeinen
Zum 50. Geburtstag gratuliert.

Ich könnte mich ganz comme il faut verbeugen,
Doch weil Du es nicht siehst, hat's keinen Sinn,
Du läßt Dich wohl auch ohne dieses überzeugen,
Daß ich voll allerbester Wünsche bin.

Ich gratuliere Dir und laß Dich leben,
Und wünsch' Dir Glück, Gesundheit und viel Geld,
Und werde mir die größte Mühe geben,
Daß Dir mein nächstes Zeugnis auch gefällt.

Sei auch nicht traurig, wenn ich Dir nichts schenke,
Denn ach, mein Spartopf, der ist chronisch leer,
Laß Dir genügen, wenn ich an Dich denke,
Und wenn ich sag': Komm bald mal wieder her.

VARIATIONEN ÜBER DAS THEMA IL DOLCE FAR NIENTE

Jener große deutsche Verlag, dessen Namen ich nicht nur, weil er nichts zur Sache tut, sondern auch aus lauteren Wettbewerbsgründen nicht nennen möchte, dieser Verlag hat eine Reihe von Büchern herausgebracht, deren Belobtheit in der Art begründet ist, mit der sie einen lehrhaften Stoff dem Leser amüsant und lustig nahezubringen wissen. (Ohne den leit-faden Geschmack anderer Lehrbücher zu haben.)

In eben dieser Reihe fehlt jedoch ein Buch, das nicht nur trefflich hineinpassen, sondern auch einen ebensolchen Erfolg haben dürfte wie die anderen:

»Nichtstun leicht gemacht. – Faulenzen – aber mit Verstand.«

Es ist sich wohl niemand ganz klar darüber, wie schwer gerade das Nichtstun ist.

Far niente ohne zu klagen! Das will gelernt sein.

Um es gleich vorweg zu nehmen: Faulenzen ist eine Begabung.

Dem Neurastheniker liegt es einfach nicht, und das legt sich auch nicht; selbst wenn er einmal liegen sollte, läßt es ihm keine Ruhe, und er schnellt wieder in die Höhe: Ein Gedanke scheucht ihn auf. Er hat etwas vergessen, was er noch vor seiner Abreise hätte tun sollen. Das tut ihm nun leid: Leidtun ist auch eine Tätigkeit!

Nichts ist dem süßen Nichtstun abträglicher als wacher Geist. Der geborene Faulenzer macht sich keine Gedanken. Wenn ihm welche kommen, findet er sich mit ihnen ab. Aber daß er sich welche machen sollte – welch ein Gedanke!

Wer sich erholen will, muß hemmungslos werden. Er muß alles entspannen, worauf er gespannt ist: wie die Beziehungen nachbarlicher Völker zueinander sich gestalten werden, wer den Sieg davon- und wer die Kriegskosten tragen wird – es muß ihm gleichgültig werden.

Hingegen der gelernte Faulenzer tut sich viel schwerer, wie man im Bayrischen sagt.

Schon das späte Aufstehen macht ihm Schwierigkeiten – im Gegensatz zum geborenen, der ja aus Gewohnheit liegen bleibt. Jedem anderen aber lärmt allmorgendlich der Wecker im Blut. Der Tick des Alltags.

Das Rasieren ist die nächste Klippe. Hier steht die Erholung auf des Messers Schneide. Gewöhnt euch doch, den Bart solange stehen zu lassen, bis er ermüdet umfällt oder die Sonne ihn langsam versengt.

Außerordentlich dilettantisch im Sinne korrekten Faulenzens ist es auch, das Frühstück in aufrechter Haltung zu genießen. Mit Haut

und Haaren will es eingenommen sein, niemals aber mit Schlips und Kragen.
Für den weiteren Verlauf des Tages ist es wichtig, daß er absolut im Sande verläuft, gleichviel ob im See-, märkischen oder symbolischen Sande.
Zugegeben – der landläufige Erholer hat es da leichter: Morgens Strand. Nachmittags Gang zur Ludwigshöhe (gerühmte Aussicht, neue Bedienung, Autofahrten bis hin durch Krause, Tel. Nr. 18). Abends Strandkapelle. Mittwoch und Freitag Reunion. Das heißt, Faulenzen leicht gemacht.
Den perfekten Faulenzer aber zeichnet die absolute Gleichgültigkeit aus. Es muß ihm völlig gleichgültig sein, ob das Geld, womit er morgen seine Pension begleichen will, ein-, oder ob das, was der Portier von vornherein angenommen hatte, zutrifft.
Von Kurdirektionen und Fremdenvereinsvorständen aufgestellte Programme muß er verachten lernen. Sie gelten für Leute, die an solchen Erholungsgerüsten ihre Ferien abturnen wollen.
Der richtige Faulenzer bewegt sich im Nichts und ist durch nichts zu bewegen.
Wann aber, werdet ihr nun fragen, weiß man, daß die Schwelle zum Faulenzernirwana überschritten ist?
Ganz einfach: Deklinieren Sie, aber natürlich ohne zu beugen, langsam und wiederholt:
Ich far niente,
du fährst niente,
er fährt niente.
Wem das gelingt, darf sagen: Ich bin auf dem rechten Wege.

Als Werner Finck 1932 dieses Interview mit seiner Kollegin Käte von Nagy schrieb, war er selbst schon ein vielbeschäftigter Darsteller beim Film. »Damals«, erzählt Finck, »spielte ich immer Diener-Rollen. Das war eigentlich die Domäne von Theo Lingen. Wenn der einmal nicht konnte, engagierte man mich. Aber Lingen konnte immer.«

KÄTE VON NAGY

Das kommt davon, wenn man alle Augenblicke einen Journalisten spielt: Jetzt soll ich Käte von Nagy interviewen! (Wann kommt eine Schloßherrschaft und stellt mich als Diener ein; denn ich spiele auch ebensooft einen Diener?)

Wenn »interviewen« ebenso identisch ist mit »befragen« wie »identisch« gleichbedeutend mit »gleichbedeutend« ist, so muß es ein sehr neues Wort sein. Lohengrin, der ja auch noch nicht sehr alt ist, singt jedenfalls noch nicht: »Nie sollst Du mich intervjuen.« Elsa von Brabant hätte sonst, da ja Brabant damals noch keinen Selbstanschluß – aber wo komme ich hin!

Ich rief also die Geheimnummer Wannsee 6571 an und begehe mit der Veröffentlichung keine Indiskretion, umsoweniger als ich damit lediglich einen falschen Anschluß bekam.

Als ich Nummern im Werte von 1,20 Mark ausprobiert hatte, denn ich sprach von einem Potsdamer Münzfernsprecher aus, bekam ich endlich die richtige Verbindung.

Meine erste Frage lautete: »Wie geht's denn?«

Daraufhin erwiderte die liebenswürdige Darstellerin: »Laß das gefälligst, du bist ein schrecklicher Hund.« Fügte aber gleich hinzu: »Moment mal, ich muß erst meinen Jonny raustun, der spielt schon wieder mit dem Turandot.«

»Oh, das tut mir leid«, sagte ich, nachdem sie sich wieder am Apparat meldete, »daß ich Turandot und Jonny im Spiel gestört habe. Jonny kenne ich ja schon, das kleine Vieh, aber seit wann haben Sie denn den Turandot?«

»Noch gar nicht lange«, plauderte Käthe von Nagy weiter. »Ich habe das Drehbuch eben erst bekommen. Es ist doch von der Thea von Harbou. Ich freue mich schon auf die Arbeit.«

Ich begriff noch rechtzeitig genug und fragte gleich nach dem Partner.

»Der ist Willi Fritsch.« Das sagte sie wohl mit ihrem reizvollen ungarischen Anklang, aber ohne jenen schwärmerischen Unterton, der den Damen sonst unterläuft. Weil sie ja seine ebenbürtige Partnerin ist.

»Und Sie können mir jetzt vielleicht etwas über die Karriere sagen

von Willi Fritsch?« interviewte ich weiter.
»Meine Karriere läßt sich so rasch nicht erzählen«, sagte sie daraufhin.
»Woher wissen Sie denn, daß ich von einem öffentlichen Münzfernsprecher aus spreche?« interviewte ich weiter.
Tatsächlich klopften auch schon die ersten der wartenden Kette an meine Zellentüre.
Sie lachte statt einer Antwort, und ich besah mir nun ihre ganze Gestalt: die Sportbluse, den dunklen Rock und die Schuhe ohne Strümpfe. (Ich hatte mir die Karte extra vorher besorgt.) Ich setzte noch einmal an: »Und nach dem Turandot wollen Sie sich einmal gründlich erholen. Drei Monate. Und wenn Sie frisch und gestärkt zurückkommen, wollen Sie Theater spielen. Ein prominenter Theaterdirektor steht bereits mit Ihnen in Verhandlung, denn wenn Filmen auch nach wie vor Ihr größter Wunsch ist, so hat doch auch das Theaterspielen . . .«
»Ja, woher wissen Sie das alles, Fincklein«, unterbrach sie mich.
»Aus einem Interview, das ich kürzlich über Sie gelesen habe«, rückantwortete ich.
Darauf sagte eine eilige Beamtin: »Sprechen Sie noch?«
Und ich verabschiedete mich von Käthe von Nagy und sagte: »Leider muß ich abbrechen, wie Sie gehört haben, werde ich jetzt schon wieder interviewt, Grüß Gott!«
Und zur Beamtin plauderte ich: »Nein, ich spreche nicht mehr. Dauernd diese Interviews!«

Dieses Gedicht entstand 1932, ein Jahr vor der »Machtergreifung«. Es war bisher in keiner gedruckten Gedichtsammlung enthalten.

DER MISCHLING
(BEITRAG ZUR SIPPENFORSCHUNG)

Urarier, Großmutter, Mutter und Kind
In dumpfer Stube beisammen sind.
Das Kind spielt mit Steinchen Soldaten,
Die anderen aber beraten.

Und Mutter, die Tochter der Großmutter, spricht:
In unserer Sippe da stimmt doch was nicht.
Ich, der man mein Jüngstes vermanscht hat,
Behaupte, daß einer gepanscht hat.

Urarier, Großmutter, Mutter und Kind
In dumpfer Stube erschrocken sind.
Fragt eines das andere: warst Du's? Na bekenn schon.
Sagt schließlich das Kleinste: Wichtigkeit, wenn schon.

Werner Fincks Berliner Kabarett »Die Katakombe« war auf Anordnung Goebbels' geschlossen worden (die näheren Umstände berichtet der Autor in seinem Buch »Alter Narr – was nun?«), und er selbst hatte Auftrittsverbot erhalten. Anfang 1936 wurde es aufgehoben. Sein erstes öffentliches Wiederauftreten war am 2. April 1936 im Berliner »Kabarett der Komiker«. Der Titel des Vortrags lautete:

SPASS – ERNST GENOMMEN

Meine – Aufgabe ist nicht leicht –: Ich will Sie in das Gebiet des Spaßes einführen, ich will es mit wissenschaftlichem Ernst tun, und Sie sollen trotzdem darüber lachen. Denn Sie kommen ja nicht in ein Kabarett, um sich zu langweilen, sondern Sie wollen lachen, und Sie werden lachen. (Vielleicht später als sonst bei mir, aber immerhin.) Je mehr Sie aber lachen, um so weniger wird die Wissenschaft mein Vorhaben ernst nehmen. Sie wird mich ablehnen, um so mehr, als ich es ja in diesem Rahmen nicht vermeiden kann, (stellenweise wenigstens) allgemein verständlich zu sein. Ich stand also vor der Entscheidung: Entweder ich langweile Sie, dann wird die Wissenschaft sich (vielleicht!) für mich interessieren, oder ich bin amüsant, dann behalte ich zwar mein Publikum, werde aber von der Wissenschaft als unernst abgelehnt, als Spaßmacher, als besserer Hanswurst. Ich habe mich für das letzte entschieden. Ich will das letzte sein, was es in der seriösen Welt gibt: Ein Spaßmacher.

In einem allerdings, kommt mir die moderne Wissenschaft außerordentlich entgegen, darin nämlich, daß sie die Objektivität verdammt. Objektivität war das Vorurteil des 19. Jahrhunderts: Alle Wahrheit ist subjektiv. Was wahr ist, bestimme ich. Als Subjekt. So wahr ich also ein subjektiver Spaßmacher bin, sage ich: Es ist nicht wahr, daß Spaß allein etwas Albernes ist: Ernst kann genauso albern sein!!

Das ist natürlich eine Standpunktangelegenheit, wie ich die Welt ja überhaupt – je nach dem Standpunkt, den ich einnehme, je nach dem Hauptinteresse, das ich verfolge – in je zwei große Gruppen einteilen kann. (In zwei große Gruppen, nicht »in je« zwei große Gruppen. Ich habe für den Vortrag zu wenig Zeit und muß mit jedem Wort sparsam umgehen. Wenn ich also von zwei großen Gruppen spreche, statt von je zwei großen, so haben wir uns ein Wort gespart und einen Platz für das andere gewonnen.)

Der Soldat teilt die Menschen in tapfere und feige Menschen ein, der Arzt in kranke und zahlende. Der Spaßmacher teilt sie in reizende und gereizte. (Die Gereizten, das sind die andern.)

Was haben wir nun unter Spaß zu verstehen. Ist Spaß etwas, was wir nicht ernst zu nehmen brauchen? Es sieht so aus; denn das Zeichen des Spaßes ist ja doch, daß man darüber lacht, während man vom Ernst nur dort spricht, wo das Lachen ausgeschlossen ist. Hinwiederum: Nichts ist menschlicher als das Lachen.

Kennen Sie den Ausdruck tierischer Ernst?

Selbstverständlich müssen wir uns von der landesüblichen Auffassung freimachen, wonach Spaß etwas Ungeistiges ist. Etwa nach diesem Muster: A. und B. sind in einem Raum. Meinetwegen in einem Raum an sich. Der B. sitzt auf einem Stuhl, während der A. im Raum frei herumsteht. Der B. ist also apriori der Begünstigtere.

(Ich habe apriori gesagt. Ich hätte natürlich genauso gut sagen können, von vorneherein, aber das ist dann mehr Volkshochschule.)

Der B. bietet nun dem A. einen Stuhl an. In diesem Moment, wo sich der A. setzen will, zieht ihm der B. den Stuhl unter dem A. weg.

Meine Damen und Herrn, daß ich so etwas unter Spaß verstehe und darüber einen längeren Vortrag halten möchte, werden Sie mir wohl im Ernst nicht zutrauen. Das war auch weniger ein Spaß, das war mehr ein Ulk. – Mehrerer solcher Ülke sind Späße.

Ich meine hier natürlich den Spaß als Kunst. Im Sinne etwa von Lichtenberg. Ich meine hier natürlich nicht den bekannten Vorort Lichtenberg bei Berlin, den wir bequem und fernmündlich erreichen könnten, sondern den leider viel zu unbekannten Göttinger Physiker und Philosophen Georg Christoph Lichtenberg 410–416.

(Ach, nein, verzeihen Sie, das war die Seitenzahl in Mayers Literaturgeschichte. Es muß natürlich heißen 1742–1799, das hat sich schon eher gelohnt. Schade, wenn Lichtenberg etwas später zu leben angefangen hätte, sagen wir 1749, dann hätte er vielleicht das volle Jahrhundert noch mitbekommen. Aber das stimmt hinwiederum auch nicht. – –

(Sehen Sie, meine Damen und Herrn, das ist Philosophie.)

Goethe hat einmal gesagt, – (und was hat Goethe nicht einmal gesagt?) Goethe hat einmal gesagt: »Wo Lichtenberg einen Spaß macht, da liegt ein Problem verborgen.« Lichtenberg hat Spaß gemacht. Und Goethe hat es gemerkt!

Der Spaß muß sich also mit dem Ernst so verbinden, daß wir im ersten Augenblick gar nicht wissen, ob es Spaß ist oder Ernst, Scherz oder Wirklichkeit. Im zweiten Moment können wir es dann ruhig merken, da lachen wir ja auch schon darüber. Nur unter dieser Bedingung ist der Spaß wertvoll im ästhetischen Sinne. (Der Spaß vorhin mit A. und B. war unästhetisch.)

Um aber bildhafter zu werden. Stellen Sie sich einmal vor, es säße hier unten im Publikum – also unter Ihnen – jemand, dem würde dieser Vortrag nicht gefallen. Er wäre ihm zu lang. Oder zu hoch

(was ja dasselbe sein könnte), und er würde plötzlich einen Zwischenruf machen. Es gibt ja Leute, die meinen, man müsse in einem Kabarett unbedingt Zwischenrufe machen. Er würde also etwas auf die Bühne rufen – sagen wir: »Machen Sie immer so ein Gesicht, wenn Sie einen Vortrag halten?«
Und ich würde diesem Flegel antworten:
»Wieso mache ich ein Gesicht? Wenn ich Gesichter machen könnte, hätten Sie schon längst ein anderes.«
Hätte dieser Zwischenrufer nun Humor, so würde er in das Gelächter des Publikums einstimmen. Hätte er aber keinen, was wir voraussetzen müssen, so könnte er für den Witz kein Verständnis aufbringen, wäre vielmehr selbst darüber aufgebracht und würde »Unverschämter Lümmel!« heraufrufen.
Das könnte ich dann meinerseits nicht unerwidert lassen. Und so kämen wir dann ins Gespräch. Denn ließe ich den Lümmel auf mir sitzen, so möchte er vielleicht meinen, ich wäre einer und hätte keine Ehre im Leibe. Mit anderen Worten, meine Ehre ist auf den Plan gerufen worden . . .
Wozu haben wir schließlich den Begriff der Ehre, wenn wir ihn nicht in Fällen wie den unseren ins Feld führen wollten. Nicht, daß ich ehrgeizig wäre; meinetwegen braucht es keine Ehre zu geben. *Wenn* es aber Ehre gibt, will ich auch welche haben! Ich werde mich also, um unnötiges Blutvergießen zu vermeiden, erst einmal erkundigen, ob das mit dem Lümmel Ernst oder Spaß war, und erst wenn er mir antwortet:
»Das war mein voller Ernst!« würde ich sagen: »Ihr Glück, mein Herr, solche Späße möchte ich mir auch verbeten haben.«
Sie sehen an diesem, aus zwei Anekdoten zusammengestellten Beispiel, wie eng Spaß und Ernst miteinander verbunden sein können.
Unser Thema hat nunmehr metaphysische Ebenen erreicht. Wenn wir uns bisher mit der Frage beschäftigt haben, was Spaß ist, werden wir uns jetzt auch einmal klar darüber werden müssen, was Ernst ist. Denn Spaß und Ernst liegen gleichsam auf einer Ebene. Nur auf zwei entgegengesetzten Polen, und da wir Polen (wie komme ich auf Polen?) – und da wir Goethen als Zeugen für den Spaß angeführt haben, wollen wir Schillern als Zeugen der Gegenpartei hören. (So will es das Denkmal.)
Schiller antwortet auf die Frage: »Was ist Ernst?«
»Ernst ist das Leben.«
Das genügt ja eigentlich schon. Es klingt banal, aber Schiller meint ja mit dem Leben das ganze Dasein, das Sein, das Getriebe, das von Hunger und Liebe zusammengehalten wird: Alles, was ist, ist ernst. Es hat kein Lebewesen auf der Welt die Freiheit der Entscheidung, ob es lachen möchte oder weinen. Allein der Mensch hat die

Fähigkeit, etwas ernst zu nehmen oder heiter, aus eigenem Entschluß heraus traurig zu sein oder lustig. Schiller muß also? Ein Mensch gewesen sein! (Das letzte habe ich natürlich nur aus Spaß gesagt, – denn ich weiß selbstverständlich genauso gut wie Sie, daß Schiller ein Klassiker war.)

Dem Leben stellt Schiller nun die Kunst gegenüber. Wir kennen die Fortsetzung des Satzes: »Ernst ist das Leben . . .«

Wenn nun Schiller das Leben als ernst bezeichnet, so empfindet er den Gegensatz zum Leben, die Kunst, offenbar als etwas Unernstes. Ja, geht Schiller nicht sogar noch weiter, sagt er nicht, daß die Kunst *heiter* ist? Hier aber kommen meine Gefühle ins Schleudern. Wieso soll gerade die Kunst heiter sein?

Jetzt bleibt noch die Frage, ob Schiller etwa nicht gewußt hat, was Kunst ist. Diese Frage ist aber wohl müßig, denn Schiller hat natürlich sehr genau gewußt, was Kunst ist; wenn es auch damals noch nicht so festgelegt war wie heute. So bleibt denn nur noch übrig, daß der Begriff sich entwertet hat, gegenüber dem damaligen Sprachgebrauch. Es gibt ja den sogenannten Pejorationsprozeß im Leben der Sprache, der bewirkt, daß ein ehemaliges hochwertiges Wort im Laufe der Jahrhunderte sich in ein minderwertiges verwandelt, immer mehr an Glanz einbüßt und zuletzt zu einem niedrigen und gemeinen Inhalt herabsinkt.

Sagen Sie zum Beispiel mal zu einer Dame, sie sei ein Frauenzimmer. Sie brauchen es ihr ja nicht direkt zu sagen, es genügt ja, wenn Sie es einem Dritten sagen, dann erfährt sie es schneller. Aber sagen Sie es ihr einmal, und Sie werden den Ernst des Lebens kennenlernen. Frauenzimmer ist eben heutzutage etwas Degoutantes. Während es früher (noch zu Lessings Zeiten) (»Frauenzimmerchen?«) etwas durchaus Gesellschaftsfähiges war. Damals war es eben eine Sache, heute ist es ein Ding. Oder besuchen Sie einmal eine moderne Kunstausstellung. Hernach beim Herausgehen werden Sie gefragt, wie es war, und dann würden Sie antworten: »Es war heiter.«

Das können Sie einfach nicht sagen, weil das Wort heiter sich entwertet hat.

Ich fasse zusammen: Wir haben eben gesehen, was Spaß ist, wir werden nunmehr sehen, was Ernst ist. Ernst, meine Damen und Herrn, ist die Situation des Komikers. Der Komiker, dessen Wirkung vom Lachen so abhängig ist, wie die des Tragikers vom Weinen und vom Gerührtsein. Dieser Komiker, sage ich, ist in der nicht zu unterschätzenden Gefahr, vom Ernsthaften an die Wand gespielt zu werden; als etwas Nebensächliches, Belangloses, ja als etwas Minderwertiges beiseite gestellt zu werden.

Dieses Ernsthafte hat im Laufe der Jahrhunderte eine solche Vormachtstellung erreicht, daß sogar unsere Muttersprache Partei

dafür ergriffen hat, und damit zur Stiefmuttersprache wird.
Man sehe sich unseren Wortschatz daraufhin einmal an. Gehören nicht alle Worte, die etwas Schönes, Gutes, Wahres usw. ausdrükken, ihm, dem Ernsthaften an? Und befinden sich nicht auf der anderen Seite, dort, wo das Lachen beginnt, auffallend viele häßliche und entehrende Wortbilder? Versuchen Sie beispielsweise bei uns-zulande, einen witzigen Menschen, der doch durchaus nicht immer zweitklassig zu sein braucht, mit einem einzigen Worte zu umschreiben. Die Sprache stellt keine andern Ausdrücke zur Verfügung als: Witzling (hören Sie die Verachtung heraus?) oder Witzbold. Und das liegt dann gleich in einer Linie mit Raufbold, Trunkenbold. (Gruppe der Bölde.) Allerdings hat mir daraufhin jemand erwidert: »Na, und Humboldt?«
Sehen Sie, der das gesagt hat, das war ein Witzbold.
Die ganze Infamie und Gefährlichkeit des Ernsthaften gegen die unbeschwerte Heiterkeit zeigt sich aber in dem Sprichwort:
»Am vielen Lachen erkennt man den Narren.« Dann braucht man sich freilich nicht mehr zu wundern, daß kein Mensch mehr lachen will. Und daß das freie, fröhliche Lachen auszusterben droht, denn wer möchte wohl gerne als ein Narr bezeichnet werden, er mag es auch tausendmal sein.
Wenn wenigstens diesem Sprichwort ein Maßstab beigefügt wäre, daß man wissen könnte, wieviel nun zuviel ist. Ob dreimal Lachen am Tage gerade noch so geht, oder ob man dann schon ein Narr ist? Wo wir in so vielen Dingen an eine strenge Einteilung gewöhnt sind, vermißt man hier eine solche ganz besonders. Es muß also etwas geschehen, um das Lachen in der Rangordnung der ethischen Werte wieder zu erhöhen, und ich sehe zunächst zwei Möglichkeiten:
Entweder, das Sprichwort: »Am vielen Lachen erkennt man den Narren«, wird vom morgigen Tage an verboten (die Möglichkeit haben wir ja), oder der Narr wird für gesellschaftsfähig erklärt. Dann sagt sich einer, über den viel gelacht wird: Schön, ich bin zwar ein Narr, aber ein Narr ist ja auch etwas Besseres und gibt sich zufrieden.
Sollen doch die Psychoanalytiker ihr freudloses Dasein allein fristen! Wir Synthetiker aber wollen den Ernst künftighin nicht mehr so ernst und die Heiterkeit entsprechend ernster nehmen, d. h. wir wollen Humor entwickeln, denn Humor ist die Synthese von Spaß und Ernst.
Ich bin mit meinem Vortrag »Spaß – ernst genommen« zu Ende.
Ich bitte Sie noch um Nachsicht, daß ich von Zeit zu Zeit in das Manuskript gesehen habe.
Aber ich bin es nicht mehr gewöhnt, frei zu sprechen.

BRIEF EINER VERHEIRATETEN FRAU AN IHREN GELIEBTEN

Mein lieber, leider früh'rer Hannes,
mir geht es gut, wie geht es Dir?
Ich sitz' am Schreibtisch meines Mannes,
er ist jetzt Gott sei Dank nicht hier.

Er ging, um sich mal auszusprechen
und in Konkurs, (die Mühle steht,)
Du sagtest mal, es wird sich rächen,
Du bist wahrhaftig ein Prophet.

Ich schluchze oft in meine Hände,
Du weißt ja, wie ich schluchzen kann,
und meiner Schönheit Restbestände
sehn mich im Spiegel traurig an.

Er kommt zurück, Du bist im Bilde,
schreib mir doch bitte mal intim,
schreib mir als Lu, nein, schreib als Hilde,
Lu heißt der Seitensprung von ihm.

1936, im Jahr der Olympiade, bei der der amerikanische Neger Jesse Owens durch seinen Weltrekord im 100-Meter-Lauf zu einem Idol wurde, forderte das Berliner Tageblatt, eine der führenden europäischen Zeitungen damals, Werner Finck auf, das olympische Geschehen aus seiner subjektiven Sicht täglich zu glossieren. Finck gab sein Debüt als Feuilletonist, als »Meister der kleinen Form« mit seiner täglichen Kolumne

KLEINE OLYMPIA-CONFÉRENCE

Sechzehn Tage lang lasen die Berliner und ihre olympischen Gäste mit Vergnügen seine Kommentare. Zum Tagesgespräch wurde sein letzter, der – in seinem Buch »Alter Narr – was nun?« enthalten – sich auf Leni Riefenstahl und ihren Olympia-Film bezog: »Und plötzlich sieht sie's negativ, wie positiv der Neger lief« wurde damals zum geflügelten Wort.

ZUM KAMPF DER WAGEN UND GESÄNGE

Der Kampf der Wagen fällt schon aus. Gewiß hat er kürzlich stattgefunden. Aber auf dem Nürburgring. Und der Nürburgring zählt bekanntlich nicht zu den fünf andern Olympischen Ringen. Aber da wir gerade von Wagen reden. Der Rosemeyer hat es gewagt. Er hat auch angehalten – um die Hand von Elli Beinhorn. Schneller Reifenwechsel – Verzeihung Ringwechsel. So kam der heiße Favorit als erster zum Ziel. Aber wie gesagt, mit den Ringen der Olympia hat das nichts zu tun.
Vom Kampf der Gesänge steht ebenfalls nichts im Programm. Ich hatte gehofft, daß die Meistersinger der ganzen Welt sich gleich den andern Kämpfern zum Wettstreit einfinden würden. Aber leider – die Meister sind in der ganzen Welt noch so umstritten, – daß man die Kegler nicht anerkennen will, ist mir unbegreiflich. Es ist ja nicht abzuleugnen, daß der Kegler seine Preise ausschließlich auf grundglatte Schiebungen erhält; diese Brüder befinden sich mit ihrem Sport, wie man sagt, auf dem Holzweg, oder wollte das einer abstreiten.
Wenn nun vom Kampf der Wagen und Gesänge nichts übrig bleibt als diese Reminiszenz, so will ich wenigstens auf einen Unterschied hinweisen, der ins Auge springt. Man entsinnt sich der zweiten Zeile: »der auf Corinthens Landesenge usw.«
Warum haben diese Leute diese Landesenge niemals zu beseitigen versucht. Da sind wir wirklich andere Kerle. Glücklicherweise hat

Berlin ja Ausdehnung genug, aber angenommen eine Enge wäre wahrgenommen worden –: So wie wir die gigantischen Dinge dieser Olympiade aus dem Boden gestampft haben – gemäß hätten Hunderttausende Tag und Nacht soviel Kies herangeschleppt, daß die Landenge bald behoben worden wäre. Fehlte es den alten Griechen an Tatkraft oder – an Kies? Und noch eins:
Hat Schillers Ibikus nicht etwas Rührendes im Hinblick auf unsere modernen Sportler. »So wandert er am leichten Stabe« gewiß, auch er kam schon mit einem Stab, aber wie einfach ist dieser Stab im Vergleich zu den Stäben, mit denen die moderne Olympiade da zu reisen gewohnt ist.

ÜBER UNTER DEN LINDEN

Es ist zwar dafür gesorgt, daß die Bäume nicht in den Himmel wachsen – aber es existiert meines Wissens nach kein entsprechendes Gesetz für Fahnenstangen: Wenn man in diesen Tagen die Lindchen entlang geht (Kahlbaumallee, wie sie der Berliner Volksmund bereits getauft hat), ich muß schon sagen, dieser Bäumchennachwuchs kommt entschieden zu kurz. Noch im zartesten baumschulpflichtigen Alter steht er bereits im nacktesten Konkurrenzkampf mit auswachsenden Olympia-Attraktionen. Die Fahnenmasten, die Wimpel, die weithin leuchtenden Hoheitszeichen, ganz zu schweigen von den schönen bunten Rundstückchen aller deutschen Städte: In solch einer pompösen Umgebung muß ja der gesündeste Baum Minderblättrigkeitskomplexe bekommen, und in welchem Tempo das alles vor sich gegangen ist!
Wenn doch einmal ein Rekord im Schnellbuddeln ausgetragen werden würde, keine Baufirma der Welt könnte uns die Goldmedaille streitig machen. Im Übrigen hat sich in jener Gegend ein sogenanntes dolles Ding ereignet: Ein Amerikaner – vielleicht kennen Sie ihn sogar – kam im Jahre 1931 nach Berlin, wohnte im Adlon (eingeladen!) und verlor eine Mark Unter den Linden. Vorübergehende Arbeiter, die er darum gebeten hatte, halfen ihm suchen. Aber das Ergebnis konnte er nicht mehr abwarten. Er mußte abreisen. Im Frühjahr 1936 – ein verfrühter Olympiagast – kam er wiederum nach Berlin Unter den Linden, dort, wo er die Arbeiter gebeten hatte, nach seiner Mark zu suchen, sieht er die Erde weithin aufgerissen, Sandberge, Bauzäune: – Es war ihm entsetzlich peinlich: Soviel Umstände wegen einer Mark! Im tiefsten Grunde freute er sich aber doch, daß man seine Mark noch nicht aufgegeben hatte.

WERNER FINCK ALS MENGE BEIM GROSSFLUGTAG

Es hatte zwar schon angefangen, ich wäre jedoch noch gut zurecht gekommen. Ich fuhr aber im Auto. Ahnungslos hatte ich mich einem ziemlich schnell vor mir fahrenden Auto angeschlossen. Dieses Auto hielt plötzlich vor einem Auto, das vor diesem hielt, weil vor diesem wieder eins – usw. Als ich in aufsteigender Ahnung noch rasch zurück wollte, hielt bereits ein Auto hinter meinem Auto und hinter diesem noch ein Auto usw. Diese Mitgehangen-Mitgefangen-Situationen funktionieren nach dem Gesetz der Falle. Gelingt es, dieses Gesetz aufzuheben, so ist auch das Problem der Verkehrsstauungen gelöst.
Aber auch die letzten Nummern des Flugprogramms haben sich noch reichlich gelohnt. (Einen Teil davon sah ich auf der Fußwanderung vom Parkplatz zum Flughafen. Dieser Weg war eine Kleinigkeit weiter als von meiner Wohnung dorthin.) Wie gesagt, es lohnte sich trotzdem, denn eine Maschine nach der andern stürzte ab, und wenn sie sich nicht im letzten Augenblick noch gerade gefangen hätte, wäre sie schrecklich zerschmettert. Doch im letzten Moment fingen sich alle wie durch ein Wunder. Aus diesem Wunder besteht das Wesen des Kunstfliegens, zum mindesten sein größter Reiz. Und dann, ah, dann startete eine Maschine der Lufthansa. Zum Kunstflug! Wer die Gepflogenheiten der Lufthansa kennt, weiß, daß auch die geringste Waghalsigkeit auf dem Streckenflug verpönt ist. Aber diesmal war es die Ausnahme der Regel. Und die solide Dreimotorige stand Kopf, machte Männchen, turnte (sprich törnte, das hängt dann auch noch mit Turnen zusammen, bedeutet aber einen Flug mit dem Kopf nach unten), sie trudelte, kurz, sie holte alles das nach, in einer privaten, was sie auf tausend dienstlichen Reisen hatte unterdrücken müssen. Und die 28 Flugpassagiere, die, wie der Lautsprecher meinte, Platz gehabt hätten, sollten auf den Knien danken, daß sie nicht mitgeflogen sind.

HOCHSTAPELLAUF NACH ZWEI LITERN WASSER

Zum Mittagessen konnte ich gestern nicht nach Hause. Dafür kochte mein Kühler. Es war klar, ich mußte Wasser nachfüllen, sonst wäre er geplatzt. Aber kein wie auch immer gearteter Tankwärter wartete ringsum. Einzig die Kneipe gegenüber – aber wer weiß? – ein Gast, der zwei Liter Wasser bestellt nebst Trichter und lauer Temperatur –: ausgesprochen verpflichtet zur Liebenswürdigkeit ist kein Gastwirt.

So trat ich denn den Hochstapellauf an, lief rüber und sagte eintretend: »Good day, give me two liter water.« Liter und Uater betonte ich besonders deutlich. Der Wirt begriff. Mit unwirscher Miene hatte er an der Theke hantiert. Aber jetzt bekamen seine Züge etwas Verklärtes. Mein Trick war angekommen. Er hielt mich für einen Ausländer. Ein Stuhl wurde mir unter den Dings geschoben, Wirt, Wirtin, Mamsell, Tochter und Kellner brachten das Wasser. Wollten es um alles in the world selbst einschütten. Es war wohltuend. Zuletzt, als ich mich verabschiedete, sagte ich: »Wärmsten Dank och noch, janz große Klasse, wie Sie mir geholfen haben!«

Die Gesichter rückverwandelten sich. Es war wohltuend.

Immerhin hatte ich hernach ein schweres Gewissen. Wie wird Hochstapelei bestraft? Dann aber beruhigte mich ein Gedanke. In diesen Tagen gelten wohl andere Gesetze. Sportgerichtsentscheidungen machen Schule. Der Fall Jesse Owens blieb nicht ungehört. Das beweist der Fall jener beiden Bürschchen, die neulich beim Wasweißich erwischt wurden, und die ihre Sache als ungültig erklären konnten. Sie wollten den Lauf der Wachtmeister hinter ihnen her nicht anerkennen.

TRAUMSPIEL

Um die Mittagszeit herrscht Friede in dem kämpferischen Stadion. Die 100 000 Bänke sind fast leer. Wer von den Zuschauern draußen geblieben ist, kann sich langlegen und von der Sonne bescheinen lassen. Manche vertrauen sich auch den grünen Flächen an, die vor dem modernen Kolosseum angelegt sind. Ich schloß mich den manchen an, streckte mich aus und schlief ein. Plötzlich steht mein Geschichtsprofessor vor mir, der alte Leonhard. »Welches sind die fünf klassischen Spender der olympischen Ringe?« »Der erste«, antwortete ich vorsichtig, »ist der Ring des Polykrates. Der zweite ist der Ring der Nibelungen, der dritte«, ich ringe mit dem vierten und fünften. »Fünf«, sagte der Professor, »setzen! Sie haben eine Fünf!«

Ich setzte mich, und beim Setzen zerriß ich das Zielband. Ein orkanartiges Beifallsklatschen brauste an mein Ohr. »Sie haben den Weltrekord im Setzen«, beglückwünschte mich jemand und bittet um ein Autogramm. Ich habe weder Federhalter noch Bleistift, aber ein Herr ist so liebenswürdig, mir auszuhelfen. Es ist der Weltmeister im Speerwurf Gerhard Stöck.

Ich nehme seinen Speer, drehe so lange, bis die Tinte fließt, und schreibe meinen Namen in goldnen Lettern. Nun quält mich ein ungeheurer Durst. Ich bücke mich und trinke gierig aus einer

Quelle. Da fühle ich, wie ein scharfer Stahl meine Schultern durchbohrt. Ich springe ärgerlich auf. Vor mir steht ein einäugiger Herr. »Gestatten Sie, Hagen«, sagt er, »ich werde Ihnen beibringen, meinen Speer als Füllfederhalter zu benutzen.« »Aber der gehört doch Herrn Stöck«, sage ich, während ein dunkler Tintenstrom aus meiner Schulter in den Sand rieselt.
Während dieses Gesprächs wandelten wir durch eine prächtige Halle, darin ein großartiges Prunkbett aufgestellt war. Ich legte mich in den Teil des Bettes, der für die Presse reserviert war, und wollte gerade selig lächelnd einschlafen, da sagte eine Stimme zu mir: »Hier können Sie nicht liegen bleiben.« Vor mir steht ein breitschultriger Schutzmann. Ich suche verzweifelt nach meiner Goldmedaille, um mich zu legitimieren. Anscheinend hatte ich das alles eben geträumt.
Der Schutzmann schien zu merken, daß ich noch nicht ganz wach war, und half mir auf die Beine. Das war das letzte erhebende Gefühl.

JETZT SPRINGBRUNNEN – UND WAS DANN?

Es gibt Pläne, die müssen zu Wasser werden. In ihre Gruppe hinein gehört der Plan der Berliner Stadtväter, in diesen Tagen sämtliche städtischen Springbrunnen in Betrieb zu nehmen. Sie taten ein gutes Werk damit; halb Kunst- halb Wasserwerk. Man könnte von einem Wasserkunstwerk sprechen.
Sie hatten so etwas Melancholisches, die Becken und Schalen in unseren Anlagen. Nun schauen uns nicht mehr die schalen Becken an, sondern es sprudelt ringsum wie Karlsbad persönlich. Die Anlagen gewinnen entschieden. Sie bekommen gerade jetzt etwas unerwartet Aktuelles, denn Gewinnen ist die Parole des Tages.
Viele Kinder verlieren dadurch auch – und diese Seite muß natürlich ebenfalls beachtet werden – die Gelegenheit zum Planschen und Baden. Ihnen bot die bisherige horizontale Ausbreitung des Wassers bedeutend mehr Möglichkeiten als die jetzige vertikale: Was aber wird das Wasserwerk tun, wenn der olympische Gästestrom verflossen ist? Werden mit den Fahnen auch die Fontänen wieder eingezogen, oder wird dieser spritzigste und sprühendste aller stadtväterlichen Einfälle uns weiterhin erfreuen können?
Große Sprünge machen können die Springbrunnen ohnehin nicht, dazu stehen sie zu sehr unter Druck. Und auch Wasser kostet Geld, gleichviel ob es Schöneberger Wasser ist oder Eau de New-Cologne. Aber so ganz kleine neckische Sprudel, die sollten beibehalten werden. Helft mir hoffen, daß die Stadtväter auch nach den Festwochen noch etwas springen lassen zur Freude Berlins.

Vierer mit Steuermann, Zweier ohne, Doppelzweier: Haben wir das nötig gehabt?

Wie rasch ging diese Entwicklung vom verträumten Weiherkahn zum flitzenden Wiking-Achter. Am Anfang war der Kahn. Stille lag über den Wassern, und alles ging gut.

Wer Kahneigner war, ruderte gelassen in die Gegend, ließ dort verträumt die Ruder sinken und lauschte dem Glucksen der kleinen Wellen. Wenn die Sterne (jene von Baedeker zum erstenmal praktisch verwendeten Himmelskörper) aufgingen, ruderte er wieder ans Land. Dieses paradiesische Wasserdasein hörte gar zu bald auf.

Ein paar kapitalistische Elemente kauften die Ruderboote auf und vermieteten sie stundenweise. Wer es sich leisten konnte, kümmerte sich auch jetzt nicht um Zeit und Stunde. Der Minderbemittelte aber legte sich eine Stoppuhr auf die Ruderbank und achtete scharf darauf, daß die Stunde voll ausgenutzt wurde.

So entstand der Rudersport.

Wenn man früher für zwanzig Pfennige pro Stunde im Kahn dahinschaukelte, so brachte man seine zehn Kilometer hinter sich. Das sind umgerechnet zwei Pfennige pro Kilometer. Jeder Pfennig höhlte den Etat. Um das Wettfahren rentabel zu machen, mußte man also sehen, in einer Stunde möglichst viele Kilometer zurückzulegen. Die Rennen in Grünau zeigen, was erreicht worden ist: 6.00.8!

»Zeiten, sind das, Zeiten«, rief Mutter Strehlke aus, obwohl sie von den technischen Ausdrücken des Sports keine Ahnung hatte.

Die Bootsverleiher wenden hiergegen ein, daß ihr Preis von zwanzig Pfennigen die Stunde gar nichts wäre gegen die goldrichtigen Preise, die von den Sportlern für ein paar Minuten erzielt werden. Man sieht, es liegen hier Probleme, die nur von der Zeit gelöst werden können.

Nach dem Erfolg, den Werner Finck mit seiner »Kleinen Olympia-Conférence« hatte, wollte das Berliner Tageblatt auf seinen neuen Mitarbeiter nicht gern verzichten. Die Redaktion fragte an, ob er gewillt sei, in einer Kolumne das aktuelle Zeitgeschehen auf seine Weise zu kommentieren. Werner Finck, der bis in das Jahr 1938 für das Berliner Tageblatt kommentierte, schrieb zurück:

VON MIR AUS – JEDE WOCHE

Und damit hatte auch die Redaktion den Titel ihrer Finck-Kolumne. Die Beliebtheit dieser Zeit-Kommentare konnte man, so berichtete später der Zeitungswissenschaftler Emil Dovifat seinen Studenten, an der sprunghaft gestiegenen Auflage des Berliner Tageblatts erkennen.

PROBLEME MIT DEM FRIEDENSKUSS

Die schönste der vielfältigen Vorstellungen des Menschen vom Jenseits ist zweifelsohne die einfältige.
Danach gibt es einen Himmel und eine Hölle. Die Schlechten kommen in die Hölle, die Guten in den Himmel. Erfüllungsort für beide Parteien ist die Erde, Gerichtsstand: Himmelmitte.
Da jedoch das Ganze eine ausgesprochene Vertrauenssache und Vertrauen in der Welt äußerst selten geworden ist, mehren sich die Stimmen, die den Himmel auf Erden fordern. Es ist kontrollierbarer.
Der Himmel auf Erden hat aber die Sicherung des Weltfriedens zur Voraussetzung. Also ist jeder, dem es um den Himmel auf Erden zu tun ist, bestrebt, diese Aufgabe zunächst zu lösen. Leider besteht noch keine Einigkeit über die Arbeitsweise: Manche halten es für besser, sich die Köpfe darüber zu zerbrechen, manche, sie sich zu zerschlagen.
Zur Zeit ist man in England dabei, etwas Neues auszuprobieren, um den Weltfrieden herzustellen: ein Weltfriedenskettenbrief ist in Umlauf gesetzt worden.
Das Prinzip des Kettenbriefes ist ja bekannt. Ein armer Irrer, meist aus den Hinterhofsängerkreisen stammend, schreibt an Jan Kiepura oder an Gabriele d'Annunzio oder an die Fürstin Pless. Die werden dann gebeten, den Brief fünfmal abzuschreiben und an Bekannte weiterzuschicken, möglichst an bekannte Bekannte, die dann den Brief ihrerseits fünfmal usw. ad. infinitum.
Dem Abschreiber des Briefes winkt unerhörtes Glück (meist mehr

unerhört als Glück), wer es aber wagen sollte, den Brief nicht weiterzuleiten oder gar ihn zu zerreißen, der wird mit dem Unheil, nicht unter Hausbrand oder Beinbruch bestraft.
Ein Umstand, den die Versicherungsindustrie seinerzeit noch viel zu wenig beachtete: Wie mancher wird nach dem Empfang eines Kettenbriefes sein zerrüttetes Haus schnellstens hoch versichert und dann den Brief verlacht, verspottet, zerrissen und ins Feuer geworfen haben. Die Chancen sind auf seiner Seite.
Heutzutage wird es freilich in Deutschland umgekehrt gehandhabt, wer den Kettenbrief weiterleitet, wird bestraft, und wer ihn zerreißt, kann von Glück sagen. Die Regelung hat die Polizei getroffen, und sie degradierte damit das Mysterium des Kettenbriefes zum groben Unfug. Aus diesem Grunde vielleicht tauchte der Weltfriedenskettenbrief, der neuesten Datums ist, zuerst in England auf. Er ist dort kein grober Unfug. Der Brief gipfelt nämlich in einem Kuß, der fünfmal weitergegeben werden muß. Also ein zarter Unfug.
Der Kuß ist als Bruderkuß gedacht. Jeder, der ihn empfängt, muß sich verpflichten, fortan aller feindlichen Handlungen an seinen Mitmenschen zu entsagen.
Da haben wirs. »Diesen Kuß der ganzen Welt!« Der Himmel auf Erden rückt in greifbare Nähe. Mit einem Schlage läßt sich die Welt nicht umkrempeln, das wissen wir. Vielleicht aber mit einem Kusse.
So einleuchtend nun das Prinzip des lawinenartigen Weltfriedens ist, so stimmt mich zweierlei doch bedenklich.
Erstens der Völkerbund.
Er wird sich nicht direkt küssen lassen, sondern den Kuß an einen Ausschuß weitergeben, der ihn dann bis auf Weiteres verwahrt.
Zweitens der Mensch als solcher.
Nehmen wir an, der Weltfriede ist trotz des Völkerbundes epidemisch ausgebrochen. Die Bauern gehen friedlich ihrem Pfluge nach, die Soldaten rollen ihre neuesten Sturzbomber ins Zeughaus, das Untermenschentum steht Schlange vor den Richtstätten, Zuchthäusern und Besserungsanstalten und fleht um baldige Aufnahme und Bestrafung usw. ad infinitum. Es gibt nur noch Sätze auf der Welt, die Gegensätze sind aufgehoben.
Dann wird sich doch sicher der Ruf nach dem Stifter des allgemeinen Weltfriedens erheben. Sicherlich wird man ihm doch ein Denkmal errichten wollen mit der Inschrift: »Die dankbare Menschheit ihrem lieben Augustin« oder wie er heißt.
An dem »oder wie er heißt« wird der Weltfriede dann zerschellen. Denn da die Urheber von Kettenbriefen nie zu ermitteln sind, werden viele, viel zu viele Augustine als Stifter des Weltfriedens ihre Denkmalsansprüche anmelden.
Jeder natürlich mit Anhängern und Gegnern. Bis dann schließlich

einer den fesselnden Kußvertrag brechen wird, und dann gehts wieder los.
Lassen wir also den Himmel schon lieber dort, wo er augenblicklich ist, er ist dort sicherer aufgehoben, und Weltbeglücker mögen weiterhin mit den Begriffen vom Diesseits und Jenseits arbeiten. Die Praktiker kennen aber nur ein Einerseits und ein Andererseits. Und das Andererseits ist meist ausschlaggebender als das Einerseits.
Wenn dir aber, der du meine Betrachtung eben gelesen hast, demnächst jemand einen Kuß offerieren möchte, so benachrichtige die nächste Zuständigkeit. Es wäre denn, der Kuß vermittelte dir den Himmel auf Erden.

SAMMLUNGEN NACH GATTUNG UND ART

Wenn ich mir früher eine Tube Zahnpasta kaufte, war ich beglückt von der prallen und appetitlichen Form. Wohl in keinem Erzeugnis findet deutscher Erfindergeist gepaart mit den Erfahrungen der Wissenschaft einen so unmittelbaren Aus-Druck, als aus diesen Pastentuben. Neuerdings reizen mich diese Tuben aber nicht mehr, wenn ich sie mir kaufe. Der Reiz hat sich rückverlegt. Erst wenn die Tube ihrem Ende zugeht, wird sie interessant: sie bekommt Sammelwert.
Das Sammeln, früher ein Privileg weniger weltfremder Individuen, ist längst Volkssport geworden. Was hatte die breite Masse von den erlesensten Schmetterlings-, Gesteins-, Briefmarken- und Was-weiß-ich-Sammlungen? Einen Dreck hatte sie davon. Heute aber, wo alles gesammelt wird, erweist es sich auf einmal, daß alles zusammen gesammelt mehr volkswirtschaftlichen Wert besitzt, als alle Schmetterlings-, Gesteins-, Briefmarken-, Antiquitäten- und Was-weiß-ich-Sammlungen zusammen.
Daheim bei mir steht eine große Glasvitrine. Sie ist von innen unsichtbar zu erleuchten. Wenn Gäste da sind, führe ich sie zu der Vitrine. »Interessieren Sie sich für Sammlungen?« frage ich vorher. Man interessiert sich natürlich allgemein. Ich knipse das Licht an, auf dem Samtbezug der Vitrinebretter glitzern seltsame Dinge, die ich den Gästen erkläre: Dies dort hinten ist Staniol. Es ist ein Fund aus der westlichen Mark Brandenburg. Nach den Überresten zu schließen, handelte es sich um ein verlassenes Lager nomadisierender Berliner. Das kleine Schlangenartige hier vorne ist eine Sardellenbuttertube. Sie ist in den Müllkästen der Großstädte heimisch.
Jeder Fund ist streng nach Gattung und Art geordnet. Kleine, eingespießte Nadeln mit einem Zettelchen vollenden das Bild. Am

zahlreichsten sind natürlich die Tuben, auf die ich im Laufe der Zeit gedrückt habe. Alle Gäste bewundern mein Sammeltalent. »Wo haben Sie das bloß her?« fragen sie mich. »Es liegt eigentlich in unserer Familie«, sage ich dann. »Mal liegt es am Boden, mal versteckt in einer Ecke, weggeworfen wird nichts mehr, und so kommt es dann in die Vitrine.«
Meine Sammlung ist noch nicht katalogisiert. Es gibt auch, so viel ich weiß, noch kein Buch über derlei Dinge.
Neulich war ein Volkswirt bei mir, der sich aus meiner Bücherei interessiert einen Band Schiller herausgriff, längere Zeit darin herumblätterte, ihn dann aber etwas enttäuscht wieder zurückstellte. Es war Schillers »Abfall der Niederlande«, den er anscheinend nicht verwerten konnte.
Liebe Leser, werdet auch Sammler gleich mir. Es lohnt sich, weil die Sammlungen nicht mehr in Museen und Schränken verstauben, sondern tatkräftig verwendet werden.
Am tatkräftigsten die Münzensammlungen. Von mir aus jede Woche.

REICHS-FILM-KROLL

Es tut sich was im deutschen Film: Nachdem es monatelang gedämmert hatte, hat es gestern und vorgestern getagt. Auf der ersten Vormittagstagung in der Kroll-Oper wurde offenbar, wie man Filme gestalten muß. Wie gesagt: Wiemann! Unvergeßlicher Höhepunkt der Tagung, die Rede des Ministers. Eine Spitzenleistung in jeder Beziehung; unmißverständlich, auf wen sie sich bezog. Es war umgekehrt, wie beim Wetter: je mehr es sich bezog, um so mehr heiterte es auf. (Ein Mann – geht die Sage – soll die Oper hernach verlassen haben, mit Kroll im Herzen und mit gebrochenem Humor. Dennoch in Gang und Haltung: jeder Zoll ein Dividandy!)
Während Berlin immer interessierter dem Ringen seiner mächtigsten Konzerne zuschaut, der Tobis und der Ufa (die Reihenfolge ist streng alphabetisch und nach nichts anderem geordnet), regt sich im nahen Süden der lachende Dritte:
Die neuorientierte Bavaria.
Sie will ein Film-München schaffen, das Film-Berlin in den Schatten stellen soll.
Schon hat sie sich einen Künstler gesichert, der sie mit Ratschlägen versehen soll; und ich bin gewiß, nach der neuen Parole werden diese Ratschläge zu Aufsichtsratschlägen erhöht werden.
Was sollte Film-München denn hindern, Metropole des deutschen Filmschaffens zu werden? Zugegeben, wir haben uns angewöhnt,

Berlin als Filmstadt anzusehen. Aber werden die berühmten amerikanischen Filme in New-York hergestellt? Ganz im Gegenteil: im kleinen Hollywood. Und etwa im großen Österreich, nein im kleinen Wien!
Wehmütig schweifen die Augen der süddeutschen Propheten über die stolzen Mauern der Berliner Ateliers. Sie sehen sie zerfallen (Bild) und hören den Wind durch die kahlen Ruinen pfeifen (Ton).
Aber auch die Münchener sind nicht unbesorgt über die ungekündigte Entwicklung. Denn es gehen Gerüchte über den Ankauf des Hofbräuhauses zwecks Umgestaltung zum Bavaria-Uraufführungstheater. Zur Eröffnung des Hofbräuhauses soll, soviel ich weiß, ein deutsch-bayrischer Gemeinschaftsfilm hergestellt werden, frei nach Shakespeare: Maß für Maß. Es wäre die filmische Versöhnung literarischer Ambitionen mit bierständiger Verwurzelung.
Der grandioseste Schachzug Film-Münchens ist aber die geschickte Gewinnung des Reichsfilms. Ihm hat die Bavaria auf seinem unermeßlichen Gelände einen Palast errichtet mit vielen schloßartigen Räumen. Reichsfilmpalast in München. Was hat sie in Berlin, genau wie die Reichskultur? Eine Kammer.
Wir können uns auf das nächste Filmjahr mit Recht freuen. Es weht ein frischer Wind, zwei, drei! Die Industrie wird wieder gesund werden. Wenn nur die Industriellen sich nicht immer vorher gesund machen wollten. Es fehlt ihr ja im Grunde nichts. Einzig der Stoffwechsel.

STOCKHOLMER FÖRBJUDENFRAGE

Was macht Stockholm auf einen Deutschen für einen Eindruck? begann ich mein Interview, das ich, von der Reise zurückgekehrt, im Auftrage des »B. T.« mit mir hatte.
»Doch«, sagte ich nach einer kleinen Pause, während der ich, wie es sich für einen Ausgefragtwerdenden gehört, vor mich hinlächelte, »doch, doch. Aber sieh mal«, fuhr ich fort (ich duze mich natürlich mit mir, da ich mich von klein auf kenne), »dieses Stockholm unterscheidet sich zunächst einmal in nichts von irgendeiner anderen europäischen Großstadt; dieselben Häuser, dieselben Geschäfte, dieselben Autos. Erst wenn man näher herangeht an die einzelnen Dinge, zeigen sich Unterschiede; über einzelnes staunt man sogar. Das Verkehrswesen z. B. untersteht zu einem großen Teil der S. S., das ist die Stockholmer Straßenbahn. Die Taxichauffeure halten, wenn sie herangewinkt werden im Vorbeifahren, prinzipiell nur, wenn sie ledig sind, denn ledig bedeutet frei. Und dann gibt es

unendlich viel Plakate und Beschriftungen, die uns Deutschen einfach unverständlich sind, wenn wir die Sprache nicht beherrschen: Vasalampan den rätta lampan för Eder. (Ein einziges Wort, das wir verstehen, nämlich das Wort: den – und selbst das heißt dann nicht den, sondern die.)

Einige besonders markante Sprachphänomene erlebte ich im Stadthaus. Das ist ein repräsentativer Bau auf einer der Inseln, darauf Stockholm errichtet wurde. Er ist ganz offensichtlich im Seitenblick auf künftige Geschlechter erbaut worden. Ich sah schon die Schulklassen späterer Jahrhunderte verständnislos hinter dem Lehrer durchs Stadthaus ziehen, mit offenen Mündern dem wissenden Lehrer lauschend. Alles ist auf große historische Zukunft hin angelegt. Die Anordnung der Säulengänge mit dem Durchblick zum großen Wasser, der feierliche Schloßhof mit dem Durchblick zu den Säulengängen, der alte Kastellan mit dem Durchblick auf ein Trinkgeld. So weitblickend waren die Baumeister sogar, daß sie noch genügend Platz ließen für die Patina, die sich erfahrungsgemäß erst später einfinden wird. Zur schwindelnden Höhe des Hauptturmes hinauf fährt ein Lift. Außerdem wendelt sich natürlich noch eine Treppe zum gleichen Ziel. Aber diese Treppe wirkt penetrant modern, weil sie hell ist, sauber und verhältnismäßig breit.

Fast wäre ich hinangestiegen, da begegnete mir ein Pförtner, der mir etwas sagte. Ich hütete mich jedoch, ihm zu antworten, denn ich wollte nicht als Fremder gelten, den er vielleicht belächelt hätte, sondern ich spielte mürrischer Schwede, indem ich »Hm« sagte. Darauf ging er mit mir zu einer Türe, daran »Hiss« geschrieben stand. Das Fahrstuhlfahren heißt bei den Schweden hissen. Also wurde ich feierlichst gehißt, und es fehlte nur noch, daß ich im Winde flatterte.

Oben angelangt, sagte der Mann wieder etwas, und ich antwortete wieder mit einem bestätigenden »Hm!« Geben Sie Obacht, hatte er gesagt, aber das übersetzte ich mir erst eine Minute später, als mein Schädel gegen einen Balken knallte.

Im Turmoberen befand sich – das wird Sie interessieren – eine neuartige automatisch funktionierende Wandsauberhaltevorrichtung, die ebenso einfach wie genial das Bekritzeln der Wände absolut zuverlässig verhindert: Ein Gästebuch mit Bleistift.

Den Abstieg unternahm ich zu Fuß. Mehrmals kam ich an Türen und Wänden vorbei, mit der Aufschrift: »Til tornet samt ahörarn läktaren.« Aber wie es so heißt: ein gestoßener Kopf scheut das Fremdwort: ich ging an diesen Stellen mit ganz besonderer Vorsicht vorbei (wie mir am Nachmittag »unser schwedischer Sonderkorrespondent meldete«, hieß es aber nur, Zum Turm und zu den übrigen Räumen, usw.).

Am Turmausgang verabschiedete sich der Pförtner mit einem herzlichen »Grüß Gott, mein Herr!« – aber auf deutsch. Gleichzeitig übergab er mir einen leeren Briefumschlag mit meiner Adresse, den ich verloren hatte.
Es ist schwer mit der schwedischen Sprache, besonders für uns Deutsche. Am meisten Kopfzerbrechen machte mir aber das überall angeschriebene Wort:

förbjuden.

Gibt es auch in Skandinavien eine Förbjudenfrage? Bis man mich endlich dahin informierte, daß das »Verboten« heißt.

EIN WIND – DREI – VIER –

Jeder beruft sich heute darauf, der Himmel hat es zu wenig. Was ist das? Beziehungen . . .
Und ausgerechnet wir in Berlin liegen im Zentrum dieser heißen Luftmassenversammlung. Soviel ich von den wetterkundlichen Meldungen verstanden habe, befinden wir uns in einem Hoch, dem ein Tief vorgelagert ist. Die Dinge können aber auch umgekehrt liegen. Die meteorologischen Stationen sind sich noch nicht klar darüber, wie das jüngste Hoch auf Deutschland zustande und gekommen ist. Man nimmt an, daß es aus Jugoslawien stammt, wo zur Zeit Neurath weilt, der nicht nur Neurath heißt, sondern sich ihn auch immer wieder zu schaffen weiß.
Ich für meinen Teil möchte annehmen, daß es sich bei dieser Hitzewelle um versetzte Polarwinde handelt, die sich heißgelaufen haben.
Um mit Coué zu sprechen, geht es uns jeden Tag wärmer und immer wärmer. Es ist ein unnatürlicher Zustand ringsum. Seht euch die Männer an, sie laufen herum mit Perlenkolliers auf der Stirn. So warm ist es. Den Hunden auf der Straße hängt die Zunge zum Halse heraus. Warum soll ihnen nicht auch mal was zum Halse heraushängen.
Manche verfallen schon auf die kuriosesten Dinge. So lesen sie viel Kriminal- und Abenteuerromane. Wenn ihnen die ersten Seiten auch nicht gleich helfen, einmal kommt doch die Stelle, wo es ihnen eiskalt den Rücken herunterläuft. Oder sie sagen sich bei Leuten an, von denen sie wissen, daß sie ihnen einen kühlen Empfang bereiten werden. Natürlich besteht hier die Möglichkeit, daß jene auch uns die kalte Schulter zeigen.
Ich weiß, lieber Leser, daß ich nunmehr mit einem nassen Lappen erschlagen gehörte: welch angenehmes Ende in dieser trockenen Periode.
Wenn Hoch und Tief sich nur etwas ausgleichen würden und ein Mittelding daraus entstünde, ein Mittel gegen die Hitze.

HAARIGES

Sie kennen doch den Friseur in der Dingsstraße? Wenn Sie hereinkommen, steht er gerade hinter einem vor ihm sitzenden Kunden und sagt: »Bitte nehmen Sie Platz, Sie sind sofort dran.« Dann wissen Sie, wodran Sie sind, bleiben aber trotzdem.
Sie greifen zu einer Zeitung; es könnte die älteste der Welt sein, so blättern Sie doch darin herum. Es ist aber keine sehr alte. Das, was Sie lesen, haben Sie erst diesen Morgen in irgendeiner anderen Zeitung gelesen. Berichte wie vom Unruheherd in Indien oder der Gasexplosion in der Beusselstraße sind Ihnen schon seit Jahrzehnten bekannt, obgleich sich das tatsächlich erst gestern ereignet hat.
Die aufregende Überschrift von dem Oppositionssieg in der Kammer nimmt Sie einen Augenblick gefangen; wie Sie dann aber lesen, daß die französischen Abgeordneten Soetso et Soetso und so weiter . . . interessiert es Sie auch nicht mehr. Beim Friseur . . . Denn hier gehts um den Bart!
Nach einer kurzen Weile, die Ihnen wie eine Langeweile vorgekommen ist, hängen Sie die Zeitung wieder an den Haken, teilen dem Friseur mit, daß Sie später noch einmal wiederkommen und gehen zur Tür. Der Friseur läßt Sie aber keinesfalls zur Konkurrenz abwandern, sondern sagt blitzschnell, daß er bereits fertig sei und Sie schon dran sind.
Er trocknet sich die öligen Hände an der Glatze des ersten Kunden ab, entschuldigt sich einen Moment und sagt, derweilen Sie sich in einen unnatürlichen Stuhl gesetzt haben, kurz und bestimmt: Haarschneiden! Sie fassen sich an den Kopf, wie so etwas möglich ist, stellen dabei fest, daß die Haare doch reichlich lang sind, und sagen dann: Nein, nur rasieren!
Während nun der erste Kunde wie von einer Genickstarre befallen wartet, weil ihm sonst sofort ein öliges Bächlein in die Augen springen würde, werden Sie eingeseift, richtig, was man so eingeseift nennt. Dann aber läßt er Sie stehen, als seinen Gefangenen, macht jetzt in aller Ruhe den ersten fertig, und Sie sind nun theoretisch geliefert.
Praktisch aber komme ich jetzt zur Türe herein, greife zur Zeitung und so weiter, siehe oben. Ich habe Sie vollkommen in der Hand, je schneller ich jetzt zur Türe gehe und sage, daß ich später wiederkomme, um so schneller werden Sie zu Ende bedient.
Erst wenn ich mich in den Sessel gesetzt habe, ist meine Macht gebrochen – bis mein Nachfolger mich erlöst.

DER KNABE IM BADE

Mein heutiger Beitrag muß leider ausfallen. Es fehlt mir an der Zeit, denn ich mußte einem Sextaner bei einem Aufsatz helfen, den er abzuliefern hatte. Ich werde aber wenigstens mein Konzept zu dem Aufsatz liefern. Ich schrieb es nach seinen Angaben. Das Thema lautete: Mein erstes Ostseebad in diesem Jahre.

Wir baden fast jedes Jahr, denn mein Vater sagt immer, daß das gesünder ist als in die Berge gehen. Diesmal waren wir im schönen Rauschen, dessen Vorzüge von dem Verkehrsverein jedes Jahr immer wieder von neuem festgestellt und verschickt werden.

Wie jauchzten wir, als es endlich hieß, heute geht es an die Ostsee, ist sie doch unser heimisches Küstengewässer, dem unsere tapferen Fischer die Flundern verdanken.

Leider waren Schirrmachers nicht da in diesem Jahr. Vater sagte, sie wären in Solvent und könnten es sich daher nicht mehr leisten. Ob es in Solvent wohl schöner ist als in Rauschen? Das Wasser war sehr warm, denn es badeten sehr viele. Jedesmal, wenn eine Welle kam, nahm ich meine ängstliche Mutter bei der Hand, weil sie mich sonst umgerissen hätte. Einmal mußte ich an die deutschen Kaiser denken, und dann freute ich mich, daß sie nicht mehr dran sind, sondern die leichteren Frankenkönige. Als ich meinen Vater einmal nach dem Ende der Franken gefragt habe, sagte er, er gäbe ihnen kein halbes Jahr mehr.

Ertrunken bin ich in diesem Jahr noch kein einziges Mal, obwohl immer wieder darauf hingewiesen wird. Manche ertrinken aus Ehrgeiz. Dann wollen sie zeigen, was sie können, und dann kann der Wächter am Strande blasen, was er will, sie hören nicht eher als bis sie tot sind.

So verlief mein erstes Bad in diesem Jahr sehr schön, und ich will recht fleißig sein und immer gehorsam, daß ich im nächsten Jahr wieder baden darf.

EIN HAUPTMANN DER RESERVE

Auf die Nachricht hin von der neuerlichen Beschießung eines englischen Schiffes im Mittelmeer brach ich meinen Urlaub sofort ab und begab mich nach Berlin. Es war verfrüht; denn wie sich bei Bäumen, wenn man sie anschneidet, allsogleich Harz bildet, so entstehen bei modernen Mächten in ähnlicher Lage Untersuchungsausschüsse. Es ruft gewissermaßen ein Ausschuß den andern ins Leben. Es ist zum Schießen, würde der Schlesier sagen. Ich komme doch gerade von dort; vielleicht kennen Sie den Saalberg. Er liegt in jener idyllischen Riesengebirgslandschaft, die von dem

Maler der Romantik Kaspar Friedrich erfunden wurde. (Er hat eigentlich zwei Vornamen, ich möchte mir den zweiten aber aus naheliegenden Gründen ersparen.)
Eigentlich wollte ich ja noch ein wenig an die See fahren, aber weil Saalberg nur 600 Meter über dem Meere liegt, gab ich mich auch damit zufrieden. Sechshundert Meter! Das ist ja noch nicht einmal ein Kilometer bis zum Strand! Nicht viel weiter ist es von dort auch nach Agnetendorf. Sie wissen doch, Agnetendorf. Ich möchte es als das schlesische Weimar bezeichnen. Hier ist der Wohnsitz oder vielmehr die Wohnstätte Gerhart Hauptmanns, meines weltberühmten Berufskameraden. Leider gelang es ihm in den letzten Tagen, da ich oftmals scheu um seine Besitzung wanderte, kein einziges Mal, mich zu Gesicht zu bekommen. Unser Begrüßungsdialog blieb ungesprochen.
Er war sorgfältig vorbereitet. Meine eigenen Worte und seine Worte dazu hatte ich niedergeschrieben; ich kann doch von einem solchen Manne nicht verlangen, daß er eigene Worte für einen Komiker hergibt.
Junge Talente, die das Glück hatten, bei ihm zu weilen, schildern ihn als reserviert. Ein Hauptmann der Reserve.
Nun, ich ward wenigstens durch etwas anderes entschädigt. Bei Hauptmanns Jugendfreund Willm, einem berühmten Bienenzüchter, entdeckte ich eine bronzene Büste, ihn, den Bienenkünstler, darstellend, als er noch Schauspieler war. Sie stammt von Hauptmann. Ahnte der Dichter damals, daß sein Modell einst Herrscher sein würde über hundert Völker –?
Sie sehen, meine kurze Pause blieb nicht ganz ungenutzt. Sogar mit Rübezahl habe ich gesprochen. Man soll's nicht für möglich halten – allein, es war dem so. Wenn ich Ihnen einen Wink geben soll: Sie erreichen ihn um Mitternacht auf dem Schmiedberger Kamm. Dort rufen Sie ihn an. Unter Hermsdorf Kynast 405. Er hat nämlich jetzt eine Pension, weil die Sagen von ihm allein keine Lebensmöglichkeiten mehr bieten. Ob er allerdings pensionsberechtigt ist . . .?

SÜPPCHEN A LA LILIPUT

Allmählich muß es auch der Dümmste gemerkt haben, daß die Welt aus den Fugen geht – das Alte stürzt und neue Ruinen blühen (aus dem Leben). Wohin wir blicken, nichts als Zähne, bis an welche die Mächte bewaffnet sind, nichts als Haare, in denen die Völker sich liegen. Und überall geht's aufs Ganze.
Dieses allgemeine Durcheinander machen sich manche zunutze, indem sie versuchen, auf den überall entstehenden Unruheherden ihr Süppchen zu kochen. Einmal ist's der Fakir von Ipi, ein andermal

sind's die Palästinenser, und jetzt beginnt es sogar schon bei den Liliputanern.
Sie werden lächeln, lächeln Sie nicht! Auch die Liliputaner werden munter: kein Wunder bei dem Kriegslärm, der die Welt erfüllt.
In einer viel zu wenig beachteten Pressenotiz stand neulich zu lesen, daß die Liliputaner für den Beginn des Jahres 1938 in Budapest ein Treffen planen, dessen Hauptthema lautet: »Anerkennung der Liliputaner als normale Menschen.«
Die Forderung der Liliputaner mag auf den ersten Blick anachronistisch erscheinen, denn unser Zeitalter strebt nach Größe und hat nur für das Große Verständnis. Aber wir dürfen einmal nicht vergessen, daß man diese Rasse nicht mit unseren Maßstäben messen darf, und daß unser Zeitalter bei den demokratischen Ländern noch nicht angebrochen worden ist.
Wir werden abwarten müssen, auf welche Seite der Welt die Liliputaner sich schlagen werden; schlagen werden sie sich auf alle Fälle; damit aber wird sich ihr Normal-Menschliches ganz von selbst erweisen.
Wenn ich ganz persönlich etwas von der Sache sagen darf, so möchte ich eine Anerkennung der Liliputaner befürworten. Wenn ich auch nicht gerade die Ansicht des Aristoteles teilen kann, der die Pygmäen als eigenes Volk am Ursprung des Nils bezeichnet (oder gar die des Plinius, der, vielleicht von Homer verleitet, von einer Zwergennation am oberen Ganges spricht) –, so meine ich doch, daß die Liliputaner eine ruhmreiche Geschichte haben, die ihren Anspruch hinreichend begründet.
Zwergkönig Laurin, Claus Perkeo zu Heidelberg, sind das keine weltberühmten Namen? Ihre Statuen werden wahrscheinlich die Vorhalle des Konferenzsaales zieren. Glück auf ihr Liliputaner! Wenn auch euer Wunsch, Normalmensch zu werden (wie langweilig) auf keine Weisheit schließen läßt, so verrät er doch Witz und Verstand . . .
Sollten sich nun aber die Liliputaner eines Tages gegen uns erheben, werden wir sie in Schach halten können? (Versuchen Sie's mal, einen Zwerg klein zu kriegen.)

LEHRSTUHL GESUCHT

Mein Inserat von vergangenem Montag ist leider erfolglos geblieben. Anfangs wußte ich nicht, wo ich es aufgeben sollte.
Ich bemühte die Auskunft nach einer Anzeigenvermittlung; sie gab mir die Nummer des Polizeipräsidiums. – Ich suchte nach einem gut erhaltenen Lehrstuhl. Zuletzt wandte ich mich an einen Tischler, ob er mir denn einen anfertigen könne. Aber der Tischler erklärte mir

meisterhaft, daß Lehrstühle nicht angefertigt, sondern errichtet würden.
»Wie Sie es machen wollen, will ich Ihnen überlassen«, sagte ich daraufhin, »dann errichten Sie halt einen.« Das könne nur ein Universitätstischler usw.
Ich schritt zur Universität. Da wurde es erst recht nichts. Das Unzugängliche, hier ward's Ereignis! Meine Bemühungen waren umsonst, wenn die paar Mark Gebühren abgerechnet werden.
Ich werde mich also mit einem Lehnstuhl begnügen müssen, den ich daheim errichten will. In ihm werde ich mich als Privatdozent niederlassen. Zur Ruhe setzen kann ich mich vorläufig noch nicht in ihm, denn unsere Gegend ermangelt dieser.
Vor allem zwei Schulen machen sich recht bemerkbar. Die eine ist eine gewöhnliche Schule, wo schulpflichtige Jugend klassenbewußt erzogen wird, von der niedrigsten Klasse zur Extraklasse. Das andere ist eine Privatschule für Gymnastik und künstlerischen Tanz. Die Geburt des Nervenzusammenbruchs aus dem Geiste der Musik. Mittelalterliche Weisen geben der Schule besondere Noten; oft wird eine Weise immer und immer wiederholt, und zwar in einer Weise, daß man den Kopf schüttelt.
Oftmals saß ich schon über einem Brief: Liebe Schule. Im Besitze Ihrer werten Nachbarschaft, teile ich Ihnen mit, daß ich Mitglied Ihrer Schule bin, passives Mitglied, wenn passiv: leidend heißt. Leider finden nur lautere Elemente bei Ihnen Aufnahme, als es meinen Ohren zuträglich ist. Ich verfolge ihre Bestrebungen mit größtem Interesse; aber bisher ohne Erfolg. Ganz hingerissen vollends bin ich vom Klang Ihrer Blockflöten. Welch treffliche Bezeichnung: Unser ganzer Block ist ihrem Zauber unterworfen. Genehmigen Sie, verehrte Schule, usw.
Einer riet mir schon, die Schule zu inserieren. Ein dummer Wunsch. So etwas tut man nicht. Aber anmelden werde ich mich als Schüler. Als Fortgeschrittener. Denn, wirklich, ich kann schon sehr viel mehr als ein Neueintretender. Dennoch: es widerstrebt mir, sie zu inserieren, denn nette Leute sind's trotzdem.

ALLE ACHSEN FÜHREN NACH ROM

I.

Ist es ein Wunder, daß ich nach dem imposanten römischen Besuche meinen heutigen Beitrag mit: römisch eins beginne?

II.

Was wir erlebt haben, war mehr als die Feststellung eines einzelnen, daß diese beiden Völker sich gefunden haben; es war darüber hinaus eine Volksfeststellung.

III.

Der VDFA (Verein der feindlichen Ausländer) ist der Auflösung nahe. Meteorologisch gesprochen, hat ihnen der Begeisterungssturm den Wind aus den Segeln genommen. Dementsprechend ist auch in ihren Pressekommentaren eine gedruckte Stimmung vorherrschend. Aber gerade die Außenwelt hätte doch allen Grund, sich unseres Friedenswillens zu erfreuen. Wo sie selbst auf dem Pulverfaß sitzt. Ist die äußerste Spannung im Fernen Osten noch nicht Warnung genug? Wäre dort nicht um ein Haar der Krieg zum Ausbruch gekommen? Nur der Vermittlung der Mächte ist es zu verdanken, daß das Schlimmste noch einmal nicht verhütet wurde.

IV.

Ein merkwürdiger Gedanke, daß in ein paar hundert Jahren der Schüler Fritz Lehmann sich das mühselig einpauken muß, was uns Heutigen von alleine im Gedächtnis bleibt. Der arme Junge wird sich anstrengen müssen, abstrakte Zahlen zu behalten, knapp zusammengefaßt in einer kurzen Lektion, nur vom Hörensagen oder Sagenhören, wozu uns Monate, Jahre, Jahrzehnte Zeit gelassen wird. Nur in einem ist Fritz Lehmann uns über: er weiß schon, was im nächsten Jahre sich tut. »Fritz, sag es uns, du brauchst nur die Seite deines Geschichtsbuches umzublättern.« Fritz blättert nicht weiter; er wurde gerade zum Kaffeetrinken gerufen. Das liegt ihm augenblicklich näher. Die nächste Seite wird er ohnehin bald genug auswendig lernen müssen.

Nun kann der Herbst kommen. Was geerntet werden konnte, ist geerntet worden. Die Frucht der Felder und der Beifall des Maifeldes.

V.

Das Fazit der letzten Tage: zwei Völker sind einander näher gekommen. Sie haben Ducebrüderschaft geschlossen.

DER FAUST DIE STIRN GEBOTEN

Zu Beginn dieser Woche las ich in einer Zeitung, daß die Tragweite des Schmeling-Sieges noch gar nicht abzusehen sei. Daraufhin versuchte ich es erst gar nicht, sondern wartete einige Tage. Alsdann dachte ich, nun wird es wohl so weit sein und versuchte abzusehen. Aber es war immer noch zu zeitig. Die Tragweite ist auch heute noch nicht abzusehen. Immerhin ist die amerikanische Sportliteratur um ein Werk reicher geworden. Der junge Boxer Thomas (bearbeitet von M. Schmeling).

Indessen überlege ich mir –: Müssen wir Maxen zu den Arbeitern der Faust rechnen oder zu denen der Stirn? Oder ist er die ideale Vereinigung beider Typen? Könnte seine Faust solche Wucht hergeben, wenn er nicht gleichzeitig die Stirn hätte, sie dem Gegner zu bieten?

Daß die Welt nicht lernen will! Daß sie das Wesen des deutschen Trotzes noch immer nicht begriffen hat. Es ist im Einzelfall wie im gesamten: Sie wären mit Schmeling längst zu Rande gekommen, wenn sie ihm nur sein Recht gegeben hätten. So aber weckten sie den Furor Teutonicus. Michael Kohlhaas redivivus. Er verlangt nicht mehr Anerkennung, sondern heischt Genugtuung. Ihm ist genug getan worden. Das Faustrecht ist wieder auferstanden; schlagartig. Wann wäre dieses Wort treffender angewandt worden?

Dabei ist er maßvoll geblieben bis zur letzten Sekunde. Zu welchen Übertreibungen dagegen amerikanische Sportler sich hinreißen lassen können, beweist eine Meldung der letzten Tage, wonach ein Sportlehrer verhaftet wurde, der jungen Leuten zur Militärtauglichkeit verhalf, indem er ihnen mit einer Keule über den Kopf schlug. Die hierdurch entstehende Beule füllte jene Zentimeter auf, die sonst an der Mindestgröße gefehlt hätten. So sehr den Jungen aber der Kamm auch geschwollen war: Der künstliche Nachwuchs wurde erkannt, aber nicht anerkannt, vielmehr als gefährlicher Auswuchs gegeißelt.

Wir lernen hieraus, daß menschliche Größe nicht mit dem Holzhammer zu erreichen ist, wenn auch in der Methode zweifellos Ansätze dazu vorhanden sind.

Es gibt ohnehin genug Dinge, die sich ein junger Mensch aus dem Kopfe schlagen muß.

Den folgenden bisher unveröffentlichten – keineswegs kabarettistischen – Vortrag hielt Werner Finck Ende 1938 vor der Lessing-Hochschule in Berlin, zu einer Zeit also, da »Nathan der Weise« auf keiner deutschen Bühne gespielt wurde. Natürlich erregte er im Zeitalter der »Gleichschaltung«, von der auch die Lessing-Hochschule nicht ausgenommen war, einigen Ärger. Am 23. 1. 1939 schrieb der Schriftsteller Walther von Hollander an den Autor:
»Lieber Herr Finck, Ihr Vortrag in der Lessing-Hochschule ist mir sehr zu Herzen gegangen; natürlich ein bißchen deshalb (so ist der Mensch), weil er mir aus dem Herzen gesprochen war. Aber auch abgesehen davon fand ich, daß Sie nicht nur das Wesentliche seines Lebens in kurzen Umrissen so gut gegeben haben, wie Sie es als ungelernter Biograph gar nicht dürfen, und daß Sie vor allem alle die Dinge herausgearbeitet haben, die für uns heute an Lessing so wichtig sind. Immer noch nicht haben die Biographen und Historiker begriffen, daß alle Lebensbeschreibung und -geschichte unwichtig ist, die nicht das Leben auf irgendeine Weise beeinflußt und formt, die also nicht vorbildhaft ist. Was nützt uns, möchte man sprechen, die Wahrheitsliebe, die Unerschrockenheit und Offenheit Lessings, wenn wir es nicht fertig kriegen, ebenso unerschrokken zu sein.
Ich weiß natürlich, daß manche von Ihnen noch ein paar Witze dazu erwartet haben. Aber es ist nichts erziehlicher, als wenn man so eingefahrene Erwartungen enttäuscht. Das macht die Menschen lebendig. Außerdem habe ich die ersten Spuren einer noch abgründigeren, noch ernsteren Witzigkeit in Ihrem Vortrag gespürt. Und dafür danke ich Ihnen besonders.
Mit herzlichen Grüßen Ihr Walther von Hollander.«

UNSER LESSING
WER DARF DAS SAGEN?

Sagen wir es gerade heraus – und welche Stunde verpflichtete stärker dazu als die heutige, die Lessings Gedenken gewidmet ist –: Diesen umstrittenen Namen laut und freudig aussprechen heißt, eine Verantwortung auf sich nehmen.
Ich tue es. Ich nehme die Verantwortung gerne auf mich und bin bereit, alle Konsequenzen daraus zu ziehen, das allein nämlich läßt meine Anmaßung weniger groß erscheinen, einen Geist zu zitieren, dem ich mich zwar verwandt fühle, dessen Weite und Tiefe aber mir meine eigene Unzulänglichkeit auf Schritt und Tritt beschämend ins Bewußtsein bringt.
Die gelernten Theologen werden mir in der Auswertung seiner religiösen Schriften überlegen sein. Die Philologen könnten mich

mit ihren Sprachkenntnissen in die peinlichste Verlegenheit bringen. Und wenn ich mir auch als Schauspieler einige Bühnenpraxis erworben habe, so muß ich doch hinter den Herren Dramaturgen zurückstehen. Und gar die Kunsthistoriker möchten mich mit Recht auslachen, wollte ich mit ihnen über die Richtigkeit des Laokoon diskutieren.

Warum spreche nun gerade ich über Lessing? Ich will es ihnen sagen: Die anderen können. Ich aber muß!

Dieses Müssen ist von derselben Art, die sich in ihrer banalsten Form demonstriert, wenn Herr Krause sich genötigt fühlt, von einer öffentlichen Grünfläche ein Stück Papier aufzuheben, um es seinem Bestimmungsort, dem Papierkorb, zuzuführen, – und die ihren erhabensten Ausdruck auf dem Reichstag zu Worms gefunden hat, als Luther erklärte, nicht anders zu können.

Dieser innere Zwang, dieses Nicht-anders-können beherrschte Lessings Leben entscheidend. Welche Ironie, daß Lessing der Schöpfer des geflügelten Wortes wurde: »Kein Mensch muß müssen!« Dieses Müssen lag ihm, um ein Lieblingswort unserer Zeit zu gebrauchen, im Blute. Und dieses Blut war deutsch. Als es zum ersten Male heiß aufwallte, war der Gegenstand der Erregung ein Franzose. Und was war passiert?

Voltaire hatte ihn der Unwahrheit bezichtigt. Lessing hatte sich das in einem Briefe mit solcher Schärfe verbeten, daß man in Berlin darüber sprach. Und es spricht für die Richtigkeit der Lessingschen Sache, daß gerade dieser Brief verloren gegangen ist: Voltaire wird sich das Schreiben, meine ich, nicht erst hinter den Spiegel, sondern gleich in den Ofen gesteckt haben.

Man muß sich einmal vergegenwärtigen, was Voltaire damals bedeutete. Ganz Europa betete ihn an. (Jedenfalls das Europa, das das Beten verlernt hatte.) Er war der verführende Geist des Jahrhunderts, der Favorit Friedrichs des Großen. Und ausgerechnet mit diesem Voltaire muß Lessing sich anlegen. Wo es doch seine geheime Sehnsucht war, in diesen Kreisen, wo die Elite der Nation verkehrte, aufgenommen zu werden. Nicht der Verbindungen wegen, auf die spekulierte der Herr Vater, der für die ideellen Ambitionen seines Sohnes Gotthold niemals Verständnis aufbringen konnte. Lessing reizte nur die Ehre. Und da schreibt er so einen Brief, legt den Grund zu seinem lebenslänglichen Ausschluß aus der königlichen Gesellschaft. Nur wegen der Wahrheit.

Voltaire hat diesen Schritt des jungen Lessing bestimmt nicht verstanden. Zu d'Alembert hat er einmal gesagt, er, Voltaire, sei ein warmer Freund der Wahrheit, aber, fügte er hinzu, gar kein Freund des Märtyrertums. Wenn es ihm etwas nutzte, trat er für die Wahrheit ein, wenn sie ihm aber schadete, konnte er sie auch genau so gut entbehren. Voltaire konnte, wenn er wollte, aber die Stärke

seines Willens wurde von der Stärke seiner Furcht bestimmt.
Lessing mußte, ob er nun wollte oder nicht. Wenn er einmal die Richtigkeit einer Sache erkannt hatte, so trat er rücksichtslos für sie ein. Ganz gleich, welche Folgen es für ihn persönlich hatte. Voltaire war kein Freund des Martyriums, selbst auf die Gefahr hin, die Wahrheit zu verleumden. Lessing war kein Freund der Lüge, selbst auf die Gefahr hin, Märtyrer zu werden. Über das Wörterbuch schrieb Voltaire an d'Alembert: »Sowie es die geringste Gefahr damit hat, bitte ich Sie sehr, mir davon Nachricht zu geben, damit ich das Werk in allen Blättern in meiner gewohnten Ehrlichkeit desavouieren kann.«

Und in einem Brief an den Jesuitenpater de Latour erklärte er sogar, wenn man je unter seinem Namen eine Seite gedruckt habe, die auch nur einem Dorfküster Ärgernis geben könnte, so sei er bereit, sie zu zerreißen. Er wollte ruhig leben und sterben, ohne eine Ansicht zu vertreten, die jemand anstößig sein könne.

Ich denke, das sagt genug.

Lessing vertrat seine Ansichten um so leidenschaftlicher, je mehr er anstieß. Eine seiner Ansichten war, daß es nicht genüge, eine Erkenntnis zu gewinnen, sondern daß man diese Erkenntnis auch vertreten, daß man sozusagen geradestehen müsse für diese Erkenntnis. Man nennt so etwas Überzeugungstreue. Aber nun übersetzen Sie einmal Überzeugungstreue ins französische. La Überzeugungstreue werden die Franzosen sagen, so wie sie sagen Le Reich, Le Führer, L'Anschluß, Le Drang nach dem Osten. Für diese Deutschen Dinge hat der Franzose einfach keine Worte, es verschlägt ihm die Sprache.

Verstehen Sie jetzt, warum Lessing so fanatisch für die deutsche Sprache eintreten mußte, warum bei ihm im »Anfang das Wort war«, und warum er das Wort nicht hoch genug schätzen konnte? Wir haben eben so viele Empfindungen, die sich in einer anderen Sprache gar nicht ausdrücken lassen. Weil die Bezeichnungen fehlen. Nicht daß die Franzosen sich für eine Idee nicht totschlagen lassen würden, aber sie würden sich nicht so gründlich totschlagen lassen, so unbedingt.

Diese typisch deutsche Empfindung war in Lessing so lebendig, daß sein vordringlichstes Ziel die Befreiung des deutschen Fühlens vom Diktat des französischen Geistes war. Dieser Geist war übrigens der Geist von Versailles. Lessing bekämpfte ihn, und Gottseidank, Lessing hatte Le Zeug dazu. Aber so sehr ihn die französische Sprache hemmte, die deutsche, die er damals vorfand, drückte ihn. Er, dem die Natürlichkeit im Blute lag, empfand die deutsche Sprache seiner Zeit als ein Korsett. Das brachte ihm die Feindschaft Gottscheds ein. Gottsched war der Generalvertreter dieser Sprachkorsettfabrik, deren Aktionäre in Paris zu Hause waren. Friede

seiner Sprache, sie ist tot. Lessing soll leben! Er bekam das Korsett mit all den steifen Regeln und Verschrobenheiten in der Schule sorgfältig übergezogen, und er war der erste, der eines Tages sagte: »Herrschaften, das paßt mir nicht mehr!« (Für Lessingforscher möchte ich bemerken, daß dieser Ausspruch wörtlich nicht gefallen ist.)
Und da Gottsched ein anerkannter Mann war, und da ganz Deutschland hinter Gottsched stand, mußte Lessing es mit ganz Deutschland aufnehmen. Er führte einen Mehrfrontenkrieg. Genial in der Strategie, soldatisch im Angriff und klug im Ausbau der gewonnenen Stellungen. Der breiteste Abschnitt seiner Front war das Theater.
Mit seiner Hamburger Dramaturgie überrannte er das Bollwerk der erstarrten französisch-romantischen Theaterkunst und sicherte dem lebendigen germanisch-englischen Theater die Vormachtstellung. Daß wir heute Shakespeare spielen, verdanken wir dem Lessing.
Nun sollen die heutigen Dramaturgen kommen und die nur noch sehr bedingt geltende Richtung von Lessings Ansichten ins Feld führen: Damals waren diese Grundsätze eben die richtigsten und die wichtigsten. Vorderlader und papageienbunte Uniformen sind für einen heutigen Krieg auch eine überwundene Angelegenheit, aber damals wurde Schlesien damit erobert. (Unter anderem.)
Und dann noch eins: Damals sich mit Komödianten überhaupt einzulassen, bedeutete eine Tat.
Es war weiß Gott nicht so wie heute, wo die prominenten Schauspieler überall ein- und ausgehen können, von welcher Freiheit sie nun auch reichlich Gebrauch machen. Damals wurde um sie längst nicht so ein Theater gemacht, sondern sie mußten sogar in Berlin in einer Bretterbude spielen.
Und als Lessing seinen Feinden das erste und das letzte Mal einen Gefallen tat, als er nämlich starb, da wollten die Hamburger Schauspieler ihrem Lessing – es war kurze Zeit später – eine Feier im Theater veranstalten.
Und diese Feier wollte die geistliche Behörde verbieten lassen.
Das Verbot wäre auch ergangen, wenn nicht der Hauptpastor Goeze warm und mit dem ganzen Einsatz seiner Persönlichkeit dafür eingetreten wäre.
Gibt es denn noch einen anderen Goeze, werden Sie sich hier fragen, – der Goeze, den wir kennen, war doch einer der ärgsten Verfolger Lessings?
Eben deshalb. Goeze wollte halt, daß Lessing nur der elenden Ehre nicht beraubt würde, von Komödianten gerühmt zu werden.
Meine Herren Schauspieler, wie gefällt Ihnen das?
Daß es heute anders ist, das ist zunächst einmal Herrn Lessings

Verdienst. Nicht, weil er die Ansicht der Schauspieler teilte, das taten viele seiner Zeit, sondern weil er für sie eingetreten ist.
Es würde Ihrer nun längst anerkannten Ehre zu derselben gereichen, wenn Sie auch für ihn genau so tapfer eintreten wollten!
Und wenn Sie es gar Lessing gleichtun wollen, wählen Sie sich eine Position, die nicht am ungefährlichsten ist. Es wäre liebenswürdig von Ihnen, wenn Sie dem Gewäsch entgegentreten würden von der intellektuell konstruierten »Minna von Barnhelm«. Bleiben Sie auch stehen, wenn von »Nathan dem Weisen« die Rede ist.
Ich will Ihnen zu Hilfe kommen:
Wenn ein Stück zeitbedingt sein kann, dann war es »Nathan der Weise« in hohem Maße. Wie »Minna von Barnhelm« vom Siebenjährigen Kriege beeinflußt war, so war »Nathan der Weise« von der damals vorherrschenden Humanitätsidee beeinflußt, ganz abgesehen davon, daß seine Tendenz sich gegen die bornierte, engherzige und engstirnige evangelische Orthodoxie richtete. Das ist Gefühl von Schillers Gefühl: Diesen Kuß der ganzen Welt!
Gerade unsere Nation hat bitter erfahren müssen, wie solche Küsse in der ganzen Welt bewertet wurden. Ich bezweifle, daß Lessing mit unseren Erfahrungen noch einmal solch einen Nathan schreiben würde. Vielleicht hieße das Stück diesmal »Michel der Kluggewordene« und richtete sich in seiner Tendenz gegen jene Juden, die Lessing auf Grund des Nathan durchaus für sich proklamieren wollten. Und so etwas meinte wohl auch Karl Busse, wenn er schrieb, unter den Einflüssen und Erfordernissen einer anderen Zeit würde sein bester Schüler, sein wahrer Nachfolger im Geist vielleicht am schärfsten gegen ihn vorgehen müssen. Schließlich lautet der Titel ja auch nicht »Nathan der *Jude*«, sondern »Nathan der *Weise*«.
Ich erinnere im übrigen daran, daß Friedrich der Große, dessen Ideal die geschmeidige espriterfüllte französische Geistigkeit war, an seinem Lebensende den früheren Fredericus Rex befehdete, indem er sagte: »Ich mag die Franzosen nicht mehr, sie sind mir zu liederlich!«
Das waren seine Erfahrungen, nicht zuletzt mit Voltaire.
Es ist jammerschade, daß Voltaire die Stelle am preußischen Hof einnahm, die Lessing gebührt hätte. Was trennte die beiden Zeitgenossen, die für die Größe unserer Nation kämpften, die, jeder auf seinem Gebiet, soviel erreichten, weil sie soviel wagten?
Wenn unser alter Fritz als Politiker auch nicht davor zurückschreckte, die ganze Welt hinters Licht zu führen, und sich einen Sport daraus machte, die Taschenspielereien und Doppelzüngigkeiten seiner Gegner zu übertreffen – auch das lag in der Zeit –, in allen Dingen, die ihm ernst und wichtig waren, war er von einer unbestechlichen aufrichtigen Wahrheitsliebe geleitet.

Es waren, kann man, die Königskinder variierend, sagen, zwei Artverwandte, die hatten dasselbe Ziel – sie konnten zueinander nicht kommen, der Lakaien war'n viel zu viel.
Hat man denn nicht bei einem Manne wie dem Herrn Samuel Lange, Pastor zu Laublingen, den Eindruck eher eines Lakaien Gottes als den eines Dieners und Gottesstreiters? Ich will die bekannte Geschichte kurz aufwärmen, die damals dem großen König brühwärmstens ins Ohr geträufelt wurde. Replik: Herr Samuel Lange hatte seine Oden untertänigst seinem König gewidmet, der Große König hatte herzlich gedankt.
Herr Pastor Lange wird seine Gunst, die er sich durch die Diener genannte Rückgratbiegung erworben hatte, in dem Streit mit Lessing nicht ungenutzt gelassen, aber den Grund des erbarmungslosen Losschlagens bestimmt verschwiegen haben, daß es anfangs um die Sprachschnitzer, dann aber um die persönliche Ehre ging.
Die königliche Gesellschaft verschloß sich fester gegen Lessing. Es erfüllte sich an ihm ein Ausspruch Chamforts: »Es ist ein großes Unglück, wenn wir durch unseren Charakter die Rechte verlieren, die uns unsre Talente über die Gesellschaft geben.« Ich habe mir, nebenbei bemerkt, erlaubt, diesen Ausspruch als Wandspruch in mein Arbeitszimmer zu hängen.
Lessings Meinung über dieses Unglück, ausgeschlossen zu sein von der großen Welt, kommt in einer Prosaode an Mäcen sehr deutlich zum Ausdruck:
»Du, o Mäcen, hast uns deinen Namen hinterlassen, den die Reichen und Mächtigen an sich reißen und die hungrigen Skribenten verschenken, aber hast du uns auch von dir etwas mehr als den Namen gelassen?
Wer ist in unsern eisernen Tagen, hier im Lande, deren Einwohner von innen noch immer die alten Barbaren sind, wer ist es, der einen Funken von deiner Menschenliebe, von deinem tugendhaften Ehrgeize, die Lieblinge der Musen zu schützen, in sich häge?
Wie habe ich mich nicht nach einem nur schwachen Abdrucke von dir umgesehen! Mit den Augen eines Bedürftigen umgesehen!
Dort, der Regent, ernährt eine Menge schöner Geister und braucht sie des Abends, wenn er sich von den Sorgen des Staates durch Schwänke erholen will, zu seinen lustigen Räten. Wieviel fehlt ihm, ein Mäcen zu sein!
Nimmermehr werde ich mich fähig fühlen, eine so niedrige Rolle zu spielen, und wenn auch Ordensbänder zu gewinnen stünden.
Ein König mag immerhin über mich herrschen, er sei mächtig, aber besser dünke er sich nicht. Er kann mir keine so starken Gnadengelder geben, daß ich sie für wert halten sollte, Niederträchtigkeiten darum zu begehen . . .«
Und wie männlich grenzt er, der auf die kargen Erträgnisse seines

Charakters angewiesen ist, im Gegensatz zu den vielen Zeitgenossen, die aus der gesinnungslosen Servilität Macht und Reichtum zu ziehen wußten, wie männlich grenzt er seine Ansprüche ab, gefaßt und ruhig sieht er seinem selbstgewählten Los entgegen.

»Wie lange währt's, so bin ich hin
Und einer Nachwelt unter Füßen.
Was braucht sie, wen sie tritt, zu wissen?
Weiß ich nur, wer ich bin.«

Weiß Gott, Lessing wußte, wer er war, wir wissen jetzt auch, wer er war, und da wir jetzt auch wissen, wie klein die Leute waren, die sich ihm, dem Riesen, entgegenstellten und ihn seine beste Kraft kosteten, bedauern wir ihn mit dem wirklichen Riesen Goethe:
»Bedauert doch den außerordentlichen Menschen, daß er in einer so erbärmlichen Zeit leben muß, die ihm keine besseren Stoffe gab, als in seinen Stücken verarbeitet sind. Bedauert ihn doch, daß er in seiner ›Minna von Barnhelm‹ an den Händeln der Sachsen und Preußen teilnehmen mußte, weil er nichts Besseres fand! Auch daß er immerfort polemisch wirkte und wirken mußte, lag in der Schlechtigkeit seiner Zeit. In der ›Emilia Galotti‹ hatte er seine Piken auf die Fürsten, im ›Nathan‹ auf die Pfaffen.«
Schön, erbärmliche Stoffe: Aber was bedeuten Stoffe bei solchem Zwang, bei solchem inneren Müssen. »Am Geist der Helden«, sagt Hölderlin, »an solchem Stoffe wird zum Knaben der Meister.« Lessing aber, der ein Held war, nicht ein Angreifer um des Angriffs willen, sondern um der Wahrheit, Lauterkeit, Klarheit willen, ein Held für diese Dinge machte noch den erbärmlichsten Stoff zum Meisterwerk. Wie der David, der mit einem Steinchen den Riesen Vorurteil, den Riesen Selbstgefälligkeit, den Riesen Pharisäertum anfiel, – was bedeutet es, daß er »Nathan den Weisen« zum Symbol der Menschlichkeit und Freiheit machte, wo es ihm doch nicht um den Juden, sondern um die Weisheit ging, die der Freiheit die Würde verleiht. Ohne die Würde der Weisheit und der Mäßigkeit ist die Freiheit nichts als ein Sturm, den der göttliche Blitz fällt.
Verstehen wir in ihm den göttlichen Blitz, der sich dem stürmischen Muß in ihm gesellt.
Lessing selbst ist der Weise, der ein Held ist, ist der Sturm, den die Einsicht erhellt, ist der Deutsche, dem die Erkenntnis zum Erlebnis wird und die Wahrheit zur sittlichen Pflicht.
Dieses Muß zur Wahrheit, zum Angriff auf das Faule, Müßige, Stickige, das ist es, was uns berechtigt, Lessing den unsrigen zu nennen, sofern wir selbst das Muß zur Wahrheit in uns fühlen.
Ich schließe mit dem Wort eines modernen Dichters:

»Herrgott, gib uns zu aller Zeit
Männer, die lieber zu sterben bereit
Und lieber zu verbrennen,
Als sich von der Wahrheit zu trennen.
Und die das brauchen wie Atem, Luft,
Daß sie einen Schuft auch Schuft nennen.«

WEIHNACHTEN 1941

Und wieder brennt der Weihnachtsbaum
In einem fremden Land.
Und wieder stehen wir wie gebannt:
So hat er auch bei uns gebrannt.

Und wieder steigt der warme Duft
Der Kerzen himmelwärts;
Es legt die weihnachtliche Luft
Sich sonderbar ums Herz.

Und wieder hebt die Hoffnung an –
Vielleicht im nächsten Jahr . . .?
Hilf mir, geliebter Weihnachtsmann,
Es wäre wunderbar.

SILVESTER 1941

Das neue Jahr, bald ist es angebrochen,
Dem alten geben wir nun das Geleit,
Es fuhr den Schwachen mächtig in die Knochen
und gab den Helden Plätze in der Ewigkeit.

Du warst ein Jahr, mein Jahr von jenen Jahren,
Die donnernd über unsre Erde gehn,
Die unsern Enkeln erst die Glorie offenbaren
Und die mit fetten Lettern im Geschichtsbuch stehn.

Nun trittst Du ab, kaum daß wir es bemerken.
Du gingst, so wie Du kamst, mit einem Schwert.
Laßt uns mit einem kräft'gen Schlucke stärken.
Wer weiß, was uns das neue Jahr beschert.

APROPOS AUFBRUCH
1946

In großzügiger Auslegung der bekannten, allerdings schon sehr veralteten Bestimmungen und Verordnungen die Verwendung des siebenten Wochentags betreffend (hierzu siehe: Buch der Bücher eins, Kapitel zwei, Vers drei der Schöpfungsgeschichte) behält sich der Mensch Jahr für Jahr ein ansehnliches Kontingent von Stunden vor, in denen er feste feiert. Außer festen (also periodisch wiederkehrenden) Festen, kennt er noch die improvisierten Feiern, die anläßlich eines Anlasses stattfinden. Nichts ist leichter zu finden als ein Anlaß. Viel schwerer als einen Anlaß findet man dagegen einen Anlasser, der die Zündung auslöst und die Feier auf Touren bringt. Solche Starter des Stimmungsmotors sind z. B. Toaste und Trinksprüche. Sie bilden einen der gangbarsten Artikel jener beliebten Konfektion von festlicher Gebrauchslyrik, die mit vortragsfertigen Polterabendergüssen, Hochzeitsverschen, Kindstaufsprüchen, Geburtstagsgratulationen, Jubiläumspoemen und ähnlichen Scherzen eine empfindliche Lücke im Kopfe vieler ausfüllt, die ihrem heftigen Drang, sich auf Feiern poetisch hervorzutun, keine eigenen Einfälle tatkräftig zur Seite stellen können.
Hat sich auf diese Weise die Festivität erst einmal angelassen, so braucht es nur noch des nieversagenden Alkohols (der Alkohol selbst hat noch nie versagt, was versagt ist immer nur die Zuteilung), um die Stichflamme der Stimmung hoch in die Bläue des siebenten Himmels emporlodern zu lassen. Dann bedarf es keiner Poesie mehr, im Gegenteil, jetzt würde sie nur abschwächend und ernüchternd wirken.
Aus diesem Grunde wahrscheinlich gibt es so ungezählte Verschen, die sich zur Eröffnung einer Feier eignen, und nicht ein einziges, sie würdig zu beschließen.
Müssen wir das jähe Abbrechen einer festlichen Stimmung aber wirklich so fürchten? Ist es in der Praxis nicht immer wieder so, daß ein Besäufnis seinen Höhepunkt erreicht hat, wenn seine Teilnehmer auf dem tiefsten Punkt angelangt sind? Jeder möchte im Grunde gehen, aber keiner kann mehr auf diesen Grund kommen in seinem Zustand. Solchem toten Rennen soll abgeholfen werden.
Wenn Sie sich künftighin eines Gedichtes bedienen wollen, das ich einmal für solche Fälle geschrieben habe? Bitte! Sie müßten es allerdings in nüchternem Zustande auswendig lernen. Bisher hat es seine Wirkung noch nie verfehlt, wenn noch jemand aufnahmefähig war. Und wenn ich es noch zusammenbringen konnte. Ich entsinne mich eines Abends, vielmehr einer Nacht oder sagen wir es ganz ehrlich, eines Morgens (daß es bereits ein Vormittag war,

streite ich noch immer ab), wo beides glücklich zusammentraf. Dies aber ist das Gedicht:

Wie gern' möcht ich zum Augenblicke sagen,
Verweile doch, du bist so schön,
Doch leider müssen wir das Fest vertagen,
Man braucht sich nur die Gäste anzusehn.

Sie sind schon reif, zum Schlaf, das sieht man.
Schlaf ein, wach auf, das ist die Frucht von einem Tageslauf,

Wenn Früchte reif sind, was geschieht dann?
Sie fallen ab und brechen auf.

Apropos Aufbruch . . .

Silvester, das Ende eines Jahres, nahm Werner Finck immer wieder zum Anlaß eines jahres-zeit-geschichtlichen Rückblicks. Einige seiner »Silvesteransprachen« – geschrieben für den Rundfunk, für Zeitungen, für die Wochenschau – sind in seinem Buch »Alter Narr – was nun?« abgedruckt. Hier folgen (in der Chronologie) weitere auf andere Jahre.

SILVESTERDIALOG MIT 1946

FINCK: Nun hat der Kalender den 31. Dezember angezeigt. Diese Anzeige dürfte das Jahr 1946 zu Fall bringen. Es muß zurücktreten wie alle diesjährigen Regierungen unseres französischen Nachbarn. Zwölf neue Monate warten darauf, uns zu beherrschen. Wohlan, gebt ihnen ein Jahr Zeit. Jetzt aber laßt uns das Kalenderblatt entfernen (am besten übernimmt das einer unserer Theaterkritiker; sie haben im Herunterreißen die beste Übung). Aber werft mir das Zettelchen nicht achtlos fort, denn das Papier ist knapp, und im Vordergrund unseres heutigen Lebens stehen die Papiere.
Bevor wir uns des alten Jahres entledigen, wollen wir ihm als gelehrigem Schüler einer besseren Welt Gelegenheit geben, sich zu rechtfertigen. Laßt uns hören, was es uns zu seiner Verteidigung zu sagen hat.
1946: Ich, der eintausendneunhundertsechsundvierzigste Nachkomme der abendländischen Zeitrechnung, bin das schwerbelastete Kind eines totalen Zusammenbruches. In meine Wiege legten die Feen die Atombombe, über deren ausschließlich friedliche Verwendung der erste heftige Streit entbrannt ist. Als ich das Licht der Welt erblickte, erwies sich dieses als so trübe, daß ich kaum unterscheiden konnte, wo die neue Welt sich abhob von der alten. Die wenigen Armleuchter, die mir in der Silvesternacht meiner Geburt ein besseres Leben voraussagten als das meiner letzten Vorgänger, sind eines schlechteren belehrt worden. Nein, nein, ein Lichtjahr war ich bestimmt nicht, so lang ich auch manchen vorgekommen sein mag. Zugegeben, es ist auch viel Gelichter durch mich zutage gefördert worden. Es sind zuviele dunkle Existenzen darunter. Und was man offiziell erhält, ist herzlich wenig.
FINCK: Letzten Endes ist ja auch ungeheuer viel Licht für Nürnberg gebraucht worden. Die Angeklagten wollten sich ins günstigste setzen, und die Ankläger leuchteten in die finstersten Hintergründe. Wo sollte da das übrige Land seine Erleuchtung hernehmen? Dieses merkwürdige Land des Nichtlächelns, das sich, je finsterer es zuging, um so mehr nach den zahllosen Sternen orientiert hatte an den Litzen und Kragen. Als es ihnen dann aber selbst an denselben ging: Jesu! Diese Sternschnuppen am engen deutschen Horizont.

Nie hat man sich wegwerfender geäußert. Mit den Hoheiten ist es nun vorbei. Das Spiel ist aus: Schachtmatt! Sic transit gloria mundi! Zu deutsch: Der unerforschliche Weg von der Reichs- zur Anklagebank. Papen und Fritsche noch matter. Das kleine Potsdam erlebte die großen, das große Nürnberg die kleinen Drei.
1946: O ja, ich bin für viele ein hartes Jahr gewesen. Nehmt alles nur von allen.
Bereits in meinem ersten Monat wurde die gesamte Kartei der NSDAP aufgefunden. Damals glaubten nur wenige an diesen Fund. Aber im Laufe des Jahres mußte ein Betroffener nach dem andern daran glauben. Und in die Tiefe stürzen, weil er nicht schwindelfrei war. Es gab strenge Zensuren. Aufmerksamkeit: Gut. Betrogen: Mangelhaft. Wenn ängstliche Gemüter mich fragten, wie ich mir die nächste Zukunft vorstelle, erwiderte ich ihnen mit dem bekannten Wort: Abwarten und Tee trinken!
Ich war auch ein sehr lautes Jahr. Denn das Räderwerk meines Getriebes quietschte und ächzte zum Erbarmen! Nur die Stellen, die täglich geschmiert wurden, liefen geräuschlos.
Es fehlte eben an Fett. Ich dachte schon manchmal an eine kleine Anleihe bei den Aufsichtsorganen der Besatzungsmächte. Dort stehen ja die Fettnäpfchen überall herum. Noch dichter bei unseren Dienststellen: Unser Gessner, der Kommentator von Radio München, ist ausgerutscht in ihnen. Er hatte die unglückliche Gabe zu hören, was die Spatzen von den Dächern pfeifen. Nunmehr bewirbt er sich um die Stelle des Souffleurs an den bayrischen Spruchkammerspielen.
FINCK: Es ist eben nicht mehr wie früher, wo es alles in Hülle und Fülle gab. Zur Hülle fehlt das Material, und die Fülle haben sich unsere Eisen- und Straßenbahnen vorbehalten.
1946: Dennoch hoffe ich, einmal ein gutes Objekt für den deutschen Geschichtsunterricht zu werden:
Wer herrschte 1946 in Deutschland?
Der Kohldampf.
Gut, mein Junge. Aber nun weiter: 1275 bis 1550? Wer weiß es? Nein, falsch. Das waren die Kalorienmengen vom April und September. Eine abgekartete Sache. Was hätten wir nur ohne die freundlichen Zufuhren gemacht? Noch dümmere Gesichter.
Ich bin am Ende. Ich habe alles getan, was nicht in meinen Kräften stand. Erst spätere Jahrhunderte werden das endgültige Urteil über mich sprechen. Wenn es noch zu späteren Jahrhunderten kommen sollte. Die Welt weiß noch nicht, wie reif sie ist. (Denn, wie gesagt: Die Atombombe . . .)
Lebt wohl, ade! Ich höre schon den Lärm der Silvesternacht. Auf allen noch vorhandenen Türmen stehen bereits die Neujahrsbläser. Und blasen. Trübsal.

FINCK: Jetzt aber Schluß! Neunzehnhundertsiebenundvierzig: Belehre du sie eines besseren!

ZU EINEM KABARETT-BUCH 1947

So paradox es klingen mag: Diese Sammlung dient der Zerstreuung. Sie dient. Wohlgemerkt. Das gibt ihr die für unser Volk notwendige Schwere. (Alles muß bei uns dienstbar gemacht werden, ob du nun der Minne dienst oder dem Kunden dienst, – Hauptsache, du dienst. Das andere interessiert erst in zweiter Linie; die Minne, der Kunde – nur mit dem Dienst ist uns gedient.)
Wenn eben gesagt wurde, diese Sammlung dient, so war das Ironie, denn sie richtet sich ganz im Gegenteil gerade gegen das Dienstliche, gegen das ewig Dienstliche in uns. Das Lockere ist es, was das in diesem Bande Zusammengefaßte verbindet. Die Dichtung ist in den hier versammelten Gedichten – wie soll ich mich ausdrücken – undicht geworden, an den Stellen nämlich, wo sie im allgemeinen mit Pathos und Ethos überspannt wird; dort sind die moralischen Nähte aufgeplatzt. Zum Vorschein kommt: das Frivole, das Triviale, das Perverse, das betont Ordinäre oder bewußt Alltägliche.
Diese Beimischung gibt den Gedichten jenen vom Feinschmecker geforderten Haut Gout, der für das Kabarettistische so unerläßlich ist wie der Stich für den echten Camembert. Fäulnis ist hier etwas ganz besonders Wertvolles. Nichts anderes, wenn überhaupt abgesondert werden soll, darf die kabarettistische Dichtung von der hauptamtlichen unterscheiden. Nach diesem Gesichtspunkte einer gewissen Anrüchigkeit mußte auch die Auswahl getroffen werden.
Auf den stereotypen Hinweis, daß das Buch keinen Anspruch auf Vollständigkeit erhebt, daß manche erwarteten Namen usw. usw. usw. . . . möchte ich verzichten. Ich will mich nicht lächerlicher machen, als es von mir verlangt wird.

Das folgende Gedicht entstand 1947. Damals kostete ein Ei auf dem Schwarzen Markt in Berlin zwölf Reichsmark (ein Kilo Kaffee 1100 Reichsmark). Für Werner Finck – wie für viele andere – war trotz der Eier-Preise mit dem Jahr 1945 ein zwölf Jahre langer politischer Eier-Tanz beendet.

ICH UND DAS EI

Ich und das Ei?
Ich wundere mich.
Nein, umgekehrt:
Das Ei und ich.

Denn Eier sind in diesen Zeiten
Die größeren Persönlichkeiten.
Der Menschen gibt's so viel wie Namen
Doch Eier, wieviel Eier? Amen.

Zum Thema selbst:
Man hat ein ei-genartiges Gefühl dabei.
Als wär die Absicht solcher Themen,
Den Autor auf den Arm zu nehmen.

Ich und das Ei, will sagen: wir.
(Um was für Eier geht es hier?)
Nun gut, ich bin ein konsequenzer
Zwölf jahrelanger Eiertänzer.

Gewohnt, mich zwischen meinen Zeilen
Den klugen Lesern mitzuteilen.
Mit Sinnumschreibendem wie diesen:
Man ist auf Eier angewiesen.

Das kannst du wirtschaftlich verstehen,
Du kannst es wenden, deuten, drehen,
Das kannst du ohne dich zu schämen,
Von bios aus, ab ovo nehmen.
Noch sind ja die Gedanken frei –
Wir schmunzeln nur:
I and the ei.

SILVESTER 1947
EXISTENTIELLE PROGNOSE FÜR 1948

Früher einmal mag es riskant gewesen sein, eine Prognose für ein beginnendes Jahr zu stellen. Seit unserem Zusammenbruch ist es aber einfacher, weil das, was so in einem Jahr vorgeht oder, wenn Sie wollen, zurückgeht, sich immer ziemlich gleich bleibt.

Günstigste Aussichten für Skeptiker! (Optimisten werden geheilt werden.)

Fortschritte bei der UN: Die einen schreiten nach Osten fort, die anderen nach Westen.

In Rußland wird zum erstenmal seit der Oktoberrevolution wieder ein Festtag mit kirchlichem Gepränge gefeiert werden: Der Tag des heiligen Veto!

Frankreich dürfte sich nunmehr einem seiner beiden Extreme ausliefern. Die vernünftige Mitte wird man von der Liste der Möglichkeiten streichen müssen.

In Palästina wird Chaim Weizmann zum König von Judäa ausgerufen. Die Thronfolgen dieses Schrittes, die man in einer Reaktion der Araber befürchtet, werden im Chaim erstickt. In Deutschland wird das Ei des Kolumbus aufgestellt in Form einer starken Zentralregierung, deren vornehmste Aufgabe es ist, die völlige Unabhängigkeit aller deutschen Staaten von ihr zu garantieren.

Die diesjährige Ernte bei uns dürfte die beste werden seit vielen Jahren, da man beabsichtigt, die bei den Bauern aufgestapelten Vorräte ihrer Mißernten rechtzeitig zu beschlagnahmen.

Ein Krieg wird schon deshalb nicht stattfinden, weil die Kanonen der vier Mächte sich schon in London nicht einig werden konnten. Wie es nun bereits Tradition der Nachkriegszeit geworden ist, wird die Währungsreform diesmal nun wirklich durchgeführt werden. Selbstverständlich werden alle Anzeichen, die dafür sprechen, in diesem Jahr nicht weniger überzeugend sein als die in dem vorigen.

Unsere Spruchkammern werden es in diesem Jahr erreichen, verwaltungsmäßig den Versorgungs- und Rentenanstalten zugezählt zu werden.

Nach den Fällen Schacht, Harlan, Werner Krauß sind zusätzlich noch Einspruchkammern zu erwarten. In Frankfurt entsteht in diesem Jahre die neue Paulskirche. Paul ist bereits dazu heruntergekommen, so heruntergekommen, wie er auf den neuesten Bildern aussieht. Zur Zeit hält er sich in München auf, und zwar über die Zustände in Thüringen. An die hundert Jahre mußten vergehen, bis das deutsche Volk frei geworden ist, frei wie noch nie. Von allen Illusionen. 1848 begann es mit dem Kampf gegen den König. 1947 hörte es auf mit dem Kampf gegen den Kaiser.

Schließlich wird irgendwo in der Welt ein Mann erscheinen, der ein Patent anmeldet, die Welt ohne Staatsmänner zu lenken und zu befrieden. Durch einstimmigen Beschluß der Regierungen aller Länder der Welt (Schweiz und Schweden ausgenommen, die ihre wohlwollende Neutralität wahren) wird er öffentlich hingerichtet und verbrannt werden.

Im Sommer 1945 gründete sich in Bad Reichenhall eines der ersten Nachkriegskabaretts »Die Hinterbliebenen«. Die Mitglieder dieses Reisekabaretts, das 1949 sein stürmisches Leben wieder aushauchte, hatten sich dort zufällig kennengelernt oder wiedergetroffen: der Schriftsteller Gerhart Herrmann Mostar, der Regisseur Fritz Peter Buch mit seiner Frau Kläre Winter und einige Kabarettisten und Schauspieler, darunter Jente von Lossow, der sehr viel später als »Butler« Martin Jente zu einigem Fernsehruhm kommen sollte.
Ihre Gastspiele in allen vier Zonen waren nicht selten von Krawallen und Verboten begleitet. Auch ihr Stuttgarter Auftritt im Jahre 1948 brachte ihnen eine Verwarnung der amerikanischen Militärbehörde ein. Dort gastierten sie in Werner Fincks »Mausefalle«. Für das Programmheft schrieb Finck einen Beitrag über

DIE HINTERBLIEBENEN

Schon der Name: Die Hinterbliebenen . . .
Reizend, wirklich reizend –.
Aber natürlich nicht so reizend wie ein Engelsköpfchen, sondern wie die Antwort der Ostmacht auf die Protestnot der Westmächte. Gereizt sein ist alles. An sich schon eine sanfte Persiflage unseres Zustandes nach der Katastrophe, reizt der Name zu weiterer Persiflierung: die *Verwesten* zum Beispiel nannte sie grundsätzlich Friedrich Pasche, der Herr des Berliner Ulenspiegels. Sie selbst bezeichneten sich – was leider auch stimmt – als die *Hin- und Hergetriebenen.* Böswillige sprechen von den *Zurückgebliebenen.* (Vorsicht! Ein Bumerang.) Wie gesagt, es reizt.
Und wenn man gar weiß, hinter diesem Namen verbergen sich kampflustige Kabarettisten, reizt er zum Lachen. Man denkt bei Hinterbliebenen unwillkürlich an die Leidtragenden im Sinne bürgerlicher Pietät. Diese Hinterbliebenen aber sind Leidtragende im Unsinn solcher Pietät. Wie etwa die Haslauer nach dem Tode des reichen Van der Kabel. (Siehe Jean Paul, Flegeljahre.) Wie sie auf den Namen gekommen sind? Sie beschrieben es einmal selber. Als sie nämlich nach dem totalsten Zusammenbruch des totalsten Regimes die glücklicherweise noch nicht total zerstörte Tradition des Kabaretts wieder aufnehmen wollten, erkannten sie, daß sie nicht an der *Wiege*, sondern an der *Bahre* eines geliebten Kunstzweiges standen. Daß es nur darum gehen konnte, ein Testament zu vollstrecken, Erinnerungen zu bewahren und den Glauben an ein Wiedersehen mit dem literarischen Kabarett in einer fernen besseren Welt durch die Zwischenzeit aufrecht zu erhalten.
. . . Sie fühlten und fühlen sich somit weder als *Vor*fahren eines

neuen künstlerischen Stils, noch als *Nach*fahren des alten Brettls. Nur als *Fahrende* schlechthin!
Bravo! Ich muß sagen, Ihr seid nicht schlecht gefahren mit dieser Losung. Man hat Euch bald das Prädikat *sehr gut* zuerkannt. Das gilt jedoch nur für die Form, in der Ihr seid. Der Inhalt ist im Gegenteil *sehr böse*. Und die sich gegen die Forderung unserer Zeit versündigen, haben nichts zu lachen bei Euch. Sie werden sehr bald unruhig werden angesichts Eures beißenden Witzes und nicht leicht zu beruhigen sein, daß Ihr nur spaßt, nur im Spaße alle ihre Schändlichkeiten und Dummheiten auf die Bühne bringt.
Aber gut und böse, was heißt das schon seit Nietzsche? Es gibt Situationen, da ist es gut, böse zu werden.

Notizen zum Thema Programm

I 0

(Als Einleitung:) Vorsicht. Nicht in den Nationalfehler verfallen und jede Untersuchung aus Gründlichkeitsgründen bei der Schöpfungsgeschichte beginnen. Das hieße in diesem Falle, die Frage aufwerfen, ob der Zwischenfall am Baum der Erkenntnis programmäßig (philosophisch gesprochen determiniert) verlief, oder unprogrammäßig. War der Sündenfall fällig oder zufällig? usw. Lassen wir das also.

I 1

(Programm im Sinne von Programmzettel:) Wenn man erst merkt, daß das Programm auf der Bühne billiger ist als das, das man sich an der Kasse gekauft hat, kommt es auf die paar Pfennige für das letzte auch nicht mehr an.

I 2

(Speziell in Deutschland:) Wer ein Programm hat, kann sofort anfangen. Hat er aber keins, muß er zuerst einmal das als sein Programm verkünden. Sonst kommt kein Mensch. Punkt. Auf den Gedanken, daß das etwas sein könnte, was da geboten wird.

II

(Das Thema psychoanalytisch angefaßt:) Meine Reaktion auf das mir unvermittelt hingeworfene Wort Programm besteht in der auftauchenden Erinnerung an das im Herbstprogramm 1933 der Katakombe. Sigmund *Freud*, der berühmte Erfinder eben der Psychoanalyse, war bereits dem Barb*arisierungs*verfahren zum Opfer gefallen und durfte nicht mehr erwähnt werden. Um so mehr reizte es mich (was wiederum die neuen Herren [?] reizte) zu sagen: ich beziehe nach wie vor meine Kraft durch Freud. Unbewußt geäußert, wäre das eine ausgesprochene Fehlleistung im psychoanalytischen Sinne gewesen. Es war mir aber sehr bewußt. Eine Antibe*fehlleistung*.

Allen Atomforschern zum Trotz stehen wir an der Schwelle des neuen Jahres. Im Gegensatz zum aufdringlichen letzten Jahr erscheint uns das kommende eher reserviert – für die Goethefeiern.
Alle Welt wird das berühmte Geburtsjahr zum Anlaß von Feiern nehmen, ausgenommen vielleicht die französischen Gewerkschaftsmitglieder, die haben ihr Feiern in diesem Jahr bereits reichlich überzogen. Wie wird wohl Weimar dieses Jahr feiern, die ostzonale Geburtsstadt selbst? Vielleicht wird sie das Jahr zum Anlaß nehmen, das Goethe-und-Schiller-Denkmal endlich zu einem einheitlichen Block zusammenzuschmelzen. Unterschrift: Der westöstliche Ivan.
Aber wir wollen nicht vom Zukünftigen reden, bevor wir das Vergangene nicht noch einmal gewürdigt haben. Es ist ja nicht das Jahr allein vergangen, auch der Appetit ist uns vergangen; an diesem Jahr.
Der Angelpunkt des Weltgeschehens waren diesmal Berlin und Palästina. Was ist da geangelt worden! Und nichts ist hängen geblieben. Außer den Konferenzen.
Aber der Berliner Westen behauptet sich nach wie vor. Gegen die gegenteiligen Behauptungen des Berliner Ostens. 2 Millionen westliche Recken deckten am 5. Dezember die Walstatt der Stadtwahl. Ihr Wahlspruch: Lever dot als Slav!
Die Volksvertretung des östlichen Sektors drückte sich weniger gewählt aus. Irgend etwas hat da nicht gestimmt.
Wie anders waren die Wahlen in Amerika: Da stimmte alles. (Mit Ausnahme der Gallup-Vorhersagen.)
Und was hat beide Teile so hoffnungslos auseinandergebracht? Wie grotesk: Die beiden gegenseitigen Forderungen eines ungeteilten Berlins!
Mein armes Ber, mein armes Lin, du bist das Bild der Welt.

Die rührenden, aber hilflosen Bemühungen Dr. Bramuglias haben allen noch Zweifelnden den UNsinn der Weltorganisation offenbar werden lassen. Es gibt nur einen, der den Erben des alten Völkerbundes noch ernst nimmt, das ist der Weltbürger Nummer 1. Man nahm ihn fest, just als er dem Weltsicherheitsrad in die Speichen greifen wollte, um es auf Touren zu bringen.
Und so sieht der Weltbürger Nummer 1 diese Welt: da die Westmächte, dort die Ostmächte, dazwischen die Staaten Europas, gleichsam die Ohnmächte.
Angesichts der beiden Favoritprobleme Berlin und Palästina trat die unbeantwortete Ruhrfrage zeitweilig in den Hintergrund. Aber dann, gegen Ende des Jahres, gaben die Angloamerikaner plötzlich

ihren ursprünglichen Plan einer internationalen Kontrolle der Ruhr auf. Aufruhr war die Antwort der französischen Nationalversammlung.

Tief, tief ist das Niveau der Politik gesunken, sehr tief, wesentlich tiefer gesunken als Professor Piccard, der seine Versuche am untauglichen Objekt vertagen mußte.
Am weitesten heruntergekommen in diesem Jahr aber ist wohl Tschiang Kai-scheks China: Zwei Drittel seines Namens, den Tschiang Kai, hat der recht mäßige General bereits eingebüßt. Eine Minute vor 12 Uhr flog seine Gemahlin nach Washington, um den Scheck seines Namens zu retten. Aber mit Dollars wird nichts mehr zu machen sein. Er braucht Land. Land für seine unersättlichen Rückzüge.

Das, meine lieben Damen und Herren, liebe Silvestranten, war das Jahr in gröbsten Umrissen. Selbstverständlich ist im einzelnen sehr viel mehr umgerissen worden. Also sehr erhebend war das Jahr nicht.
So laßt uns denn wenigstens die Gläser erheben, und wenn der Zeiger die Zwölf angezeigt hat: Na, denn Prost Neujahr, meine Lieben. Möge uns die Anzeige nicht zu teuer zu stehen kommen. Mit zwölf Monaten werden aber auch die Unschuldigsten unter uns diesmal rechnen müssen.

MON(T)MARTRE IN DER BADEWANNE

Berlin im Januar 1949

Das Cabaret ist, was meist übersehen wird, nicht von Kabarettisten erfunden worden, sondern von Pariser Malern. Als die Kabarettisten sich später des Cabaret bemächtigten, zogen sich die Maler unauffällig zurück. Ihr in einer fröhlichen Champagnerlaune gezeugtes Kind verfiel, als es groß geworden war, der Prostitution; ein Budiker nach dem andern machte seine Geschäfte mit ihm.

Die Maler, entsetzt wahrscheinlich über die so mißratene Tochter, beschlossen eines Tages, sie umzubringen. In der Badewanne.

Diese Badewanne liegt in der Nürnberger Straße im selben Häuserblock, wo im vergangenen Jahre Günter Neumanns »Schwarzer Jahrmarkt« überlebensgroße Triumphe gefeiert hat.

Tabakrauch, drangvoll fürchterliche Enge, sich durchbalancierende Kellnerinnen, Stimmendurcheinander und intellektuelle Gesichter weisen das Lokal als gegebene Stätte für ein literarisches Kabarett aus. Idealer Humus für solchen Acker.

Man sitzt gegenüber einem kleinen Podest, das mit einem Baldachin malerisch überspannt ist. Nicht das einzige übrigens, was hier überspannt ist.

Ein geborener Unkomiker liest einen, auch durch viele Verschachtelungen nicht lustiger werdenden langen Satz von einem Zettelchen ab. So fängt es an (schon bei manchem soll's so angefangen haben). Aber man weiß nicht recht, was man damit anfangen soll.

Dem Programm, das dann folgt, liegt offenbar keins zugrunde. Das Unzulängliche – hier wird's – noch nicht einmal Ereignis. Zu oft, wenn der schöne Vorhang hinter einer Darbietung sich geschlossen hat, fragt sich der angeregte Verstand: Na und?

Eine Szene allein macht eine Ausnahme: Die Agonie des Christentums als gespenstische Travestie. Einer predigt. Er scheint das Wort Gottes zu verkünden, aber die Auslegung ist satanisch. Und vor dem ekstatischen Prediger sitzen ein paar kirchlich schwarz gekleidete moderne Pharisäer (kalkweiß geschminkt) vor einem schwarz ausgeschlagenen Buttertrog, dem sie gelangweilt und geistesabwesend ab und zu Sauerkrautproben entnehmen. Dazu brausen feierliche Orgelklänge durch die Gegend. Das ist ekelhaft, aber gekonnt. (In dieser Retorte sind Ingredienzien von Goya, vom frühen George Grosz, von Wedekind und Piscator. Kierkegaard hat – auf anderer Ebene und mit anderen Mitteln – ähnliches ausgedrückt.)

In diesen Minuten war ein Pulsschlag zu spüren, sogar ein starker. Sonst kaum, wie gesagt.

Stilelemente vom Grand Guignol, vom Liebhabertheater und vom Rummelplatz gaben sich hier ein trautes Stelldichnichtein von Wirkungen. Man traut sich nicht zu entscheiden, woran es lag.

Rosier, ein offenbar begabter Zeichner seines Zeichens, ein Meister, also kein Malermeister, versuchte die Pausen zwischen den Darbietungen zu überbrücken, indem er nach einer jeden eine Staffelei vor den Falten des sich schließenden Vorhangs in Stellung brachte und vor den Augen der Zuschauer ein graphisches Etwas von Mal zu Mal entstehen ließ. Er bezeichnete damit vielleicht die Richtung des Ganzen:
Neosurrealistischer Impotentialismus.
Camaro, als Maler durchaus bedeutend, als Kabarettist zweifellos mit artistischem Atavismus behaftet, scheint der spiritus rector des Ganzen zu sein. Ein stark verdünnter Spiritus.
Sein Mann im Gewitter (dieses wird vom Publikum mit launigen Gewitterlauten unterstützt, während es auf dem Podium blitz-blitz macht) erzielt starken Beifall. Aber erst, als er vom Blitz erschlagen wird. Er macht den Beifall aber leichtsinnig kaputt, indem er gleich wieder aufsteht.
Die aufgespeicherte Kraft eines beinahe wollüstig hingebungsfreudigen und bereitwilligen Publikums entlud sich nach den Darbietungen in hemmungslosen Tänzen. Unbefriedigt bis dahin, half es sich jetzt selber, eine tolle Atmosphäre. Vielleicht liegt da das Geheimnis der Badewanne.
Und was bis dahin meine Marter war, wurde ein neues Mon(t)-martre.

DIE UNIVERSITÄT IN DER TRAMBAHN

Der Umgang mit READER'S DIGEST war mir streng verboten. (Zur Strafe für meine Faulheit: Ich hatte immer eine miserable Note in fremden Sprachen.) Nach dem bekannten Satz: »Make the best of it«, kaufte ich mir aber eines Tages die deutsche Ausgabe DAS BESTE aus READER'S DIGEST, die das Gute dieser weltoffenen Zeitschrift noch verbessert, indem sie nur ihr und damit auch unser Bestes will.
Die deutschen Gesamtausgaben für den Krieg der Welt sind ja wesentlich höher gewesen als diese monatliche Ausgabe von 1 Mark für den Frieden der Welt. READER'S DIGEST ist endlich eine Zeitschrift von Format. Und ein so praktisches Format. Es hat bequem neben der Brieftasche Platz. (Die darf freilich nicht vor Banknoten strotzen – aber diese Gefahr ist ja für lange Zeit in Deutschland gebannt.)
Wer aber Gelehrsamkeit nur aus Wälzern entstehen sieht, sollte sich die Bändchen ein Halbjahrhundert lang sammeln und dann in Schweinsleder binden lassen. Dann hat DAS BESTE bestimmt die Wucht und Schwere, die er sich wünscht.

READER'S DIGEST ist die Universität in der Trambahn. Mag sie auch noch so überfüllt sein, es genügt, DAS BESTE hervorzuholen und sich darin zu vertiefen: Im Moment ist man auch schon am Ziel. Denn es gibt kein Gebot, das von READER'S DIGEST nicht berührt wird, es sei denn das der Langeweile.
Was für eine appetitliche, leckere, bunte Schüssel. Wie ein Cabaret. Das, was wir heute darunter verstehen, hat ja seinen Namen auch nur nach der Cabaret genannten drehbaren Schüssel mit Vorspeisen. Der Kaviar, die Oliven und die Mayonnaise sind die eingestreuten Anekdoten und Bonmots, grob gesagt, die Witze.
Hier gilt das in diesem Jahr besonders angebrachte Wort Goethes: Was Du ererbt von Deinen Vätern hast, erwirb es usw. Kurz und gut: von allen Wahlmanövern, die wegen der Gunst der Massen in Szene gesetzt werden, ist mir die freie Wahl der Beiträge, wie sie mir von READER'S DIGEST diktiert wird, am sympathischsten.
Dem Kumpel und dem Bergwerksdirektor, dem geistig Anspruchslosen wie dem Intellektuellen gleichzeitig zu gefallen, das ist ein Kunststück, das bisher eigentlich nur weltberühmte Varieténummern und Clowns fertiggebracht haben. Leute wie Chaplin, Grock und so.
Das imponiert mir am READER'S DIGEST. Und wenn ich auf Ehre und Gewissen gefragt werde, was ich von internationalen Zeitschriften halte, dann sage ich ehrlich und gewissenhaft: wenn ich schon etwas davon halten soll, halte ich nur das Beste davon.

FILMKRATZER

Wir filmten damals im Dings-Atelier – ich kann mich nicht mehr auf seinen Namen besinnen – is' ja auch gleich, es ist heute ohnehin vom Erdboden verschwunden. Wir drehten einen Film, er hieß, . . . glaube ich? – is' ja auch gleich! Ja – ist ganz gut, daß ich seinen Namen vergessen habe! Ich führte die Dialog-Regie und spielte eine gemäßigte Hauptrolle. Im Eifer der Arbeit hatte sich ein kleiner Kratzer auf der kahlen Fläche meines unaufgeforsteten Hauptes selbständig gemacht und blutete. Weil wir in Berlin lebten, gab er an wie eine Aorta. Mein Taschentuch, mit dem ich alle Augenblicke die kleine rote Quelle zum Versiegen bringen wollte, färbte sich nach und nach rot.
Einer der Beleuchter oben auf der Rampe hatte das schon eine ganze Zeit lang beobachtet, und als schließlich mehr als die Hälfte des Tuches betupft war und wir gerade eine Pause hatten, rief er etwas herunter, was auf der ganzen Welt nur ein Berliner Beleuchter herunterrufen konnte:

»Herr Finck, mit dem Driesel werden Sie nicht mehr viel verdienen, der läuft aus!«

Nun, ich habe trotz dieser Warnung weiter verdient mit dem »Driesel«. Ich hoffe aber auch, daß jener Beleuchter sich weiter auf der Höhe gehalten hat, die er in jeder Hinsicht erreicht hat!

1948, in dem Jahr, als 100 Reichsmark nur noch eine Deutsche Mark wert war, begann Werner Finck sein Leben zu resümieren. Den Vortrag, der daraus entstand, nannte er – in zeitgemäßer Abwandlung des berühmten Kant-Titels – »Kritik der reinen Unvernunft«.

FINCK: Halt. Hier spricht der Autor ein. Einspruch. Im Namen meiner Leser und Hörer. Meine Lebensgeschichte ist schon zu bekannt. Sie ist nicht nur ausführlich in meinem Buch »Alter Narr – was nun?« berichtet, die Geschichte zieht sich auch durch alle meine Vorträge, ob sie nun hießen »Am besten nichts Neues« oder »Alter Narr – was nun?«. Wer mich kennt, kennt mich von Görlitz an. Wir haben verabredet, daß diesmal die Leser erfahren sollen, was »zwischendurch« noch war.
HERAUSGEBER: *Wie aber können sie, wenn sie nicht wissen, wo zwischen. Neben den vielen Zuhörern, die Sie kennen, gibt es eine weit größere Anzahl von Menschen, die Sie noch nicht kennen können. Und damit auch nicht Ihre Lebensgeschichte.*
FINCK: Na hören Sie mal, seit 27 Jahren lebe ich von meinem Leben.
HERAUSGEBER: *Rechnen wir mal nach: Wenn Sie in diesen 27 Jahren jede Woche einmal vor 1000 Zuhörern gesprochen haben, so sind das 27 mal 52 Wochen, also 1404 Vorträge vor je 1000 Hörern, das heißt vor 1404000 Hörern. Die Zahl ist natürlich ungenau. Sagen wir 3 Millionen, wenn wir Ihre Leser dazurechnen und großzügig aufrunden (nicht gezählt jene Zuhörer, die Finck 2-, 3-, 5- oder 10mal gehört und immer noch nicht genug von ihm haben). Und doch sind das bei 61,5 Millionen Bundesbürgern noch nicht einmal lächerliche 5 Prozent.*
FINCK: Also gut, sollen diese 5 Prozent notfalls die paar Seiten überschlagen. Aber trotzdem. Es gibt auch Leser, die sind es von Berufs wegen: Die Kritiker, die werden sagen: Nun hat er schon ein ganzes Buch geschrieben, und jetzt kommt er nochmal damit, daß er in Görlitz geboren ist und so weiter.
HERAUSGEBER: *Als Antwort will ich hier den Kritiker Friedrich Luft zitieren, der 1974 schrieb: »Finck kann, weiser Hausvater des Humors, der er ist, – er kann ein gar nicht mal sehr umfangreiches Arsenal von Einfällen so gut verwalten und frisch halten, daß sie auch noch nach Jahrzehnten wirken, hecken und wiederholsam ihren Lachzins erbringen.«*
FINCK: Aber denken wir mal voraus. Ein paar Generationen weiter. Da sitzt ein Student der Geschichte in seinem Seminar und versucht herauszukriegen, was an jener Zeit so merkwürdig war, die zufällig auch in meinem Leben eine bemerkenswerte Rolle gespielt hat, sagen wir so um 1933, 1938, 1945 und so fort.

Nun entdeckt der plötzlich meine Lebensgeschichte als Quelle und liest Finck und liest da immer wieder Görlitz und Bunzlau und Goebbels und Katakombe. Immer wieder das gleiche. Unter anderem Titel. Der kann einem doch heute schon leid tun.

HERAUSGEBER: *Im Gegenteil. Hier findet er nun endlich die Ur-Lebensgeschichte, den Ur-Finck sozusagen. – Und nun hoffe ich, daß Sie keine Einwände mehr haben, wenn wir diesen Ur-Finck hier erstmals abdrucken.*

FINCK: Auf Ihre Verantwortung. Ich bleibe bei meiner Kritik: Es ist die reine Unvernunft.

Von dem Vortrag »Kritik der reinen Unvernunft« existiert nur die Abschrift einer 1949 in Stuttgart mitgeschnittenen Bandaufnahme. Sie wurde für den folgenden Abdruck leicht redigiert und an einigen Stellen gekürzt, zum Beispiel um Erlebnisse im Weltkrieg, die der Autor später ausführlich in »Der brave Soldat Finck« geschildert hat.

KRITIK DER REINEN UNVERNUNFT

Ich bin mir im klaren darüber, daß ich hier in Stuttgart noch nicht so bekannt und beliebt bin, wie ich es in Berlin beispielsweise gern sein möchte, und aus diesem Grunde habe ich vor, bevor ich zum eigentlichen Thema komme, etwas über meine eigene Person auszusagen, gewissermaßen eine Vita abzugeben.

Die Vita ist ja heute allgemein beliebt. Wenn Schriftsteller in Zeitungen und Zeitschriften etwas veröffentlichen, dann wird die Vita abgedruckt – hinten, was der Schriftsteller so gelebt haben möchte. Meine Vita wird Sie vielleicht in manchem in ein Normalleben führen, ohne Normalverbraucher gewesen zu sein – das ist ja später erst eingeführt worden –, sondern es war ein normales Leben. Aber die Ausdruckskunst, wie ich das Leben zum Ausdruck bringe, das Ausdrucksen, das kann zum Lachen verleiten. Denn gerade meine Ausdruckskunst . . . Ich meine, jeder drückt sich aus, wie er kann . . . Man nannte mich schon den »Meister der unvollendeten Sätze«. Das wird nun, wie gesagt, zum Lachen reizen. Ich möchte Sie aber bitten, diesem Lachreiz nicht zu sehr sich hinzugeben, weil dann diese Veranstaltung an kulturellem Wert verlieren könnte.

Das Lachen – ich weiß nicht, ob es in anderen Ländern auch stark ist – in Deutschland ist es jedenfalls so, wenn viel gelacht wird, kann es nichts gewesen sein. Wenn sie langweilig reden – also hören Sie sich mal unsere Politiker an, dann wissen Sie ungefähr, was ich meine. Jetzt vor den Wahlen haben sie sich schließlich ein bißchen zusammengenommen – die Wähler, aber das gilt als kultureller Wert. In dem Moment, wo etwas über Aufwand zuviel gelacht wird, verliert er die Möglichkeit, Karriere zu machen, öffentliche Ämter in großem Maße zu bekleiden. Bekleidungsämter. In diesem Sinne bitte ich Sie, das Lachen etwas einzuschränken.

Nun zu dem Leben wie gesagt selbst:

Ich wurde im Jahre 1902 geboren. Gleich da hätte ich eine kleine Korrektur. Da, sehen Sie, wie ich mich gleich so komisch ausdrücke. Ich habe Hemmungen zu sagen, ich wurde im Jahre 1902 geboren, weil das meine Person zu sehr in den Vordergrund stellt. Ja, da könnte man annehmen, ich bin eitel. Ich bin es, aber ihr sollt es nicht annehmen. Diese Annahme möchte ich verweigern, und ich möchte

mich lieber . . . Ich nehme das Werfen also vom Wurf aus, das ist ja vorwerfen. Das sagte man biologisch damals. Wenn ich sage »damals«, meine ich immer damals. Damit Sie es wissen. Ich möchte den Wurf mehr von der existenziellen Seite her beleuchten. Also ja, die Existenzialphilosophie wirft ja auch ins Leben – man wird ins Sein geworfen, aus dem Nichtsein in das So-Sein, wie heute die Existenzialphilosophen es eben geworden sind. Das ist also die Fassung, die zu machen wäre. Aber das führt zu weit, es ist auch zu unwichtig.
Bleiben wir beim polizeilichen Deutsch: Ich wurde im Jahre 1902 geboren. Jetzt kommt der Ort. Nein, erst zu 1902 müßte ich sagen, daß ich lieber im Jahre 1900 geboren worden wäre, weil es sich runder rechnet. Ja, es ist nämlich ganz wesentlich, wenn man nachrechnet . . . Leuten . . . das Alter. Da wird einer gefragt, wie alt sind Sie, und wenn er in meinem Alter ist, dann weiß er nun tatsächlich nicht, bin ich eigentlich 47? Durch diese dummen Jahrgänge. Ja, wir rechnen nun in Deutschland nach Jahrgängen. Und nun können die Leute des 1900-Jahrgangs . . . »00« hätte ich gesagt, wenn ich . . . Na. Ja. Wir rechnen dann nach. Sie sagen: Wie alt sind Sie? So alt wie's Jahrhundert. 1947 bin ich 47 Jahre alt. 1958 bin ich 58, 1969 69, also es geht immer. Sie brauchen gar nicht nachzurechnen, während wir von 02 schon ein bißchen nachrechnen müssen. Also 1947 bin ich . . . ziehe ich zwei ab, borge mir eins, bin ich . . . Aber auch das soll uns hier nicht aufhalten.
Von der Geburt selbst weiß ich nichts. Es ist mir nur alles berichtet worden. Ich muß mich hier völlig auf die anderen verlassen. Ich habe ja dauernd die Kontrolle. Man wird immer wieder nachgeprüft, ob man tatsächlich geboren ist. Manche Behörden hätten es ja lieber, man wäre gar nicht geboren. Die versuchen alles, einem einzureden, daß man nicht da ist. Aber so ist es ja auch nicht, daß man denen nachgeben soll.
Die Stadt selbst war Görlitz. Görlitz in Schlesien. Ja. Schlesien. Ob man es heute noch sagen kann, Görlitz in Schlesien, weil es noch nicht . . . vielleicht käme ich da mit dem Kontrollrat in Konflikt. Nun ja, das ist doch ein Vorgreifen. Wenn ich sage: Görlitz in Schlesien, dann bestimme ich doch, daß es in Schlesien ist. Das soll man nicht machen, das ist also offen zu lassen. Ich kann auch auf der anderen Seite nicht sagen: Görlitz am Kontrollrat. Es klingt geographisch ein bißchen blöde. Obwohl es am Kontrollrat liegt.
Und nun zu Görlitz selbst. Görlitz ist ein nettes Städtchen, nicht zu groß, nicht zu klein, von sehr viel Grün umgeben. Die Neiße fließt dort, und es hat vor allen Dingen eine geographische Merkwürdigkeit, dieses Görlitz. Es ist nämlich so eingebettet, daß der 15. Längengrad quer über die Stadt weggeht. Hätte auch über etwas ganz anderes hinweggeleitet werden können. Nun, das ist es ja.

Entweder Görlitz ist so gebaut worden, oder sie haben den ... Nun ja. Das weiß man nicht. Und nicht nur das, sondern in Görlitz selbst steht das Denkmal Jakob Böhmes, und über dieses Denkmal, genau über den Scheitel weg, geht nochmals dieser Meridian. Also doppelt interessant.
Dieser bekannte Jakob Böhme ist Mystiker, der schlesische Mystiker. Wir haben ja mehrere solcher Männer in Deutschland, die Doppelbegabung haben. Also bei Jakob Böhme ist es so, daß er im Nebenberuf Mystiker war und im Hauptberuf Schuster. Und dann ist da der 2. Mann, der Hans Sachs, der hat auch die Ähnlichkeit. Der ist nun im Nebenberuf Poet und war auch Schuhmacher. Und dann ist der 3. Schumacher, der jetzt also im Nebenberuf – im Hauptberuf – Politiker ist. Allen Dreien ist eigentümlich, daß sie sich etwas erwarten, was völlig ... Und uns dann einhämmern wollen, daß wir auch daran glauben sollen. Aber vielleicht werden wir mal dran glauben müssen. Aber das führt jetzt wieder zu weit.
Nun zur Person und Sache selbst. Wenn ich lange nachdenke, in den Sinnkreis mich zurückzuerinnern versuche, dann habe ich den Eindruck, daß ich in einem Körbchen liege. Ich weiß nicht, aber vielleicht ist es mir so oft erzählt worden, daß ich es nun wirklich sehe. Um mich herum stehen zwei Tanten. Wir haben ein sehr nettes Familienleben gehabt. Zarte Familienbande umschlangen uns. Und zwei von der Bande umschlangen ... zwei von den Schlangen ... nein: Zwei Tanten standen um das Körbchen herum und brachten die erste Unvernunft in mein Leben hinein: »Wo ist er denn, der kleine Werner? Ja wo ist er denn, der Kleine? Ja wo ist er denn, der Kleine?« Ich lag vor ihnen. Sie fragten, wo ich bin. Da muß man ja später komisch werden.
Nun bin ich ja selber zur Sprache ganz anders eingestellt. Ich habe die Sprache sofort als Gebilde empfunden, mit dem man was anfangen kann. Z. B. das Alphabet, da konnte ich schon mit arbeiten. Den ersten Buchstaben nur zweimal vor mich hersagen, wie von ungefähr. Eine unerhörte Wirkung. Da wurde das interessanteste Thema sofort abgebrochen. Man sprang auf, suchte nach einem Motiv, das man mir unterschieben konnte, und dann konnte ich tun und lassen, was ich wollte. Ja, ich habe niemals mehr in meinem Leben mit so wenig Mitteln so viel erreicht.
Das hörte dann auf. Man wurde erwachsen. Ich wuchs heran. Als das Kind einer Sieger-Nation. Nun, als Kind kann man damit nichts anfangen. Es wird dann später durch den vaterländischen Unterricht natürlich ins Bewußtsein gebracht. Immer mehr wird einem beigebracht, was es bedeutet, Kind einer Sieger-Nation zu sein. Und wie ich dann gerade begriffen hatte, waren wir es nicht mehr. Da hatten wir den 1. Krieg bereits verloren. Und so hielt sich dann der Zustand.

Dann kam ich langsam in die Jahre, wo die Schule an meine Eltern herantrat und ich ... *(allgemeines Lachen).* Das war ein individuelles Lachen. Das hat man heute ja ganz selten wieder. Es fängt schon wieder an. Früher wurde immer zusammen gelacht. Entweder alle oder gar keiner. Es war auch zu riskant. Wenn man an der falschen Stelle gelacht hätte, wäre es aus gewesen. Aber heute ist es wieder so ganz liberal. Nicht wahr.
Nun waren wir bei der Schule. Diese Schule ist etwas Unhöfliches gewesen für mich. Ich habe sie nie begriffen. Begreife sie heute kaum und habe eigentlich von vornherein Widerstand geleistet. Immer. Nicht in einer Gruppe oder so. Nein. Einzelnen Widerstand. Die Reifeprüfung habe ich dann mit »gut« bestanden. Ich weiß nicht, ich habe den Namen des Mädchens vergessen. Jedenfalls das Abitur habe ich nicht gemacht. Ich kam nach Dresden auf eine der vielen Kunstschulen, die dort waren, und sollte Maler werden. Das war in der Zeit des 1. Zusammenbruchs. Es war ja wirklich ein Zusammenbruch. Damals. Da konnte man noch etwas mit anfangen. Wir haben ihn auch nur in eigener Regie gehabt. In den Kunstschulen war der Kunstbetrieb noch im Vordergrund und nicht die Nahrungsmittelsuche. Wir haben von Kunstrichtungen geschwärmt. Der Expressionismus war auf dem Höhepunkt, damals. Impressionismus im Abklingen. Und das ging nun immerfort, diese Worte: Dadaismus – Futurismus – Kubismus. Wir lebten davon. Wir berauschten uns daran. Heute spricht kein Kunstschüler von diesen Sachen. Wozu? Depressionismus ist der einzige Aktivismus.
Ich hielt mich nicht lange auf dieser Kunstschule, sondern kam nach 1½ Jahren wieder ins Gleiten und wurde dann nacheinander Redaktionsvolontär und Kindergärtner und Schauspieler. Und Schauspieler. Das setzte sich so langsam fest. Erst waren es Laienspiele, denen ich diente. Das erste war Hans Reutter »Der Maskenwagen«. Gleich mit Mathias Wieman zusammen fing es an. Wir spielten den »Puppenfaust« von Simrock. Wieman spielte den Faust und ich, ich hatte auch eine schöne Rolle. Die Begabung war noch nicht so mitgekommen: Ich kriegte einen von den vier Teufeln. Fitzli-Putzli hieß er. Ich mußte immer hin und her. Wieman konnte sich verbeugen. Und die Teufel führte er immer weg. Ich kam auf diese Weise nicht in die Presse.
Dann kam ich nach Bunzlau in Schlesien. Zum ersten Mal an ein richtiges Theater. Das war eine Kunststätte. Und da wußte man erst, daß es ein gutes Theater war: Bühnengenossenschaftsbeiträge. Und abgestempelt und abgezeichnet. Da wußte man, hier ist wirklich richtige Kunst. Ich habe den »Hamlet« vorgesprochen. Ich bin gleich engagiert worden – als jugendlicher Komiker. Ein ganz kleines Theater. Ich spielte ganz große Rollen. Dann kam ich zwei

Jahre später nach Darmstadt ans Hessische Landestheater. Das war ein großes Theater. Da spielte ich schon kleinere Rollen. Ich merkte, je größer das Theater wurde, um so kleiner wurden die Rollen.

Als ich dann 1928 nach Berlin kam, gab es nur noch ganz große Theater. Ich spielte den Beleidigten, wurde aber noch im selben Jahr entdeckt und zwar zum Kabarett – oder Cabaret, wie man in der französischen Zone sagen würde. Aribert Wäscher und Rosa Valetti hatten mich entdeckt, und in kurzer Zeit hatte ich dann mein eigenes Kabarett die »Katakombe« gegründet. Hans Deppe habe ich dann mit herangeholt. Und von der Zeit möchte ich nun nicht mehr sprechen, weil es nach Reklame aussehen würde.

Doch mit der »Katakombe« trat etwas in mein Leben, das ich bisher noch gar nicht gekannt hatte, nämlich die Politik. Wir waren bürgerliche Dings . . . so richtige . . . wissen Sie, Gott, wir lebten vom Witz. L'esprit pour l'esprit, die »Katakombe« zwang aber dazu, über ein literarisch-politisches Kabarett schon etwas Stellung zu nehmen. Man hat seine Witze von links nach rechts verteilt. Nicht im Publikum. Aber die Parteien waren noch sehr getrennt. Nicht so wie heute, daß man nicht weiß, was links oder rechts . . . Das ist heute doch auffallend. Sie haben bei der KPD ganz deutschnationale Tendenzen, während die Deutschnationalen wieder auf ihrer Seite stark kommunizieren – kommunistische Manifeste abhalten. Zum Beispiel die Großgrundbesitzer haben alles aufgeteilt. Da findet die kleinste Verwandte noch ein Plätzchen von den großen Latifundien. Das ist rein kommunistisch.

Zum ersten Mal geriet ich eigentlich ein bißchen zusammen mit den beiden Linksparteien KPD und SPD, weil ich gesagt hatte: »Ich fürchte den Unterschied. Die wollen alles gleichmachen, und die SPD wird alles so fort machen.« Es war aber nicht weiter gefährlich. Weder die SPD wurde verboten, noch ich wurde irgendwie gehindert. Also es ging aus wie's Hornberger Schießen.

Dann aber kamen auf den Straßen diese Unruhen. Es wurde doch sehr massiv in Berlin. Große Gruppen von Menschen lärmten auf den Straßen. Im Hemd liefen sie auf den Straßen. Sie haben die Arme ausgereckt und »Heil« gerufen. Immer so in Dreier-Reihen »Heil-Heil-Heil«, daß es knallte. Wie eine Ironie des Schicksals: Gerade in dem Land, wo am meisten »Heil« gerufen worden ist, ist am wenigsten heil geblieben.

Ich kann Ihnen sagen, ich habe gezittert, mir war es furchtbar unangenehm. Ich habe richtige Angst gehabt. Ich dachte, um Gottes willen, wie wird das enden. Wenn ich natürlich damals schon gewußt hätte, was man heute weiß, – daß das alles nur Mitläufer waren, dann hätte man doch nicht gezittert. Aber das ahnte man doch nicht. Das hat doch kein Mensch damals gesagt.

Die letzte freie Conférence noch war wohl die, als ich über den

Zusammenschluß von NSDAP und Zentrum sprach. Zentrum und NSDAP hatten damals die Koalition. Die Nazis – wie sie damals hießen, heute heißen sie wieder Nazis, in der Zwischenzeit mal nicht. Die hatten das fest in der Hand. Man hat sich gesagt, wahrscheinlich wird das Hakenkreuz nun aufgeteilt werden zwischen beiden Parteien, damit sie beide was haben. Unter den gleich Starken muß es aufgeteilt werden. Das Kreuz wird wahrscheinlich das Zentrum haben – mit denen, und der Haken ist dann bei den anderen. Genauso war es auch.

Es kam also das Jahr 1933. Im Marsch- und Stechschritt. – Und die »Katakombe« wurde nun vor die Wahl gestellt, mußte sich nun entscheiden. Jeder mußte sich ja entscheiden. Da kam es auf die Geschicklichkeit an. Ja, manche waren so geschickt, daß sie heute kaum mehr rausfinden. Es gibt manche, die haben sich derartig getarnt, daß sie vor lauter Tarnung Gauführer wurden.

Bei dieser Gelegenheit möchte ich eine Sache noch sagen: Sie wissen genau, wie heute geschossen wird, jeder mal angeschossen werden kann, einmal von der und dann von der Seite. Bei mir ist auch nicht haltgemacht worden. In den letzten Wochen habe ich es gemerkt, daß so was gefunden worden ist. Da ist mit mir auch angefangen worden. Es gibt Leute, die behaupten heute, ich wäre gegen die Nazis gewesen. Ich möchte gleich betonen, das sind Verleumdungen. Ich denke ja weiter. Was ich natürlich zugeben muß, ist etwas anderes: Die Nazis waren gegen mich. Das ist aber ein Unterschied.

Im März war unser neues Programm. März 1933. Das letzte Programm hatten wir im Dezember 1932. Dann kamen die mit ihrem Programm. Im Januar brachten die ihr Programm raus, und nun wir wieder am 1. März. Da war nun entscheidend, was gesagt wurde. Sie müssen sich vorstellen, man kommt da rein vor das alte Publikum, aber drei SA-Leute plötzlich dabei. Der erste Satz mußte sitzen. Oder wir. Wenn es gelang, da durchzukommen, war die Sache gerettet. Ich kam also raus. Die Ursula Herking war im Hintergrund. Hatte die Türe aufgemacht von der Scala zum Hof. Aber ich sagte etwas ganz Beruhigendes: »Meine Damen und Herrn! Die unruhigen Zeiten sind vorbei. Man kann wieder auf Jahrtausende hinaus disponieren.« Und das wurde mit einem unheimlichen Lachen aufgefaßt. Das ist mir halt übelgenommen worden. Da ging es schon los – mit dem »Disponieren«. Ich bin gar nicht drauf gekommen, daß das Wort »disponieren« . . . das wäre so literarisch jüdisch frech, und das ist es gar nicht. Jetzt weiß man, die haben das gar nicht gehabt. Die hatten geplant und geschöpft und geahnt und gebaut, aber doch nicht disponiert. Wenn die hätten disponieren können, wäre es ja anders gekommen.

Bis dann im Jahre 1935 das Maß voll war und die »Katakombe«

gemeinsam mit Günther Lüders' »Tingeltangel« geschlossen wurde. Die Geheime Staatspolizei übernahm den Laden, und wir selbst kamen in ein sogenanntes »Schulungslager«. Ich möchte darüber hier nichts sagen, weil es doch zu unheimlich war, die ganze Angelegenheit. Ich bin oft gefragt worden, ob es denn wirklich so grauenhaft gewesen wäre, wie es immer geschildert wird. Und ich kann nur das immer wieder sagen: »Der müßte mal in ein Lager zum Erproben, daß er mal beruhigt wird.«
Wir waren nur tausend Mann in Esterwegen oben an der holländischen Grenze. Der ganze Betrieb war noch, wie sich jetzt mal ein Politiker ausdrückte, handwerklich betrieben. Die tausend Mann wurden eingeteilt in 500 Politische und 500 Kriminelle, die sogenannten BV'ler – Berufsverbrecher. Man müßte eigentlich sagen 580 oder 590 Berufsverbrecher, denn die Posten müssen ja auch irgendwo mit eingeteilt werden. So sah das Lager aus. Wir sind dann nach gar nicht so langer Zeit »noch einmal davongekommen«. Die Abschiedsrede von dem damaligen Kommandanten des KZ, die ich ja sonst eigentlich nicht sage, möchte ich hier einfügen. Der stand also in ziemlich unbekleidetem Zustand vor uns, eine Badehose – und Revolver, und sagte: »Ihr seids jetzt entlassen. Nicht wahr. Es sind Anfragen gekommen wegen eures Betragens. Ich muß sagen, ich habe mich gefreut, daß ich diese Fragen mit ›gut‹ beantworten konnte. Ihr könnt jetzt nach Hause gehen, ich habe die Fragen mit ›gut‹ beantwortet. Trotzdem will ich euch etwas sagen, die Gründe brauch' ich euch nicht anzugeben . . .« In diesem Stil war die Abschiedsrede. Wir bekamen noch ein Jahr Arbeitssperre, durften dann wieder bedingt auftreten, filmen usw., mit besonderer Erlaubnis.
Er hielt sich aber nicht lange mehr, dieser Zustand, sondern im Jahre 1939, im Januar, flog ich dann endgültig aus der Reichskulturkammer heraus. Ohne Reichskultur. Und man hoffte dann, daß die Sache doch irgendwie zusammenbrechen würde. Es kam dann auch der Krieg. Ein paar Monate später. Und da dachten wir als die Intellektuellen, die Intellektualbestien, nun würde die erste Niederlage kommen und damit alles zusammenbrechen. Und das war eben dumm gedacht. Leider. Denn man hatte sich ja gar nicht die Vorstellung gemacht von der Macht und Verwurzelung der Partei. Ich habe dann in mein Tagebuch geschrieben, nach dem Kriege: »Zu Beginn des kleinen Weltkrieges sprach Kaiser Wilhelm das bekannte Wort: ›Ich kenne keine Parteien mehr. Ich kenne nur noch Deutsche.‹ Dieses Wort ist zwar gefallen, aber nicht durchgeführt worden. Das Wort: Ich kenne keine Deutschen mehr, ich kenne nur noch die Partei! ist zwar nicht gefallen, aber durchgeführt worden.« Und zwar so gründlich, daß, wer die Partei beseitigen wollte, sein Vaterland hätte mit beseitigen müssen. Und wer wollte schließlich

sein eigenes Vaterland beseitigen?
So sind diejenigen, die, um die Partei loszuwerden, die vereinte Kraft der Gegner förmlich herbeigesehnt haben und sie dann bekämpfen mußten, weil das Vaterland auf dem Spiel stand, in einen wahrhaft tragischen Konflikt geraten. Auch mir blieb dieser Konflikt nicht erspart. Aber meinem Wesen nach erledige ich Konflikte nicht auf der tragischen, sondern auf der humoristischen Ebene.
Es war also so, daß ich mich freiwillig gemeldet habe. Das mag mancher nicht ganz begreifen. Es hieß damals »die Flucht in das graue Tuch«. Und es gab eine Freiwilligkeit, die noch einen Nachgeschmack hatte. Sie hatte so merkwürdige Worte damals, die ganz neu geprägt waren: »Der schlichte Prunk« beispielsweise. Die kannte man auch vorher nicht. Und so war auch die gezwungene Freiwilligkeit. Denn immerhin war ich ja in jenen Monaten ganz besonders oft vor der Gestapo her. So kann man das auch ausdrükken. Dann belaste ich Sie nicht.
Ich meldete mich gleich an die Front. Das war das, was ich mir besonders ausbat, an die Front zu kommen, weil man da verhältnismäßig am sichersten war. Ich wußte, da kommen die Brüder auf keinen Fall hin.
Vor dieser Front hatte ich eine unwahrscheinliche Angst. Ich kann das ruhig aussprechen. Warum soll man's nicht? Ich bin nicht so gebaut. Ich war der erste Held meiner Familie. Ich habe noch nie so was geliefert. Nun wußte man nicht, ob man da besteht. Die Angst war mehr, die Haltung verlieren zu können. Wenn man so die Beherrschung verliert. Aber das ist glücklicherweise nicht gewesen. Das ganze Pyrotechnische hat mir so wenig ausgemacht. Diese Schießerei und Knallerei war mir so unangenehm, bis zum Heulen. Aber so beeindruckt hat es mich wieder nicht wie andere Dinge, die nun wieder andere ganz kühl gelassen haben.

Ich werde nie diese Warnschilder vergessen in der Nähe der Front. Wenn man ganz dicht am Feind war. Da waren für Kolonnen Schilder angebracht: »Achtung! Straße wird wiederholt vom Feinde eingesehen.« Ich habe das natürlich gleich ernst genommen und gesagt: Auf dieser Straße wird nicht marschiert. Das ist ja klar. Wir gehen einen anderen Weg. Das ging nun wieder nicht. Das Stück mußte marschiert werden. Und der Feind hat das eingesehen. Wir nicht.
Und 1945 war da dann auch der Krieg zu Ende. Ich habe nun nicht alles hingeschmissen und gesagt: »Da habt ihr's, und jetzt lauf ich weg.« Ich blieb noch eine ganze Weile in dieser grotesken Ordnung befangen. Nach der Kapitulation ging ich zunächst mal auf die Schreibstube und erkundigte mich, ob noch was wäre. Und erst als

sie mir gesagt haben, nein, es hätte sich erledigt, gab ich mich dem Zusammenbruch hin.

Hier wollen wir mal einen Schlußstrich machen und auf die heutige Zeit zu sprechen kommen. Die heutige Zeit ist ja eigentlich gar keine Zeit. Es ist schon eine Zeit, aber sie wird nicht so empfunden. Sie wird mehr als Probe, als Experimentiertiegel empfunden. Und das Ganze hat sich ja ganz anders erst angelassen.

Als der Zusammenbruch da war, merkte man, daß die Dinge wieder in Fluß gekommen waren. Alles, was ein Jahrzehnt lang und länger verstaubt und verkampfert war, ist in Fluß gekommen. Heute ist es unterdessen nicht mehr im Fluß – heute ist es schon im Eimer.

Damals waren die Dinge aber noch lockerer, und ich beschloß Politiker zu werden. Die Stelle war frei. Ich gab mich auch bereits als Politiker aus. Ich habe immer, wenn ich gefragt wurde: Was sind Sie? habe ich angegeben – also nicht als Politiker angegeben – ich habe angegeben – den Beruf: Politiker. Ich bin Politiker. Ich wurde dann gefragt, wieso ich? Dann habe ich gedacht, wieso die anderen? Aber ich griff nicht zu. Ich dachte, man muß die Dinge erst mal abwarten.

Was tut sich überhaupt? Zwei Richtungen wurden sichtbar, die ja offiziell eingeführt waren. Import – von außen gewissermaßen. Die Entnazifizierung und die Entmilitarisierung. Die Entmilitarisierung ging verhältnismäßig ein bißchen schnell. Was ja auch einfach war, die herauszufinden, alle. Es wußte jeder, was der andere war. Die haben sich ja alle gegrüßt. Ob der Gemeiner, ob der General war, wie sie angezogen . . . Aber bei den anderen, da wurde es doch sehr schwierig. Und ich weiß nicht, wenn wir nochmals auf die Welt kämen, ob man so was nochmal so machen würde. So eine Art Entnazifizierung. Es steht mir da natürlich kein Urteil zu. Ich finde es natürlich wunderschön, wenn ich gefragt werde. Aber, es ist das unangenehme Gefühl, daß man nicht mehr weiß, wer ist nun belastet und wer entlastet und wer ist Ankläger und wer ist Mitläufer. Vielleicht ist es mal in ein paar Jahren soweit, daß man auch da einen Schlußstrich macht. Ich denke mir die Krönung der Entnazifizierung, daß die Spruchkammern vielleicht selber noch entnazifiziert werden, und wenn, dann wird man die Sache von vorn anfangen. Aber es muß mal zu einem Ende kommen.

Und unsere innenpolitischen Dinge, die waren ja ganz merkwürdig. Es drehte sich immer wieder. Es ging mal da hin und mal dort hin. Die Wahlen waren das einzige, was erst mal festgehalten wurde. Daß erst mal wieder gewählt wurde. Parteien. Erst die Gemeinderäte, dann die Stadträte und dann immer mehr Greise, die Landtagsabgeordneten, die Wirtschaftsräte, die Bizonenräte. Die ganzen Altersheime mußten ja erst mal zusammengestellt sein.

Die Minister wuchsen wieder heran. Die Ministersperre ist ja

aufgehoben. Es kann jeder wieder Minister werden und wird ja auch. Vor allen Dingen alte, erfahrene Leute. Alle, die wissen, wie es gemacht wird, wenn's schief geht. Junge Leute, die sagen sicher, es geht vielleicht mal wieder anders rum. Und außerdem haben wir ja sehr viele Minister. Ich sage mir, je mehr Minister, um so besser. Immer noch mehr Minister, dann sind sie wenigstens untergebracht. Außerdem sind es in der Westzone eine ganze Menge mehr. In der Ostzone sind die Minister in einer verschwindenden Mehrheit.
Aber der Ton des Ganzen ist es, der mich nun langsam reizt. Von den anderen Dingen verstehe ich noch nicht so viel. Da habe ich zu sehr beobachtet. Aber der Ton, dieses Pathos. Woher nehmen wir nur das viele Pathos noch? Das ist so unerträglich. Da würden alle Politiker mit dem sonoren Stimmklang der Überzeugung etwas reden, wovon sie gar nichts verstehen dürfen. Aber die möchten es vielleicht . . . Sie sind doch Marionetten und die reden nun wie richtige Figuren. Das ist eine Merkwürdigkeit.
Ich hatte da schon vor, daß man vielleicht eine Gesellschaft gründet. Die Gesellschaft der »fröhlichen Hoffnungslosen«. Man könnte auch eine Partei gründen, aber es müßte eine Gesellschaft sein. Eine Partei ist zu schnell gegründet. Ich könnte sofort eine gründen, wenn ich wollte. Ziele habe ich keine, also die erste Bedingung. Beiträge sind auch zu erheben. Was soll da noch passieren.
Nein.
Die Gesellschaft müßte sich mit einer Lockerheit ausbilden. Man müßte ganz andere Gefühlsgruppen entwickeln, als wir sie bisher entwickelt haben. Nicht die Ehre und die Würde und alles, was uns sonst noch belastet hat seit Jahrhunderten. Das müßte man alles wegnehmen. Das Ganze müßte mehr in Hemdsärmeln geschehen . . . die Politik. Ehre und Würde ist ganz schön. Aber Humor ist besser, ist sicherer.
Wenn wir denken, die heutige Lage des Friedens . . . Der Friedensvertrag wird jetzt herangerückt. Es ist wirklich so, daß man Angst bekommt – in London. Keiner sagt mehr was. Sie sind alle höflich. Der eine Punkt wird abgelehnt, dafür wird der andere angenommen. Dann nimmt der andere wieder an, daß der abgelehnt wurde. Dann sehen sie sich alle wieder an. Das ist merkwürdig. Ich würde sagen, diesen Frieden sollten wir ruhig noch eine Weile hinausschieben lassen. Nicht gleich Frieden machen.
Nicht so drängen. Wir haben 1918 erlebt, daß der Frieden sehr schnell kam, da war der Krieg verloren. Dann kam Versailles. Dann wurde unterschrieben. Und der Graf von Brockdorff oder Rantzau – ich weiß nicht – der hat in eleganter Bewegung seinen Handschuh von der Hand gestreift, die unterschrieben hat – und hat den Handschuh liegengelassen. Großartig. Die Geste von damals ist

heute gar nicht mehr möglich. Stellen Sie sich mal vor, der läßt den Handschuh . . . in zwei Minuten wäre er weg.
Und dann, wie der Frieden unterschrieben wurde . . . alle die Bedingungen angenommen. Dann wurde geschimpft – auf diesen harten Frieden.
Und was da alles rausgeholt wurde . . . die Lokomotiven weggefahren . . . dies wurde weggeraubt und das raus. Und jeder stöhnte. Deswegen bin ich dafür, nicht vorher unterschreiben. Also den Frieden noch eine Weile rausschieben. Es wird ja soviel rausgeschoben. Da kommt's darauf auch nicht mehr an. Und dann unterschreiben. Vielleicht kriegen wir dann noch was zurück.
Das wäre ungefähr eine Linie der »Fröhlichen Hoffnungslosen«.
Die andere wäre das Beseitigen der Verkrampfungen der nationalen Blähungen. Es gibt noch Leute, die können es nicht verdauen . . . alles . . . was so geschieht. Die haben ihre nationalen Aufstöße. Das äußerte sich früher in Reden demagogischer Art.
Ich wundere mich, daß heute das noch nicht geschieht, daß einer verfolgt wird und dann sagt: »Deutschland liegt zerschmettert am Boden. Aber das wird nicht lange so bleiben!« Was sich dann tut . . . wie sie dann . . . ich glaube sicher . . . Das lehne ich ab. Das ist der falsche Ton.
Man kann dasselbe fühlen. Ich kann es. Ich würde das auch sagen: »Deutschland liegt zerschmettert am Boden. Aber es wird nicht lange so bleiben. Der Boden wird uns schon noch weggezogen werden!« Das ist ein ganz anderer Ton. – Den glaubt man. – Das ist das Wahre. Nicht wahr.
Aber nicht mit der Ehre und mit der Würde. Nicht die pathetischen Worte von der Demokratie, daß man in einer Versammlung ruft: »Es lebe die Demokratie.« Ich würde es nicht machen. Ich würde es nicht wagen, heute. Stellen Sie sich vor, ein Zwischenruf, und Sie sind erledigt. Einer ruft dazwischen: »Wovon denn?« Was sagen Sie dann? Wir wissen doch wirklich nicht, wovon. Es ist doch klar, daß man die Demokratie immer dann angeboten bekommt, wenn wir sie gar nicht gebrauchen können. Dann kriegen wir sie billig. Aber wenn wir mal reich sind und satt, dann wird sie nicht mehr angeboten. Dann ist sie wieder nicht da, die Demokratie. Dann haben sie ganz andere Gedanken.
Vielleicht auch wieder eine Eigenschaft. Wenn wir mal wieder etwas gesättigt sind und ein bißchen Kalorien . . . dann kommt die Kraft. Das liegt eben in uns drin. Na und das sind Gegner, was? Daß sie gar nicht mehr wissen, wohin mit der Kraft, wenn sie sie haben. Aber vorläufig ist ja gar nicht daran zu denken.
Da haben wir diese zwei Seelen in der Brust. Diese Deutschen, die von Goethe die zwei Seelen haben – mit dem »ach« in der Mitte.
Die spiegeln sich auch wider. Die sind noch außer uns. Wenn Sie an

die beiden Pläne denken, an den Marshall-Plan und an den Molotow-Plan. Da sind wieder zwei Seelen über unserer Brust. Zuerst kam der Marshall-Plan. Da haben alle gestrahlt. Und kurze Zeit später kommt der zweite Plan, kommt Molotow auf den Plan getreten. Wenn er allein gewesen wäre oder der Marshall alleine, ja dann . . . aber beide . . . Daß man sich wieder entscheiden muß. Da wird nicht diktiert: »Jetzt ist Molotow dran.« – »Jetzt ist Marshall dran.« Jetzt heißt es: »Bitte entscheidet euch!« Jetzt wird wieder entschieden. Das geht eben nicht. Der eine Plan garantiert uns gewissermaßen die Freiheit von der Unabhängigkeit, und der andere Plan garantiert uns die Unabhängigkeit von der Freiheit. Toll ausgekocht. Wir können uns nicht entscheiden, weil wir eben . . . Nicht auf Ehre und Würde können wir uns entscheiden. Sondern auf Nahrungsmittel.

Wer liefert denn das? Immer diese Care-Pakete. Auf der einen Seite wollen wir sie nicht haben, auf der anderen Seite müssen wir sie haben. Wieder die zwei Seelen. Also das wird noch eine ganze Zeitlang dauern, ehe das Wort wieder Geltung hat »wehrlos – ehrlos«. Eigentlich müßte man sagen: »Care-los – wehrlos«.

Aber der Tag wird natürlich ohne weiteres kommen, wo es wieder im Volk lebendig wird. Wo man dann sagt: »Ja wie ist denn das nun? Gar keine Soldaten? Wir sind doch ein Soldaten-Volk?« Das muß natürlich aufgefangen werden.

Da sind die »Fröhlichen Hoffnungslosen« großartig.

Mit dem Humor fangen die das auf. Mit so ein bißchen alberner Stimme. Das ist ja, was wir erreichen wollten: Die »Fröhlichen Hoffnungslosen« haben vor, das Volk albern zu machen. Das ist das erste Ziel.

Wieso? Mancher Patriot wird erschrecken, wird sagen: »Wieso? . . . albern . . . wir . . . Ich werde nie albern.« Er ist schon albern.

Aber dem kann ich auch sagen, daß ja das Wort heute nur so hart klingt. Früher hieß ja mal »albern« was anderes, das Wort im Althochdeutschen. Das hat dann einen Bedeutungswandel durchgemacht. Das hieß ursprünglich soviel wie »aufrichtig« und »wahr«. Warum das zum heutigen »albern« heruntergesunken ist, weiß ich nicht. Vielleicht, wenn einer zu oft aufrichtig und wahr ist, dann wirkt er eines Tages albern. Jedenfalls müssen wir uns einmal vorstellen, wir wären schon 1933 ein albernes Volk gewesen. Stellen Sie sich mal vor, da wären sie alle aufmarschiert, mit ihrem ganzen Gepränge, mit Standarten – und stramm und fest hätten sie Lieder gesungen.

Und das Volk hätte gelacht. Es kann doch keiner schießen. Es sind doch lauter Leute – die lachen. Das geht ja nicht. Da hätten wir uns sehr viel erspart von dem, was wir erleiden mußten . . .

Die komischen Rollen in Offenbachs Operetten gehörten natürlich zum Repertoire des Schauspielers Werner Finck. Aber nicht nur das. 1947 schrieb er (zusammen mit Karlheinz Gutheim) eine Neufassung der »Schönen Helena« und 1949 eine

VORREDE ZU ORPHEUS IN DER UNTERWELT

Mythologie ist die Lehre von den Göttern. Der Mythos ist die Leere im Gehirn und keinesfalls eine Erfindung des 20. Jahrhunderts, wie es zwölf Jahre lang angenommen werden mußte.
Der Götterkult stand namentlich bei den Griechen und Römern auf einer beachtlichen Höhe. Diese Höhe war ein Berg namens Olymp: Wer auf diesem Olymp stand, war schwindelfrei im Gegensatz zu den Göttern des 20. Jahrhunderts, die auf dem wesentlich kleineren Rosenberg fußten.
Der oberste Gott der Griechen hieß Zeus. Die Römer nannten ihn Jupiter, meinten aber ein und denselben. Wir haben ähnliche Vorgänge in unserem eigenen Zeitalter: Die einen sagen heute Rom, die andern Athen. Im Grunde genommen meinen sie aber beide Marshall.
Man stellt sich den Jupiter-Zeus immer bärtig vor, mit einem langen blonden Rauschebart, oder mit einem kleinen Gelocke, in der Art der Schifferfraise. Erst neuere Gelehrte, wie etwa Gilette oder Rotbart vertreten die These, daß er glatt rasiert war. Das kann aber merkantile Hintergründe haben.
Die Gemahlin des Zeus, bürgerlich ausgedrückt: die Göttergattin, hieß Juno. Nicht ohne Grund ist Juno, die auch Hera genannt wird, eifersüchtig auf ihren Gatten gewesen, denn dieser betrog sie nach Strich und Faden. (Anmerkung: Für die Verwendung in Schulbüchern empfiehlt es sich »Strich« zu streichen und nur »Faden« stehen zu lassen. Faden kann ja nicht falsch ausgelegt werden.)
In dem Film »Amphitryon« sahen wir einmal die Juno von der Sandrock verkörpert, aber klassische Bilder zeigen sie jung und schön. Und wenn sie jung und schön war, so können wir den Grund, daß ihr Gemahl sie dauernd betrog, nur darin suchen, daß sie frigide war. Auf jener gesteigerten Sinnlichkeit Jupiters, das den hohen römischen Gott immer wieder in neue Liebesabenteuer verwickelte, beruht vielleicht unser heutiger Ausdruck über-sinnlich für Vorgänge, die wir nicht fassen können.
Bekannt ist des höchsten römischen Gottes merkwürdige Vorliebe, die jeweilige Auserwählte in der Gestalt eines Tieres zu überraschen.
Diese Verwandlungen sind oft genug Gegenstand der europäischen Malerei. Ich erinnere an den Schwan, wie er zu Leda kam, oder an

den Stier, in welcher Form er die Europa besuchte.
Juno dagegen konnte sich nur in ein einziges Tier verwandeln, und das tat sie immer, wenn sie von den Seitensprüngen ihres Gatten erfuhr: Sie wurde dann zur Hyäne. (Anmerkung 2: Ich habe mich als Gymnasiast immer gewundert – merkwürdig, daß das sonst so prüde Provinzial-Schulkollegium diese tierischen Vergnügen so ungeniert zum Unterrichtsgegenstand machte – ich wunderte mich damals also sehr. Im reiferen Alter ist mir dann allerdings manches klar geworden.)
Die neben Zeus und Juno regierenden Mitgötter aufzuzählen und näher auf sie einzugehen, würde den Rahmen meines kleinen Vortrags sprengen. Am geläufigsten sind uns die Venus, der Mars und die Diana. Die Diana kennen wir als Göttin der Jagd. Sie wird von allen Jagdgesellschaften herzlich willkommen geheißen. Nur in der Schorfheide Hermann Görings soll sie keinen Zutritt gehabt haben. Vielleicht wollte sie ihr grünes Jagdgewand nicht mit der weißen Bluse und dem schwarzen Rock der BDMsen vertauschen.
Von der Venus nimmt man an, daß sie später einmal den Aesculap geheiratet hat, damit die Liebes- und Heilkunst gleich beieinander sind.
Der Mars als Gott der Kriegskunst hat sich am unversehrtesten gehalten. In Deutschland erschien er zuletzt in der Gestalt des Badenweiler. Der Badenweiler Mars liegt allen noch in den Knochen.
Nach dem Siege des Christentums wurden alle antiken Götter am Himmel aufgeknöpft. Wenn wir nachts zum Himmel aufschauen, sehen wir heute noch alle hängen. Sie sind schön und glänzend wie früher, und der Mars hat noch nichts an Zackigkeit eingebüßt.
Im übrigen haben sich nur noch ein paar Halbgötter gehalten, die sind aber in die Amtsstuben und Dienststellen verdrängt worden, wo sie ein beschränktes Dasein führen.

In Anlehnung und Erinnerung an seine erfolgreichen Wochenkommentare im Berliner Tageblatt 1936 bis 1938 schrieb Werner Finck 1949 für die in Hamburg erscheinende Zeitung »Die Welt«:

VON HIER AUS – (MÖGLICHST) JEDE WOCHE

Die erste dieser Kolumnen, in der er sich den »Welt«-Lesern vorstellte und die aus einigen für Finck noch heute typischen Selbstzitaten bestand, erschien mit einigen auffälligen Druckfehlern.
Werner Finck hatte den Text telefonisch durchgegeben, bei Texten wie den seinen ein riskantes Unternehmen. Auf diese technische Panne spielte er sogleich in seinem zweiten Beitrag an.

GESETZTER SINN FÜR UNSINN

Durch Druckfehler entstellte Texte eines seriösen Autors verlieren leicht ihren Sinn und kommen dem Leser dann komisch vor. Das Schlimmste, was einem seriösen Autor passieren kann.
Bei den jokosen Autoren geschieht aber im selben Falle genau das Gegenteil. Ihren Worten geht dann leicht der Unsinn verloren, und der Leser weiß nicht mehr, was er dann komisch finden soll. Das Schlimmste, was einem jokosen Autor passieren kann.
Unsinn hervorbringen ist gar nicht so einfach, wie der Laie sich das vorstellt. Politiker können es von Berufs wegen, es gehört gleichsam zu ihrem Handwerk. Ich meine auch mehr den bewußten Unsinn.
Schriftsteller und Schriftsetzer führen, wenn es um intellektuellen Unsinn geht, einen kalten Kleinkrieg miteinander. Eine Rundfinck-Sendung beispielsweise würde ein halbwegs gebildeter Setzer zunächst einmal stillschweigend korrigieren. Hat er aber Sinn für Unsinn, der hierzulande sehr selten ist, so wird er bald begreifen. Einer ist kürzlich schon so weit gegangen, daß er ein ernsthaftes Wort von mir stillschweigend ins Komische hinüberkorrigierte.
Ich hatte von der schwierigen Lage gesprochen, in welche die ausländische Propaganda durch die konsequente Haltung der Westberliner Eisenbahner geraten war. Und er hatte das »a« der Lage durch ein »ü« ersetzt.
Glücklicherweise ist es den meisten Lesern nicht als falsch erschienen.

Man wird jetzt begreifen, wenn ich das Wort »Wostmächte« vor einer Korrektur zu schützen versuche, indem ich die fernmündliche Aufnahme, den Setzer und auch den Leser darauf aufmerksam mache, daß es sich um keinen Irrtum meinerseits handelt.
Wostmächte ist eine Zusammenziehung von West- und Ostmächte. So ein Wort tut einem weh. Ich weiß. Aber genau so hat sich's über unseren Häuptern zusammengezogen. Es gibt nur das wieder, was in Paris beschlossen worden ist. Nach den jahrelangen Auseinandersetzungen hat man sich jetzt wieder zusammengesetzt. In Berlin. Das Reden bringt uns nicht vorwärts. Es muß gehandelt werden. Her mit dem Handelsvertrag.
Wir Deutschen sollten endlich einsehen, daß man nur unser Bestes will. Soweit man es sich nicht schon selbst geholt hat.
Das ist der Weg zum Pax, zum Frieden. Der Frieden dieses Pax. Pax schlägt sich und verträgt sich. Friede den Hütten, Krieg den Palästen.
Neulich hat ein hoher Beamter eine fulminante Rede gehalten. Gegen die Demontage.
Sie hat unerhört gewirkt. Auch bei Bevin blieb sie unerhört. Was bleibt uns also übrig, als uns weiter in Geduld zu fassen? Nehmen wir uns auch hierin ein Beispiel an den tapferen Berlinern. Sie haben lange genug den Beifall der ganzen Welt verdient. Jetzt wollen die anderen auch wieder einmal verdienen. Und um dieser Entwicklung nicht im Wege zu stehen, müssen die Berliner wieder in den Hinter (nein, Fräulein, das Wort ist noch nicht zu Ende, nur bis zum r) in den Hintergrund getreten werden.
Einer von ihnen fragte mich neulich, wie es nun mit der Durchführung des Marshall-Plans für uns aussehe, und ich sagte ihm: Hoffmann weiter.

MANN – o – MANN

Mann über Bord.
Und gerade der hervorragendste Mann der deutschen Literatur. Thomas Mann.
Die Wogen der Erregung schlugen hart über ihm zusammen. Er ging unter. In Weimar tauchte er erst wieder auf. Sie zogen ihn dort jubelnd heraus, und siehe: Er war wieder auf demselben Schiff. Nur die Besatzung war eine andere. Und der Kurs. Aber darüber spricht man nicht gern.
Als der gepflegte Dichter in Deutschland eintraf, war alles noch offen.
In Frankfurt empfingen ihn offene Briefe, in Weimar offene Arme. Von den einen wie von den anderen hat er sich klug und taktvoll

distanziert: Alles festlegen, verarmt, sagte Morgenstern in den »Stufen«. In diesem Sinn hat sich Thomas Mann ein hübsches Vermögen erworben.
Die Begeisterung drüben über sein Erscheinen ist im Westen mit spöttischen Kommentaren versehen worden. Warum eigentlich? Hat doch dort jeder Mann vorher gelesen und weiß also, wieviel Schönheit in seinem Werke ruhte.
Wenn die Begeisterung in Frankfurt und in München nicht so spontan einsetzte wie in Weimar und Plauen – ja, da rächte es sich halt bitter, daß seit dem Untergang des Propagandaministeriums Jubel nicht mehr als Pflichtfach weitergelehrt, sondern völlig vernachlässigt worden ist.
Man hatte es dem Weimarer Festredner in Frankfurt nahegelegt, ein gewisses Thema anzuschweigen. Oder sagen wir lieber ein ungewisses, sogar ein sehr ungewisses. Aber er ist nicht darauf eingegangen.
Wäre er darauf eingegangen, wäre er eingegangen. Nicht heute und nicht morgen, vielleicht aber bestimmt am Tage X. So aber konnte er die Ruhestätte Goethes gut aufgelegt wieder verlassen, im Bewußtsein, gut aufgelegt zu bleiben.
Die unselige Spaltung Deutschlands bedrückt ihn trotzdem, wie alle guten Deutschen hüben und drüben, und das müssen wir ihm danken. Als Amerikaner könnte ihm der deutsche Zustand doch ganz legal sein.
Jetzt hat er Europa bereits wieder verlassen. Wir sind zurückgeblieben. Und je weiter er sich von uns entfernt, um so zurückgebliebener wird ihm der deutsche Westen erscheinen. Der gläubige Thomas glaubt an den Fortschritt, und der Westen wird vielleicht auch noch einmal »dran glauben müssen«.
Kay Lorentz hat es in Düsseldorf ausgesprochen, was sich Thomas Mann in Weimar möglicherweise gedacht hat. In einem neuen Kriege muß man auf der Seite der Russen kämpfen, denn es ist angenehmer, in amerikanische Gefangenschaft zu geraten.
Womit denn meine Betrachtungen eines Unpolitischen für heute abgeschlossen wären.

PROVISORISCHE GRÜNDUNG

Das deutsche Volk hat wieder ein Haus. – Dieser Bundestag ist noch kein »hohes Haus« wie der alte Reichstag. Zunächst noch ein halbhohes. Mit kommissarisch verwalteter Souveränität. Mit bescheidenem Prunk.
Aber wir haben endlich wieder einmal einen historischen Tag gehabt. Historische Stunden mit historischen Männern.

Der historischste unter ihnen, unser guter alter Löbe (der Glöckner von Notre Reichstag), eröffnete das jüngste Parlament der Welt mit der Frage: »Ist jemand noch älter als ich?«
Und siehe da: Es waren noch jüngere da! Löbe war es auch, der den ersten Zwischenruf herausforderte: Als er von dem Ermächtigungsgesetz erzählte, das die Mannschaft des alten Reichstages entmannt hatte, warf ein National-Kommunist den ersten Stein aus dem Glaskasten, indem er sagte: »Hier sitzen Abgeordnete, die *für* das Gesetz gestimmt haben.« Das ganze Haus, einschließlich der ausländischen Ehrengäste und der Hohen Kommissare, erhob sich von den Plätzen, fuhr der Sonderbericht fort, der mir als Quelle dient. Man konnte danach meinen, daß die Schuldfrage damit endgültig gelöst worden wäre. Aber das Ende des Satzes ergab einen ganz anderen Sinn. (Der Bericht hätte einen deutlichen Absatz machen sollen.)
Nach der schweren Linken mußte Löbe dann noch eine kurze gezielte Rechte abwehren. Dann gab es Ruhe. Der erste Präsident hat seine Schuldigkeit getan. Der erste Präsident kann gehen.
Der zweite Präsident wird dann Dr. Köhler.
Komplizierter war die Sache beim Bundesrat. Der dort Präsident werden sollte, wurde es nicht, sondern Arnold; nach den Erfahrungen mit empfindlichen Stars wollte man diesmal wahrscheinlich streng alphabetisch vorgehen: Adenauer, Arnold usw. Schon war es wieder nicht richtig. Der bayerische Ministerpräsident Ehard ließ sich zur Strafe dafür am Abend nicht staatsempfangen. Er ordnete sich alleine ab und fuhr nach München zurück. Der erste Präsidentsfall der neuen Republik.
Adenauer hat den Fall dann beigelegt, so daß es zwar kein bayerischer Bei-, aber auch kein zentralistischer Abfall wurde.
Nur das Ende des ersten Tages hat der aussichtsreichste Bundeskanzler nicht retten können. Auf seine Anregung hin sollte die dritte Strophe des Deutschlandliedes gesungen werden: Einigkeit und Recht und Freiheit . . .
Da es aber jedem *frei* stand, konnte man sich nicht *recht einigen.*
Die SPD und die KPD wollten ihre Stimmen nicht abgeben dafür. Da sah man es wieder: Diese Männer, die im Abstimmen eine solche Routine haben: Sobald sie einmal anstimmen sollen, kommen sie in Verlegenheit.
Kurzum, die einen wollten es, die anderen wollten es nicht: das alte deutsche Lied. Und so schloß denn dieser würdige Tag etwas merkwürdig.

INSELPERSPEKTIVE

Für das Wetter dieses spätsommerlichen Frühherbstes an der Nordsee gibt es nur einen backfischhaften Ausdruck: traumhaft.
Unser Traum ist ja eigentlich die einsame Südseeinsel. Aber für uns Mitteleuro- oder sagen wir lieber für uns mittellose Europäer reicht es höchstens bis zur einsamen Nordseeinsel. (Komisch, in diesem Jahr hab' ich's mit den Inseln; erst Berlin, jetzt Sylt.)
Dieses Sylt zieht sich und zieht sich hin wie unser Friedensvertrag.
Die Insel ist einerseits sehr lang-, andererseits sehr kurzweilig. Mich zog's zur letzteren Seite.
Der Reiz meines Badeörtchens ist seine Reizlosigkeit.
Ohne das Meer könnte es auch eine amerikanische Goldgräbersiedlung sein. Es gibt ein paar Häuser und ein paar Straßen, aber beides streng voneinander getrennt. Die wenigen Dünenhügel sehen aus wie eine Gebirgslandschaft, die, statt in die Höhe, in die Breite geraten ist. Oder wie Alpen aus 4000 Meter Höhe. Spärlichstes Gras in dünnen Büscheln hält den Sand zusammen, und der Sand gibt dafür wieder den Halt für das Gras. Ein räudiges Kleinstgebirge. Eine Landschaft in Dünformat.
Für Hunde muß die Gegend ein Greuel sein: nirgends ein Baum. Nur die Mastbäume der Segelboote draußen und die Telegraphenstangen. Da ist nicht viel zu machen.
Die Bevölkerung ist größtenteils wieder demokratisch gesinnt worden. Der ehemalige Ortsbauernführer ist nur noch Ehrenvorsteher. (Und: »Wie's da drinnen aussieht, geht niemand was an.«)
Östlich der Insel liegt jenes eigentümliche Meer; wenn die Einheimischen es benennen, müssen sie wohl oder übel berlinern: Watt sagen sie dann ganz unverfälscht. Dieses Watt ist je nach der Tageszeit mal Meer, mal weniger, mal gar nicht mehr.
Der Horizont der Nordsee auf der Westseite ist heute wie mit einem Zirkel gezogen. Ein flachgelegter, tiefblauer Halbmond, und die Luft darüber ist so mild und veilchenblau, als läge dahinter nicht die Stratosphäre der Wissenschaft, sondern der Himmel unseres lieben Herrgotts.
Aber plötzlich ziehen dicke Wolken herauf. Der Himmel verfinstert sich immer heftiger: Der Montagsartikel für die »Welt« muß ja geschrieben werden. Ein grausamer Einbruch in die Erholung. Gebt mir vier Wochen Zeit. Ich schlage vor, den stehenden Titel umzuändern in: Von jetzt ab nur noch nach Belieben.

VORWORT ZU FAUST III

Die Schuldfrage ist längst geklärt: *Eckermann* ist Hauptbelasteter! Ohne Eckermanns dauerndes Mahnen wäre, nach Goethes eigenen Aussagen, der Faust II niemals entstanden.
Wie allem, was Goethe je geschrieben und gedacht hat, stehen wir auch vor dieser Alterserscheinung des wirklichen geheimen Rates Johann Wolfgang von Goethe mit angeborenem Respekt und angehaltenem Atem. Aber wir vergreisen uns nicht an der Majestät des Olympiers, wenn wir Faust II mit dem Etikett: Weimarer-Sonnenseite-Spätlese versehen. Man kann es nicht spät genug lesen, denn je älter man wird, um so besser ist es. Manche können allerdings alt wie Methusalem werden und werden dieses einmalige Konzentrat von Bildung, Weisheit und Verstandesschönheit noch immer nicht begreifen.
Generationen lang haben sich kluge und gescheite Männer, vom Studienrat aufwärts, bemüht, der geheimnisvollen Schönheit, dieser ohne sechsten Sinn kaum zu fassenden Dichtung auf die Spur zu kommen, auf die Schmalspur ihrer gymnasialen Ganglienzellen – vergeblich: Noch die gescheitesten sind gescheitert.
Nicht einmal die Schulung durch die in schwindelerregenden Auflagen verbreiteten Kreuzworträtselzeitungen, die dem deutschen Leser jahrelang zuteil geworden ist, oder die Mittelwellenmassage unserer Rundfunkgesellschaften vermochten Merkliches auszurichten: Faust II konnte das Prädikat volkstümlich bisher nicht erlangen. Erst der Surrealismus brachte den ersehnten Schlüssel. Und tatsächlich: Goethe, den die Atheisten genauso für sich in Anspruch nehmen können wie die Pietisten, die freiwilligen Feuerwehren nicht minder wie die Brandstifter, dieser von allen Weltanschauungen und Richtungen mit gleichem Recht beanspruchte universelle Geist Goethe ist als Surrealist nicht nur anzusprechen, er stellt die verwegensten Vertreter dieser Einrichtung der Logik sogar noch in den Schatten: Faust II ist dieser Schatten. Wie genial sind hier die Menschen von Raum und Zeit gelöst; nur daß sie alle in Reimen sprechen können, verbindet sie noch mit unserem alltäglichen Dasein.
Faust II und die deutschen Bildungsphilister oder: Das Unzugängliche, hier wird's Ereignis.
Wer sich aber frei machen kann von den Einflüsterungen und Beeinflussungen des Provinzialschulkollegiums, der wird erkennen, daß Faust II die modernste aller Dichtungen ist, die prophetischer als Nostradamus die tiefsten Untergründe der Erzfeindschaft zwischen westlichem Kapitalismus und östlichem Kommunismus aufdeckt durch die Worte, die Mephisto zum Homunculus spricht:

»O weh! Hinweg! Und laßt mir jene Streite
Von Tyrannei und Sklaverei beiseite.
Mich langweilt's; denn kaum ist's abgetan,
So fangen sie von vorne wieder an;
Und keiner merkt: Er ist doch nur geneckt
Vom Asmodeus, der dahinter steckt.
Sie streiten sich, so heißt's, um Freiheitsrechte;
Genau besehn, sind's Knechte gegen Knechte.«

SILVESTER 1949

Der stillsten Nacht der christlichen Zeiteinteilung, meine lieben Zeitgenossen und Genossinnen, folgt eine Woche später die geräuschvollste. Dann geht das Volk ans Werk, um die Halbjahrhundertwende zu feiern. Dieses Feierwerk entlädt sich in der Silvestermitternacht: Bollerschüsse, Raketen und laute Prositneujahrsrufe steigen auf zum Himmel, der uns davor bewahren möge, ein Ärgernis daran zu nehmen.

Wir kennen die Minuten des gemeinsamen Schweigens, wie sie dann und wann angeordnet werden. Die Minuten gemeinsamen Lärmens zur Jahreswende sind nicht weniger wichtig; beweisen sie doch die tiefe Verbundenheit des Volkes mit seinem Parlament. Die zwölfte Stunde des einunddreißigsten Dezembers, die die Geräuschorgien auslösen wird, ist ja diesmal außerdem nicht nur, wie wir's jahrelang gewohnt waren, der Umtausch eines abgelaufenen (oder abgelatschten) Jahres gegen ein neues, sondern es ist damit auch (Irrtümer vorbehalten) ein halbes Jahrhundert zu Ende.

Die zweite Hälfte, um in der Sprache der kommunalen Verwaltung zu reden, ist aufgerufen worden. Kann empfangen werden. Steht zum Abgelebtwerden bereit, oder fußballmäßig gesprochen: Die erste Halbzeit ist um. Pars pro toto.

Die zweite Halbzeit steht vor den Toren,
Oh, wären wir jenseits des Platzes geboren.
Wie peinlich, daß unsere westöstlichen Knaben,
Gerade den Erdball zum Anstoß haben.

Seit dem Eindringen der atomalen Musik in das Konzertprogramm der Völker wissen wir, daß unseren Staatslenkern das Geschick der Erde wurscht ist, wenn sie nur ihrer Nation zum Durchbruch verhelfen. Um diese Wurscht geht es diesmal, Zeitgenossen.

»In fünfzig Jahren«, sang Otto Reuter (um 1900), »ist alles vorbei.« Wie schön, wenn er recht behalten hätte. Uns scheint es jedoch, als finge jetzt erst alles richtig an. Das muß ich überhaupt sagen, die Neunzehnhunderter haben oft an unsere heutigen Tage gedacht. »Mögen sie«, sagte unser genialster Politiker – keine Angst, er gehörte dem 19. Jahrhundert an, zu ihm bekennen sich heute nur noch die Unerschrockensten und die Heringe –, »mögen sie«, sagte er, »am fin des vorigen siècles mit voller Zufriedenheit den Toast ausbringen: Kaiser und Reich, sie leben hoch!«

Nun das Anno 1950 ist fällig. Aber Kaiser und Reich? Wo sind sie? Auch sie waren fällig. Und schließlich: Wer bringt heute noch Toasts aus dieser toastlosen Zeit.

Wie schnell sind doch zehn Jahrtausende vergangen. Ich meine jetzt das tatsächliche, das geschichtlich beglaubigte, nicht nur das geplante. Bis zu seinem fünfzehnten Jahrhundert ging's ein bißchen langsam. Aber als dann die Erfindungen und Entdeckungen einsetzten, jeu, war das dann ein Tempo.

Die Erfindung des Pulvers durch diesen – war es nicht ein kaukasischer Mönch? Die Erfindung der Presse durch Wladimir Gutenberg (die natürlich noch primitiv war gegen die täglichen Erfindungen der modernsten Presse). Aber welch ein rasanter Anfang.

Und was für ein kühner Bogen spannt sich von der Entdeckung Amerikas durch Christoph Columbus, jenen kühnen Spanier (der im Auftrag Rußlands gestartet war. Von Wladiwostock aus), bis zur kürzlichen Entdeckung Niemöllers, daß die Schäfchen, die Sankt Adenauer ins Trockene gebracht hat, die protestantische Weide klerikal gefressen haben. Wir sind zwar mit unseren unmittelbarsten Nöten einigermaßen überm Berg, aber nun ist's der falsche, der Peters- statt des Wittenberg.

Meine Aufzählung der umwälzenden Erfindungen der Chiliade wäre jedoch unvollständig, wollte ich nicht die schönste, wenn auch tragikomischste aufzählen. Es sind die großen Vier.

Garry Davis, seinen Rucksack, seine Reiseschreibmaschine und sein Schlafsack. Er, den kein Staat leben lassen will, soll wenigstens in der Silvesternacht leben.

Im Jahre 1950 gründete Werner Finck eine »Gegenbewegung«, die sich »Radikale Mitte« nannte. Sie war zwar keine Partei (»überparteilich, außer-kirchlich und nicht nationalistisch«), aber erst recht kein Verein, als der sie amtlicherseits registriert wurde. Obwohl sie auf die Unterstützung des Bundespräsidenten Theodor Heuss rechnen konnte, war ihr damals kein Erfolg beschieden. Man nahm sie nicht ernst. War damit die »Partei« – Werner Finck hatte von den amerikanischen Behörden unaufgefordert eine Partei-Lizenz erhalten – auch gestorben, er hatte etwas in Bewegung gesetzt, was zum Begriff wurde und in unseren Wortschatz einging. Doch der publizistische Staub, den die Radikale Mitte aufwirbelte, machte den Begriff für lange Zeit populär. In den sechziger Jahren veranstaltete die evangelische Akademie in Hofgeismar ein philosophisches(!) Seminar zum Thema »Die radikale Mitte«, ohne allerdings auf Fincks Radikale Mitte Bezug zu nehmen. Eine Berliner Zeitschrift gleichen Namens Anfang der siebziger Jahre hauchte ihr Leben ebenso schnell – nur unbemerkter – aus wie Fincks Gründung 1950.

DIE RADIKALE MITTE

Meine Damen und Herren, wenn Sie bisher meinen Namen angekündigt sahen, konnten Sie immer damit rechnen, erheitert und zum Lachen gebracht zu werden. Bei der diesmaligen Ankündigung, die politischer Natur war, mußten Sie zumindest im Zweifel sein, ob Sie, was das Lachenkönnen anbelangt, auf Ihre Kosten kommen. Nun, es sollte mir nicht schwer fallen, Ihre Bedenken in diesem Punkte zu zerstreuen. Ein nochmaliger Hinweis auf mein Thema genügt vielleicht schon. Ich beabsichtige nämlich, über unsere Staats- – sagen wir ruhig mal -Männer – zu sprechen.
Und über ihre Bemühungen, uns glücklich zu machen.
Ich möchte Sie aber, meine Damen und Herren – so komisch Ihnen das auch erscheinen mag – herzlichst bitten, einen Unterschied zu machen zwischen dem, was Sie von mir zu hören gewohnt sind, und dem, was ich Ihnen heute sagen werde, – meine Ausführungen also nicht als die Conférence eines Kabarettisten zu werten, sondern als die Jungfernrede eines Politikers. Eines Politikers, der zwar noch längst nicht so fertig ist wie die routinierten alten – gestatten Sie mir hier einen Gedankenstrich –, der aber, vielleicht gerade infolge seiner Unbefangenheit, die Chance hat, einen Wald *dort* zu finden, wo ihn die anderen vor lauter Bäumen nicht mehr sehen.
Ich bin mir darüber klar, daß man sich sträuben wird, mich als Politiker anzuerkennen. Meine Herkunft gilt als schlimmste Belastung, die man sich vorstellen kann. Man kann Schieber gewesen

sein oder Zuhälter. Oder auch von einer Spruchkammer als höchstbelastbar eingestuft. Solche Vergangenheiten stören in der Politik niemanden. Einer vom Kabarett jedoch – das ist eine glatte Anmaßung.
Nun, vielleicht darf ich bescheiden daran erinnern, daß das Kabarett einmal gut genug war, das sehr heiße Eisen Opposition in die Hand zu nehmen. Und zwar zu jenem Zeitpunkt, als die anderen, die Berufenen, wenn sie schon einmal den Mund auftaten, lediglich einen gemeinsamen Gesang herausbekamen.
Man hat das alles vergessen. Oder vielmehr: Man bemüht sich, es vergessen zu haben. Zwischen dem Conférencier und dem Politiker steht eine steile Wand. Aus Kalk. Eher kann ein Komödiant einem Pfarrer lehren als ein politischer Conférencier einem konferierenden Politiker. Es ist schade um diese unausgenutzte Ergänzungsmöglichkeit. Statt dessen verachten und bekämpfen sie sich gegenseitig. Die einen mit Witz und Humor (nicht die Politiker!), die andern mit Überheblichkeit und sturem Ernst.
Gewiß, es ist nicht sehr schön, dieses ewige Thema Bonn. Ich bin auch gegen dauernde Bonnmots. Sie sind unfair. Witze soll man über etwas Starkes, Mächtiges machen.
Genauso wenig schön ist es natürlich, daß man auf der anderen Seite permanent beleidigt und erbittert ist – über diese Witzemacher, wie man sich auszudrücken pflegt.
»Diese Witzemacher«, äußerte sich einmal ein sehr hoher, angesehener Parteimann, »wissen meist gar nicht, worüber sie Witze machen. Sie kennen nichts von den Dingen und verstehen nichts von ihnen. Sie sind gänzlich schimmerlos. Sie plätschern nur an der Oberfläche herum, quälen sich über Fragen, über die sich ernste Männer wochen- und monatelang den Kopf zergrübeln und das Gehirn zermartern, ziehen fade und dumme Bemerkungen ab und animieren damit allerdings ein gewisses urteilsloses Publikum zu ebenso urteilslosem Lachen. Was wissen die schon von den Sorgen, die die Männer des Staates und der Partei bewegen? Welche Ahnung haben sie von der großen Verantwortung, die heute in Deutschland getragen werden muß? Sie spötteln beispielsweise über die für eine Bauzeit von mehr als einem Jahrzehnt projektierten, monumentalen Großbauten. Sie haben sich nie darüber Gedanken gemacht, welch eine Unsumme von Arbeit allein schon in der Planung dieser Bauten liegt, wie vieler Besprechungen und Überlegungen es bedarf, diese Bauten zu finanzieren und wirklich durchzuführen. Davon wissen diese befrackten Conférenciers nichts. Aber sie machen Witze darüber.
Sie sind nie im Arbeitsdienst gewesen . . .«
Soweit Doktor Joseph Goebbels in seiner wörtlich von mir zitierten Philippika gegen die politischen Conférenciers. Das betrüblichste

an diesem humorlosen Pamphlet ist, daß es heute bereits wieder – demokratisch zurechtgefeilt – genauso erscheinen könnte. Und zwar von denen verfaßt, die zu jener Zeit das ihnen anvertraute Steuerstaatsschiff aus der Hand gegeben hatten.

Ich erwähnte vorhin bereits, daß man uns seinerzeit das glühende Oppositionseisen gern überließ. Jetzt meint man, es sei wieder soweit, daß man uns sagen kann: »Bleibt bei eurer Kunst, in der Politik habt ihr nichts zu suchen!« Doch, möchte ich darauf erwidern: Den Politiker!

Womit wir versorgt sind, das ist die Kategorie der Verwaltungsbeamten, der Parteidurchführer. Sie nehmen das Wort Regierungsgeschäfte sehr wörtlich. Die Bildung unseres Parlaments dagegen nicht so schwer. Um so schwieriger steht es natürlich um die Bildung der Parlamentarier. Es ist kein Format vorhanden. Außer Dien-Format. Uralte, brave Parlamentarier verstehen ihr Handwerk zweifellos. Es scheint mir jedoch eine Grenze zu geben, einen Unterschied zwischen Handwerk und Staatskunst. Sollten nicht die abgerichteten Normalparlamentarier den Persönlichkeiten souverän das Feld überlassen? Den Menschen?

Es gab einmal ein Zeitalter – es war das griechische –, da war der Mensch das Maß aller Dinge. Heute sind die Dinge das Maß aller Menschen. Das tollste Ding ist die Wasserstoffbombe. Wir werden von den Dingen beherrscht, und Ortega y Gasset stellt hierzu resignierend fest, der moderne Europäer eigne sich wohl nicht mehr so recht zur Beherrschung der Technik.

In unserem Vaterland sind einige Dinge an sich nicht gefährlich – sie wurden es erst durch den Gebrauch. Zwar wurde unsere traditionelle Freude an Waffen, Fahnen, Trommeln und Uniformen durch den überraschenden Ausgang des Krieges und durch lange Besatzungszeit etwas abgeschwächt – der Geist ist aber wohl noch lebendig. Schon haben die ersten ehemaligen Zahlmeister, angesichts der bevorstehenden Gründung einer europäischen Armee mit deutscher Beteiligung, erklärt, wieder aktiv zu den Fahnen eilen zu wollen.

Wie viele unter uns, aber bitte, ganz unter uns, gibt es, denen die blitzenden Knöpfe einer strammen Uniform genügen würden, um ihren eigenen, frisch erworbenen Widerspruch im Keim zu erstikken. Wilhelm Voigt, der Schuster aus Köpenick, glaubte noch, es nicht unter einem Hauptmann tun zu dürfen. Ein paar Jahrzehnte später genügte schon ein Gefreiter. Und nach dem Zusammenbruch konnte der erste beste Landser eine tiefe Verbeugung einheimsen. Er mußte nur eben als Sieger gekennzeichnet sein.

Und wie charakteristisch ist jene Geschichte des Hundesteuereintreibers in einer kleinen norddeutschen Stadt, der, solange er in Zivil auftrat, nichts, dann aber, nachdem man ihm schließlich eine

Amtsmütze aufgesetzt hatte, alles erreichte.
Wenn die Uniform nicht vorhanden ist, tritt das Formular an ihre Stelle. Das Formular ist, neben dem Schalter, das wirksamste Mittel, dem Bürger Respekt abzunötigen. Kurt Tucholsky sagte einmal zu diesem Punkt unserer Knechtseligkeit treffend: »Deutsches Schicksal, vor Schaltern zu stehen – deutsche Sehnsucht, hinter Schaltern zu sitzen.« So ein Schalter ist eine geniale Methode, auch dem aufrechtesten Manne das Rückgrat zu beugen. Eine Briefmarke à 4 Pfennige, die er nicht nur begehrt, sondern auch bezahlen will, genügt; schon muß er buckeln. Klein und häßlich zieht er den Kopf zwischen die Schultern: ein vorbildlicher Untertan.
Man kann überzeugt davon sein: Wenn unsere, heute hochverehrten, damaligen Feinde statt mit Kanonen und Maschinengewehren, die keinem echten deutschen Manne auch nur ein bißchen Respekt einflößen, uns mit reichlich und glaubhaft gestempelten Ausweisen einer dem Führer noch übergeordneten Stelle entgegengetreten wären, eine beglaubigte Anweisung nach Paragraph soundso Absatz sowieso vorgewiesen hätten mit der Anweisung, Deutschland zu besetzen, im Weigerungsfalle man mit der und der Strafe zu rechnen hätte: Unsere gehorsamsten Heerführer hätten strammgestanden vor diesem Befehl, und die Entwaffnung wäre bereits 1939 vollzogen worden.
Ich könnte noch viele Beispiele anführen. Wo wir auch hinsehen: Überall erleben wir Diktatur der Dinge und des Gedingten. Das Menschliche muß sehen, wo es bleibt. Es wird von einem Apparat getötet, der ihm eigentlich helfen sollte. Wir können nicht einmal die Flucht ergreifen vor dieser Tyrannei. Früher gab es noch Wald- und Meereseinsamkeit. Aber, über diese Einsamkeit braust heute ein viermotoriges Biest. Wir wissen schon gar nicht mehr, daß wir Sklaven sind. Peter Bamm meint hierzu: »Früher rasierte man sich, wenn man Beethoven hören wollte – heute hört man Beethoven, wenn man sich rasieren will.«
Hier stimmt doch etwas nicht. Man blickt auf eine verrückte Welt.
Nur, wer hat sie verrückt?
Das Problem als solches haben schon viele erkannt. Leider nur erkannt. Politiker, Wirtschaftler, Theologen, Künstler. Alle von ihrem Milieu aus. Ich selbst sehe es vom Schauspielerischen her. In diesem Falle vom Parkett aus. Aber, ich sehe nur Stücke von Irrsinnigen.
Ich rede jetzt nicht von unserem westdeutschen Behelfstheater. Die können ja nichts dafür. Es gehört zu den undankbarsten Aufgaben, in zweiter Besetzung Statist zu spielen. Ich denke vielmehr an das noch viel miserablere, große Welttheater.

Die Hauptrollen kennen wir zur Genüge. Unser osteuropäischer Nachbar gefällt sich – aber auch nur sich – in der Rolle des Bösewichts, aber er spielt sie gut. Der große westliche Gegenspieler hat die Rolle des guten Onkels übernommen, und er spielt sie ausgesprochen schlecht.

Wie imponierend sind die pompösen Massenkundgebungen der Ostzone für den Frieden. Wie kläglich wirkten dagegen noch vor kurzem die Kriegsvorbereitungen des Westens. Beide versprechen sich viel von ihrer Propaganda, aber, bisweilen versprechen sie sich dabei so auffallend, daß wir die *wahren* Absichten doch erraten können. Der Westen verfolgt die Absicht, die Waren loszuwerden. Und der Osten verfolgt überhaupt und prinzipiell.

In der Mitte liegt das deutsche Schicksal, oder besser – das europäische. Wir befinden uns in einem Zustand dauernder Verängstigung. Oder, sind die Wasserstoffbomben vielleicht gar nicht vorhanden?

Kein Wunder, wenn die Mitte nach Atem ringt und sich radikal Luft machen will. Und sich dann »Radikale Mitte« nennt. Ein paradoxer Begriff?

In einer Zeit, die sich dem Frieden mit einem solchen Feuereifer verschrieben hat, daß sie bereit ist, ihn unter allen Umständen zu verteidigen (und einer dieser Umstände ist ein neuer Krieg, der dadurch herbeigeführt wird), in einer solchen Zeit sollte der Ausdruck »Radikale Mitte« niemandem paradox erscheinen. Er paßt sich nur unserer allgemeinen Situation an.

Vielleicht darf ich dem Abstraktum mit einem Bild nachhelfen: In den glücklichen Perioden der Straßenbahner, in denen die Straßenbahn nicht auf die Fahrgäste angewiesen war, sondern umgekehrt, kamen die Mitfahrenden für gewöhnlich in den Zustand des Eingeklemmtwerdens. Der Schaffner rief dann: »Bitte, mehr zur Mitte durchtreten!« Dieses Innere, auf das von beiden Seiten durchgetreten wird, entspricht der von mir gemeinten Mitte. In dieser fürchterlichen Mitte werden auch die Frömmsten radikal.

Die meisten werden die Radikale Mitte für eine Spielerei halten. Sie ist auch Spielerei – wie auch Theater Spiel und doch ernst ist. Es ist eine fast aussichtslose Sache, uns – womit ich nicht nur uns Deutsche meine – wieder Demokratie lehren zu wollen, wenn die wichtigsten Voraussetzungen nicht vorhanden sind: Das Spiel und der Spielraum, den die Mitte nun einmal braucht, um überhaupt existieren zu können, um nicht zu ersticken. Der holländische Kulturphilosoph Huizinga widmet dem Spiel ein ganzes, hochinteressantes Buch, und bei der Untersuchung des Begriffspaares Spiel–Ernst kommt er zu dem Ergebnis, daß das Spiel etwas Positives, der Ernst aber etwas rein Negatives ist.

Spiel führt zur Heiterkeit, Heiterkeit zur Menschlichkeit. Es wird heute viel über die Unmenschlichkeit geklagt, die von unserer Welt Besitz ergriffen hat. Das scheint mir aber auch früher schon so gewesen zu sein. Was uns die heutige *Un*menschlichkeit schlimmer erscheinen läßt, ist wohl ihre präzise wissenschaftliche Untermauerung – die Frechheit, mit der sie sich als menschlich zu bezeichnen wagt.

Unmenschlich ist aber auch ein gewisser Ernst, der es nur deshalb ist, weil ihm einfach die Fähigkeit fehlt, heiter zu sein. Diejenigen Menschen jedoch, welche die Träger eines solchen tierischen Ernstes sind, bilden dann jene Kategorie, von der Ernst Penzold sagt, hier würde nicht mehr gelebt, sondern nur noch erledigt. Schiller wollte gewiß nicht alle Menschen zum Sandkasten bringen, oder zum Theater, wenn er feststellte: »Der Mensch ist nur dort ganz Mensch, wo er spielt.« Der Begriff Spiel als solcher ist höherer Ordnung. Höherer Ordnung vor allen Dingen als der des Ernstes. Ernst ist Nichtspiel, und nichts anderes. Der Bedeutungsinhalt von Spiel dagegen ist mit Nichternst keineswegs definiert oder erschöpfend erläutert.

Meine nächsten Worte müssen nun zwangsläufig zu einem Begriff führen, dessen Nennung ich so lange wie möglich vermeiden wollte. Ich meine den Humor.

Wie oft können wir in Berichten über eine Tagung oder über eine Festlichkeit den Satz lesen: Nach dem Essen kam der Humor zu seinem Recht.

Ja, verdammt, warum hat er denn vor dem Essen keine Berechtigung?

Sehen Sie sich die angelsächsischen Länder an: Dort spielt der Humor keine Aschenbrödelrolle wie bei uns. Dort macht man sich sogar verdächtig, wenn man keinen Humor hat. Im englischen Parlament gehört er zum Umgangston. Im Gegensatz zum bundesdeutschen, wo ein Humorist, wie der Bundespräsident Heuss, aus dem Rahmen fällt. Vielleicht erregt der Ausdruck Humorist, auf den Bundespräsidenten zur Anwendung gebracht, einigen Anstoß. Täte er es doch. Dieser Komplex kann gar nicht oft genug angestoßen werden, damit er sich endlich aus der Vorstellung löst, Humoristen müßten grundsätzlich nur dem Kabarett oder der komischen Schriftstellerei angehören. Gerade der Fall Heuss beweist, daß man auch auf anderen Gebieten Humorist sein kann. Man muß schon von einem Fall sprechen. Es mag nicht jedermanns Fall sein, daß ein Staatsoberhaupt seinen Ansprachen eine leicht komische Wendung zu geben pflegt. Das ist ein Einzelfall, ein Glücksfall. Man stelle sich, bitte, den alten, würdigen Hindenburg vor. Ob der in der Lage gewesen wäre, wie Theodor Heuss anläßlich einer Brückeneinweihung zu sagen, er käme sich vor wie ein Reisender in Brücken? Oder, wie in Stuttgart, der jubelnden Menge vom Balkon

seines Hotels zuzurufen: »Liebe Landsleut, geht nach Haus. Ich bin müde.«
Man komme mir jetzt nicht mit dem Einwand: Jeder so, wie er aus innerem Herzen kann, und daß die vielen Flüchtlinge, Arbeitslosen und Wohnungslosen kaum Veranlassung haben, mit strahlendem Gesicht durch die Tage, Wochen und Monate zu gehen. Die meisten Dinge des Lebens, meint Curt Götz, sind traurige. Wir machen sie nicht lustiger, wenn wir sie traurig behandeln. Die einzigen Dinge, über die es sich lohnt, ernsthaft zu sprechen, sind lustige Dinge. Das ist Pessimismus, und zwar fröhlicher Pessimismus. Und das ist der Humor, den *ich* meine.
Wir geben uns zuviel mit dem Pathos und mit der Feierlichkeit ab. Das sind zwei Fakten, die wir in unserem am Boden liegenden Deutschland am allerwenigsten gebrauchen können. Pathos und Feierlichkeit erwecken Mißtrauen. Vornehmlich dort, wo man mit diesen unseren Eigenschaften die schlechtesten Erfahrungen gemacht hat. In Frankreich zum Beispiel. Womit ich nun allerdings nicht sagen will, daß solch nüchterne Feststellungen, wie die des französischen Verteidigungsministers Jules Moch, in Deutschland besonderen Anklang finden werden. Er meinte nämlich kürzlich völlig unpathetisch, im Falle eines Krieges würde sich Frankreich auf deutschem Boden verteidigen. Eventuell gemeinsam mit deutschen Truppenkontingenten.
Man spricht zur Zeit überhaupt viel von deutschen Truppenkontingenten. Persönlich bin ich von dem Gedanken daran nicht sehr begeistert. Wohl aber wäre ich für die Wiederherstellung der deutschen Waffenehre. Sie würde ein innenpolitisches Sicherheitsventil von unschätzbarem Wert darstellen. Der neonationalistischen Bewegung wäre mit einem Schlag der Wind aus den Segeln genommen.
Aber, zur Wiederherstellung der Waffenehre gehören eben Soldaten. 100000 wird man uns ja nun, nach den gemachten Erfahrungen, für ein selbständiges Heer nicht mehr zubilligen. Aber deren zwölf – wenn man uns zwölf bewilligte. Es geht ja, wie gesagt, nicht um die Soldaten, sondern um die Ehre, die an ihnen hängt. Wenn wir zwölf Soldatenuniformen wiederherstellen dürften, wäre auch die Ehre wiederhergestellt. Diese zwölf Soldaten müßten aber dann auch voll bewaffnet werden. Sonst wären es ja Hampelmänner. Die ganze Stahlquote für ihre Bewaffnung! Die Waffen können ja, damit nichts passiert, abends wieder eingesammelt werden. Und die Zwölf könnten ihren Dienst beim Sicherheitsrat tun. Der braucht sie ohnehin einmal. Soweit mein Vorschlag. Ich würde ihn bestimmt bei allen Parteien durchbekommen. Außer natürlich – – na, Sie wissen schon.
Aber, nun kommt ein alter Praktiker und macht mich auf folgendes

aufmerksam: Die zwölf Soldaten – schön – sagte er. Aber, die werden ja nicht ewig leben, sagte er. Einer oder der andere von ihnen wird ja mal sterben. Auch ohne Krieg. Das kommt ja vor. Und für solche Fälle muß Ersatz vorhanden sein:
Hören Sie das trojanische Pferd wiehern? In jeder Stadt und in jedem Dörfchen Deutschlands wird man also bemüht sein, Ersatzmänner auszubilden. Na, und eines Tages stände die Welt wieder . . . Das heißt, wenn sie bis dahin noch steht.
Obwohl mein Vorschlag bezüglich der zwölf Soldaten durchaus in ein Programm der Radikalen Mitte, wenn wir eines hätten, hineinpassen würde, werden Sie wohl ein wenig das Gefühl haben, ich hätte mich von meinem eigentlichen Thema etwas hinwegbegeben.
Das Stichwort Programm ist jedoch bereits gefallen.
Alle unsere Parteien haben maximalistische Programme, d. h. solche, die in möglichst großem Umfang klarstellen, was alles von amtswegen geschehen soll. Maximalistisch heißt auf russisch bolschewistisch.
Je mehr von amtswegen geschieht, desto mehr Bürger werden vor den Kopf gestoßen. Wir brauchen minimalistische Parteien, d. h. solche, die ihr Programm auf das beschränken, was möglichst vielen Bürgern als Ausgleich ihrer entgegengesetzten Wünsche annehmbar erscheint.
Die Radikale Mitte ist oft als eine neue Partei bezeichnet worden. Sie ist keine Partei. Ich komme auf diesen Punkt später noch zurück. Auf jeden Fall *spielt* die Radikale Mitte jedoch Partei – wie Kinder Eisenbahn (und Eisenbahnunglück) spielen. Und wie den Kindern ist ihr dieses Spiel absolut ernst – ernst im Sinne meiner vorherigen Ausführungen. Ich wollte, recht viele spielten dieses Spiel mit uns mit, statt uns mitzuspielen.
Aber, vielleicht muß ich, um nicht für genauso verrückt gehalten zu werden wie unsere Zeit, das Spiel der Radikalen Mitte näher erklären, indem ich etwas Konkretes folgen lasse, – selbst auf die Gefahr hin, daß man sich hernach wieder betrogen fühlt.
Vorweg möchte ich den Ausspruch unseres Freundes Curt Götz zitieren, der da kürzlich sagte: »Ich weiß zwar nicht, was ihr wollt, aber, ich bin jetzt schon begeistert. Ich bin dabei.« Für ihn mit will ich nun die nachfolgenden Stichworte fallen lassen:
Wir werden zunächst versuchen, Verbindung aufzunehmen mit allen, denen der Mensch wichtiger ist als der Staat, das Individuum wichtiger als die Masse. Der Staat muß dem Menschen ein Hilfsorgan sein und nicht umgekehrt.
Revolutionäre pflegen die Bahnhöfe, die Post und den Rundfunk zu besetzen. Im Rundfunk haben wir unsere Positionen bereits gefestigt. Auf Post und Bahnhof können wir zunächst verzichten.

Wir wissen, daß die Auslese zwar die Anregung gibt, aber zum Ausführen braucht man immer eine Masse, vor allem eine Masse Geld. Und für jede Million, die man bekommt, muß man eines seiner Ideale verraten. Manche Parteien machen das heute schon ab hundert Mark.

Deswegen haben wir uns auch nicht um eine Parteilizenz beworben. Es besteht auch keine Gefahr, daß wir eine Partei werden, denn wir wenden uns ja an ausgesprochene Einzelgänger, denen jeglicher Zwang und jegliche Registrierung, ja, allein jede ernsthafte Erörterung darüber ein Greuel ist. Aber, selbst diese Privatmenschen sind nicht so idiotisch – ich erinnere bei dieser Gelegenheit an die griechische Bedeutung des Wortes Idiot im Sinne von Einzelgänger –, daß sie nicht langsam gemerkt hätten, wie wichtig ein Zusammenschluß ist, um nicht von den immer mächtiger werdenden Massenorganisationen erdrückt zu werden. Die Gefahr, daß wir uns selbst zu einer Massenorganisation entwickeln, ist leider nicht zu befürchten.

Die Einzelgänger brauchen ja nur durch einen lockeren Verband zusammengehalten werden. Es genügte schon ein Notverband. Je mehr die Zahl der also Organisierten steigt, um so mehr werden die ewig einzelnen erkennen, daß auch sie ein Gewicht im politischen Leben darstellen. Sie werden dann sogar überwiegen gegenüber den bis jetzt organisierten.

Der Ausgangspunkt jeder Diskussion über den konkreten Sinn der Radikalen Mitte ist der Begriff Toleranz.

Wir meinen aber keine uneingeschränkte Toleranz. Faustschläge sind zwar Blindgänger der Überzeugungskraft, jedoch dort durchaus angebracht, wo der Gegner keine andere Argumentation kennt. Wir verdammen eine Toleranz, wie sie etwa das Zweite Reich zeigte, indem sie mithalf, ihr eigenes Grab zu schaufeln. Unser Grundsatz muß lauten: Jeder soll nach seiner eigenen Façon selig werden, – sofern er sich zu diesem Grundsatz bekennt und ihn auch durchführt. Alle andern müssen verbrannt werden.

Wir fordern also eine kontrollierte Toleranz, eine Kontrolle des Lebens.

Natürlich müssen wir, da wir ja eine deutsche Bewegung sind, auch Symbole haben. Niemand sähe sich sonst gezwungen, unser ulkiges Vorhaben ernst zu nehmen. Die Sicherheitsnadel als Abzeichen zum Beispiel soll den Notverband zusammenhalten. Von den Mitläufern wird sie unter dem Rockaufschlag getragen. Das gibt mehr Sicherheit. Aktivisten und Funktionäre tragen sie sichtbar.

Wer dieses Symbol als albern oder zu verspielt empfindet, möge daran erinnert werden, daß andere Abzeichen auch Blech sind.

Die Standarte, die dem stellvertretenden Führer der Radikalen Mitte vorschwebte, wurde in Form eines weißen Tuches realisiert.

Statt der Farben und Symbole der anderen Fahnen hat sie ein Loch. In diesem Loch kann jeder seine Wünsche und Sehnsüchte unauffällig verwahren. Er regt damit die andern nicht unnötig auf. Damit das Loch nicht zu groß wird, soll es mit der Sicherheitsnadel zusammengehalten werden. Sollte sich der Gegner der Standarte bemächtigen, wird nur der reine Materialwert als Verlust gebucht.

Auch dem immer wieder auftauchenden Wunsch nach einem Führerbild ist entsprochen worden. Es besteht aus einem massiven Rahmen, dessen untere Leiste die provisorische Unterschrift trägt: »Der Führer der Radikalen Mitte.« Der Rahmen selbst ist ausgefüllt durch einen Spiegel. Bisher ist jeder, der diesem Bild gegenübergestanden hat, mit der Lösung des Führerproblems zufrieden gewesen.

Mit solchen Symbolen wird die Radikale Mitte zu einer Organisation, die sich selbst lächerlich macht. Sie unterscheidet sich hierin von anderen Organisationen dadurch, daß sie es bewußt tut. Wir verwenden den Ulk als Protest gegen den Ernst, der dem Wahnsinn den Weg bereitet.

Man sollte die Dinge nicht so tragisch nehmen, wie sie sind. Jedoch: Wer jammern will, soll jammern, aber, er soll den nicht stören, der den Dingen mit Humor begegnet, der »trotzdem lacht«. Es ist dies die Toleranz, die wir verlangen.

Wir müssen uns radikal gegen die politische Lauheit so wehren wie gegen den Fanatismus. Beide müssen zur Ordnung gerufen werden.

Diese Ordnung muß die Radikale Mitte unseres Denkens und Handelns werden. Dann wird Europa vielleicht noch einmal die Mitte der Welt, Deutschland wieder die Mitte Europas, Berlin wieder die Mitte Deutschlands und Berlin-Mitte wieder die Mitte Berlins!

Exkurs Nummer 1:

Niemand von der Radikalen Mitte wird behaupten, daß die Lage nicht ernst ist. Dem letzten Dummkopf dürfte das klargeworden sein. Der ist aber nicht linientreu, der die Lage deshalb ernst nähme. Im Sein und Nehmen liegt ein feiner Unterschied.

Jener Kapitän unseres in Echterdingen verunglückten Zeppelins war ein Mann der Radikalen Mitte: Als bei der Notlandung aus einer Ballonkammer des Luftschiffes eine Stichflamme aufschoß, soll er gesagt haben: »Meine Herren, jetzt darf geraucht werden!«

Er hätte ebensogut ergriffen sein können. Von der Panik. Oder von dem Gedanken an das Ende. So aber beschloß er sein Leben mit einem Witz. Es war eine Façon, selig zu werden, die heroischer nicht mehr gedacht werden kann.
Wir verbessern eine Zwangslage nicht, indem wir ihr mit feierlichem Ernst entgegentreten. Ist nicht gerade wieder einmal Adenauer das Opfer seiner Feierlichkeit geworden, als er den dritten Vers des Deutschlandliedes anstimmte? Wie leicht hätte es passieren können, daß einer – nicht aus böser Absicht, sondern aus lieber alter Gewohnheit – die nächste, die Katastrophe angestimmt und heraufbeschworen hätte: Die Fahne hoch –. Die da schneller und gründlicher vergessen können, hätten ihn gewiß verprügelt.
Wie aber, wenn Franz Neumann, statt geräuschvoll hinauszugehen, dieses Amt des Weitersingens auf sich genommen und dem »Fahne hoch« erschrocken hinzugefügt hätte: »Pardon, meine Herrschaften. Ich meinte natürlich *unsere* neue Fahne.«
Hymnen sind die Kornkammern des vaterländischen Weizens. Es ist noch nie gelungen, ihn vor dem kräftiger wuchernden chauvinistischen Unkraut zu schützen. Und wehe, wenn uns das wieder blüht. Dann schon lieber komische Hymnen.
Das Kölner Karnevalslied »Wer soll das bezahlen« ist gewiß albern. Hätte man diese Weise aber schon 1933 als Nationalhymne gesungen, wären die Leute auf diese Weise vielleicht schon eher zur Vernunft gekommen.
Ein typischer Gedanke der Radikalen Mitte. Kein Wunder, wenn sie nicht ernst genommen wird.

Exkurs Nummer 2:

Unsere Zeit lebt von der Dynamik ihrer extremen inneren Widersprüche. Die Bezeichnung »Radikale Mitte« paßt sich ihrer Ausdrucksform stilgerecht an. Sie wurde für eine Vereinigung gewählt, die dem zermalmenden Druck von rechts und links durch Gegendruck begegnen will. Noch die friedfertigsten und sanftesten Menschen werden, wenn sie inmitten einer überfüllten Straßenbahn eingeklemmt zwischen um- und aussteigenden Menschen stehen, zur Radikalen Mitte. Sie drücken zurück, weil sie sonst zerquetscht werden von der Masse der Rücksichtslosen. Dieser Gegenstoß braucht durchaus nicht brutal und rücksichtslos geführt zu werden; im Gegenteil, wenn es dem Eingeklemmten z. B. gelingt, die Situation ins Komische zu ziehen und die verkrampften Nachbarn mit etwas Mutterwitz aufzulockern, wird man ihm seinen Anspruch auf Luft und Raum wahrscheinlich eher zubilligen, als wenn er mitstößt und schimpft.

Solche Gedanken etwa veranlaßten mich, die Radikale Mitte ins Leben zu rufen, oder besser, in Szene zu setzen; denn es ist viel Theater dabei: Die Radikale Mitte hat ja politische Absichten. Wer käme da ohne Theater aus?
Alle Bestrebungen, die auf Theater-Tamtam verzichten, die allein der Kraft des logischen Wortes und der reinen Vernunft vertrauen, sind von vorneherein zur Unpopularität verurteilt. Hierzulande muß man auf die Pauke hauen, wenn man Ruhe haben, und Achtung rufen können, wenn man geachtet werden will. Und vor allem: Eine Fahne muß man haben, ein Abzeichen, ein Symbol, jawohl!
Daß die Fahne der Radikalen Mitte in ihrem Mittelpunkt ein Loch hat, dort wo sonst die streitbaren Farben ihren Platz haben oder die Wappen, sollte das nicht mehr zum Nachdenken verführen als zum Lachen? Kann es eine ehrlichere Fahne geben als diese?
Auch der Sicherheitsnadel als Abzeichen kann man den echten symbolischen Wert nicht absprechen. Sie ist so ernst oder so albern wie die anderen Abzeichen auch. Sie sichert den gesunden Menschenverstand gegen Überfälle rhetorischer Phrasen. Die Aufschläge unseres Rockes sind etwas Äußerliches. Deshalb wird das Abzeichen der Radikalen Mitte auf der inneren Seite angebracht.
Wenn es einmal nicht angebracht ist, es zu zeigen, sieht der äußere Rockaufschlag auch nicht so bestochen aus.
Wie weit die Idee der Radikalen Mitte aus der Phase tastender Gesprächsformen bereits zu konkreten Umrissen gekommen ist, zeigte dieser Tage das Schaufenster einer der bekanntesten Berliner Kunst- und Buchhandlungen des Westens, das unter dem Stichwort »Zur Quellenkunde der Radikalen Mitte« die Literatur von Aristophanes bis Ernst Penzold ein wenig willkürlich, aber doch sehr charakteristisch, zur Schau stellte.
Eine kleine Privataufnahme zeigt den stellvertretenden Führer der Radikalen Mitte wie ihn keiner kennt. Trotz seiner enormen Inanspruchnahme findet er noch Zeit, sich mit Kindern fotografieren zu lassen. Er weiß, wie man's machen muß.
Nicht weniger typisch für den Geist des Ganzen ist das Foto des berühmten Mütterchens, dessen Rührung zum festen Bestandteil politischer Befreiungsbewegungen geworden ist. Es hat nun auch der Radikalen Mitte ihre Tränen zur Verfügung gestellt.
Es wird noch manches Gelächter geben, bevor die komische Form der Radikalen Mitte den ernsten Inhalt der extremen Flügel ad absurdum führen kann. Wenn aber ihre Anhänger so konsequent an den neugeschaffenen Sitten und Gebräuchen festhalten, wie ihre Gegenspieler an ihren überlebten, dann wird die Sicherheitsnadel sich eines Tages neben dem anderen Abzeichenbrimborium behaupten und allgemein anerkannt werden. Das allerdings wäre der

Zeitpunkt, sich des Abzeichens zu schämen, es wäre denn, die anderen lächelten dann auch über ihre Symbole, was bedeutete, daß das vornehmste Ziel der Radikalen Mitte verwirklicht wäre. Vorerst steckt die Sache noch in den Anfängen. In Berlin tragen sie zwar schon zu Tausenden die Nadel, besonders die Studenten. Aber es sind noch nicht ganze siebenhundert, die sich eingetragen haben. Die Zahlkarte gilt aus Sparsamkeitsgründen als vorläufiger Mitgliedsausweis.
Zum Kummer der Gründer mußte das Ganze, weil es ja keine Partei sein will, als Verein eingetragen werden. Ziel und Zweck: Entgiftung des politischen Lebens. Außerdem soll »der nicht parteigebundenen Volksmehrheit die gebührende Vertretung durch Persönlichkeiten ihres Vertrauens erwirkt werden« (Personenwahl).
Dem Vorstand gehören unter anderem Dr. Pechel, Herausgeber der deutschen Rundschau, der Verleger der »Nackten und Toten« Walter Kahnert und der Filmregisseur Robert A. Stemmle an. Im Westen entstanden in Stuttgart, wo die Idee sich aus Gesprächen entwickelte, und Hannover die ersten Ortsgruppen. Es werden Mitgliedsbeiträge von 0,50 DM an aufwärts erhoben, damit, wie ein Rundschreiben sich ausdrückt, die Mahngebühren für die säumigen Zahler wieder hereinkommen.

BERLINER WEH

Berliner, die Heimweh haben, sind so selten wie Eisbären, die frieren. Nur in der Fremde ändert sich das. In der Diaspora.
Wer nach dem letzten Kriege (»letzten« ist gut) in Westdeutschland gelebt hat, wozu bekanntlich auch Norddeutschland, Süddeutschland und die Königlich Bayerische Republik gehören, der weiß, wie treu die dorthin verschlagenen Berliner der in Bonn geplanten Hauptstadt Deutschlands im Grunde geblieben sind. Das ist zwar kein Grund für sie, sofort zurückzukommen, wohl aber einer, es permanent vorzuhaben.
Jeder Exilberliner kann ein Lied davon singen, es ist nicht das alte Lied, sondern sogar ein ganz neues:
Ich hab so Sehnsucht nach dem Kurfürstendamm.
Berlin W. – Berlin Heim W.
Immer wenn sich ein paar Berliner im übrigen Deutschland treffen, stellen sie fest, daß man eigentlich nur in Berlin richtig leben kann.
Jeder denkt dabei an das alte Berlin, besonders die alten Berliner. Wenn sie dann zum ersten Mal nach dem Kriege zurückkehren, finden sie sich nicht mehr zurecht und zwar im wahrsten Sinne des Wortes: Ganze Viertel sind nur noch Achtel. Dann gibt es ein

amerikanisches Viertel, ein englisches, ein französisches und ein ostdeutsches, dem Rußland angeschlossen ist. Also drei Viertel, die, wie man's auch dreht, kein Ganzes ergeben. Und an dem fehlenden Viertel soll das Ganze kranken. Oder umgekehrt. Darüber wird noch gestritten.

Keiner kann sagen, was das ist, was ihn so zieht nach Berlin.

Die Stammkneipe mit der Molle und der Boulette in der Vitrine an der Theke? Die langen Straßen, die sich so selbstverständlich breit machen, so breit wie die französischen Doppelbetten. Und die auch so weich sein können. Es muß nur die Sonne ordentlich darauf knallen. Sind's diese Straßen? Ist's der Tiergarten, der, grauenhaft ausgerodet in den letzten Schreckensmonaten, hernach zum Schrebergarten, Experimentiergarten herabgesunken war, und der jetzt wieder mit hundertjährigen Bäumen in spe zu seiner alten Schönheit erwachen soll?

Genau genommen ist's das wohl alles nicht. Wonach sich der Berliner außerhalb Berlins sehnt, ist der Berliner innerhalb Berlins. Und das Heimweh wird schwinden, wenn wir alle wieder beisammen sind. Die elf Länder und Berlin als Oberland. Droben im Oberland da ist's halt schön, wird man dann singen.

Berlin bleibt Berlin, schrieb ich ins Gästebuch des Tempelhofer Flughafens, Berlin bleibt Berlin, wenn die Berliner in Berlin bleiben.

»Machen Sie den Anfang, Herr Finck!« rief mir eine Dame nach.

Sehen Sie, das sind die Berliner.

ENGLANDREISE 1950

Was ich über England dachte

Über England ist sicher schon sehr sehr viel und von sehr sehr vielen geschrieben worden; was ich selbst über England geschrieben habe, waren ein paar Antworten auf ein paar Fragen, wo ich herkäme, wie meine Paßnummer laute, welchen Zweck meine Reise hätte usw. Der Steward hatte die Formulare zum Ausfüllen verteilt; noch auf hoher See – aber was heißt da noch hohe See, wo wir noch gute 1200 m höher waren.
Was man unten sah, war der Ärmelkanal; diesmal, wo die Sonne nicht so drauf schien, wie sonst vielleicht, sah er noch ärmeliger aus. Wie vor sich hin kochender Teer, elefantenfarbig, sanft quellend und brodelnd. Ab und zu ein bißchen weiße Spucke, Schaumkrönchen. Dieses bißchen Spucke muß der Queen Elisabeth (in ihrer Ozeandampferform) viel zu schaffen gemacht haben, denn sie versuchte, wie wir später unten erfuhren, just zur selben Zeit stundenlang vergeblich zu landen. Die auf der »Queen Elisabeth« hatten also den Kanal längst voll, während wir erst über der Englischen Insel erfaßt werden sollten. Einmal, wie gesagt, von der Einwanderungs- und Gesundheitsbehörde. Dann aber auch von nicht weniger unangenehmen bockigen Windstößen, die den ursprünglichen Aero-Plan unseres Kapitäns, in Northolt zu landen, zunichte machten. Er mußte statt dessen in London landen. (London sprich: wie landen; landen sprich wie lunch.)

Was England über mich dachte

Wer nach dem Verlassen des Flugzeugs in London englischen Boden betritt, tut dies nur theoretisch. Praktisch befindet er sich in einer Art Niemandsland. Erst wenn er die Sperre der Einwanderungsbeamten im Emigration-Office passiert hat, ist er in England. Vorher kann aber noch allerlei anderes passieren. Mich z. B. hielt man für nicht ganz sicher. Und deshalb fest. Obwohl mein Paß in Ordnung war, nebst allen Stempeln und Unterschriften. Man zog erst sorgfältigste Erkundigungen ein, und solange war ich eben wieder einmal Untersuchungsgefangener. Tatsächlich. Allerdings benahm man sich während dieser ganzen Zeit musterhaft. Aber eben in der unbetonten Silbe haft. (Immer ich. Immer ich.)
Nur die britischen hohen Zollherren operierten ohne Maske. Was die sich bei mir herausnahmen, war mehr als ein routinierter Schmuggler in fünf Überseekoffer hätte hineinpacken können. Sie gebärdeten sich dabei, als hätten sie bereits gefunden, was sie

offenbar suchten: Tabak, revolutionäre Druckschriften, vielleicht ein Atom Uran. Dachse vor dem Fuchsbau. (Zu ihrer Entlastung: Der Hochverratsprozeß gegen den Atomverräter war gerade eine Woche vorher beendet worden.)
Aber sonst eben, ging alles, wie gesagt, vorbildlich korrekt zu. Und in den 21 Viertelstunden, die es dauerte, hatte ich nicht eine Minute lang jenes Gefühl, das mich zwölf Jahre nicht verlassen hat: ausgeliefert zu sein. Ich wußte, mehr als gleich wieder rausfliegen, könnte mir nicht geschehen.
Nur einmal wurde mir etwas mulmig zu Mute, man bot mir einen Lunch an. Auf dem Wege zur Kantine, die für das Flugpersonal bestimmt ist, kamen wir an einer Tür vorbei, an der stand geschrieben: Kitchen. Englisch gelesen heißt das zwar Küche, aber es ist deutsch ausgesprochen unangenehm.
Was mir bei meinem Besuch in England zuerst auffiel, waren die roten Omnibusse. Aus tausend Meter Höhe konnte ich mir erst gar nicht erklären, was diese kleinen roten Streichholzschachteln für eine Bedeutung hätten. Wenn man dann in ihnen auf den Straßen von London herumfährt, bekommt man als »kontinentaler« Mensch für den angrenzenden Europäer manche Schreckenssekunde. Und ich glaubte das Ende meiner Tage kommen zu sehen, als der erste, uns begegnende Gegen-Omnibus auf der rechten Seite fuhr, und wir auf der linken. Als dann kein Zusammenstoß erfolgte und unser Fahrer immer auf der linken Seite blieb, die anderen aber auf der rechten, wurde mir klar, daß man in England genau umgekehrt wie bei uns drüben dahinfährt.
Man sieht also, auf der ganzen Welt kommt links und rechts immer nur auf den Standpunkt an, den die Regierung gerade einnimmt. Es wechselt ja auch in Berlin sehr stark hinüber von Links nach Rechts, wenn man etwa vom Westsektor in den Ostsektor kommt. Daher die vielen Zusammenstöße von Ost und West.
Meinem Hotel gegenüber war der Kensington Park. Nach ein paar Schritten erreicht man dort einen See, der sich von unseren Seen, die in unseren Parks liegen, nicht sehr unterscheidet. Aber auf diesem See tummelten sich kleinere und größere Segelschiffe, die lustig darauf herumkreuzten, winzige und größere, keines aber größer, als daß man es nicht hätte unter dem Arm nach Hause tragen können. Rings um den See waren die Bootsbesitzer verteilt und viele, die zuschauten. Was aber für mich ganz ungewöhnlich war: die da mit den Schiffen spielten, waren keinesfalls Kinder mit ihren Eltern, sondern erwachsene Männer und ältere Herren. Und das war, was die kleine Seefahrerei so bedeutungsvoll für mich gemacht hat. Ein Volk, das solche Männer hat, verdient meine Bewunderung. Sicher verstehen wir besser zu marschieren und besser zu exerzieren, aber besser zu spielen auf keinen Fall.

Das Kaffeetrinken gewöhnt man sich auf der Insel sehr rasch ab, weil der Tee so unvergleichlich besser zubereitet wird, daß ein schlecht zubereiteter Tee immer noch besser schmeckt als ein gutgemeinter Kaffee.
Big Ben habe ich nur aus der Ferne gesehen, aber ich hörte ihn schon schlagen. Etwas enttäuschend, wenn man seine Schläge aus dem Radio kennt, denn dort hört man sie ohne die störenden Straßengeräusche. Zum Tower wage ich mich noch nicht hin, weil ich weiß, wie leicht man in ihn geworfen werden kann. Ich kenne meinen Shakespeare genau.
Bombenschäden sieht man nur, wenn man extra darauf aufmerksam gemacht wird. Im Hause des »Daily Express«, dessen Vorderfront aus purem Glas besteht, ist keine Scheibe zerbrochen. Nun weiß ich natürlich nicht, was bei so einer großen Zeitung wahr ist oder nur erfunden.
Viele alte Bekannte, die Deutschland wegen Hitler verlassen hatten und nun in London leben, sprechen schon ganz gut Englisch. Besonders die Jüngeren unter ihnen. Wenn auch nicht so gut wie die vielen Fräuleins bei uns, die die Sprache erst nach dem Zusammenbruch gelernt haben.
Und wenn die Auswanderer mich fragen, warum ich denn damals – 1933 – nicht auch weggegangen wäre, so sage ich ihnen nur: Ich habe damals nicht einsehen können, warum gerade ich mein Vaterland verlassen sollte. Ich dachte mir immer: Sollen doch die anderen rausgehen. Und 1945 sind sie dann ja auch rausgegangen.

1950 schrieb Werner Finck dieses Sendschreiben an Eulenspiegel, das jedoch damals nicht veröffentlicht wurde. 25 Jahre später, im September 1975, ernannte ihn die Gesellschaft der Freunde Eulenspiegels in Schöppenstedt zum 10. »Bruder Eulenspiegel«, ein Ehrentitel, zu dessen prominentesten Trägern Paul A. Weber, der Berliner Oberbürgermeister Klaus Schütz und Theo Lingen gehören. Der erste »Bruder Eulenspiegel« war Konrad Adenauer.

SENDSCHREIBEN AN EULENSPIEGEL

Sehr – –
jedenfalls in diesem Jahre sehr geehrter Eulenspiegel, denn darüber wollen wir uns doch im klaren sein: Je mehr über einen gelacht wird, um so weniger wird er geehrt. Allerdings wenn er erst mal tot ist und diesen idealen Zustand ein paar Jahrhunderte durchgehalten hat, dann mildern sich die Gesetze der Ehre und Würde, dann kommt sogar ein Eulenspiegel zu hohem Ansehen. Und das mit Fug und Unfug; Sie waren einer, den die Welt und der die Welt nur einmal aufgebracht hat.

Einmal ist eine Ihrer witzigen Rüpeleien teuflisch kopiert und in gigantisch vergrößerten Maßstäben auf ein ganzes Reich projeziert worden. Sie wissen doch noch die tolle Geschichte mit dem Spital: Sie erfanden den unglaublichen Trick, alle Kranken dort, sogar die bettlägerigsten, zum Aufstehen zu bewegen. Keinem Arzt und auch keinem Gröning war das bisher gelungen. Alles konnte plötzlich ausgehen. Es ging freilich schrecklich traurig aus; aber erst zuletzt. Zuerst sehr gut.

»Einer von euch wird heute noch sterben und verbrannt werden müssen, dadurch können alle anderen gerettet werden. Ich werde alle aufrufen, zur Tür zu kommen. Beeile dich! Der Letzte wird verbrannt.«

Das oder ganz etwas Ähnliches haben Sie doch den Patienten damals ins Ohr geflüstert? Und Spaß über Spaß, das führte zu einem phantastischen Wettrennen. Hernach, als Sie sich von Ihren Verfolgern planmäßig abgesetzt, als Sie sich aus dem Staube, den Sie aufgewirbelt, gemacht hatten, war das Spital wieder so überfüllt wie vorher.

Nun, der da Ihr probates Rezept auf seine Weise anwendete, hat es fertig gebracht, daß nicht nur ein Spital, sondern ein großes Volk aufgestanden ist. (Gegen seinen Willen, zuerst, und zuletzt gegen seine Feinde.)

»Wer nicht an unseren Wiederaufstieg glaubt«, rief er jedem Volksgenossen zu, »wird dran glauben müssen.«

Und Spaß über Spaß, das führte zu einem phantastischen Wettren-

nen. Und das Volk ohne Raum, ohne Ruhm und ohne Arbeit bekam Raum, Ruhm, Arbeit. Wie es ihm bekam, steht auf einem andern Blatt, und zwar auf dem Blatt, das sich plötzlich gewendet hat. Wesentlich schlimmer als vorher, ist es wieder ohne Raum, ohne Ruhm, ohne Arbeit.
Und ohne Humor, lieber Eulenspiegel.
So freuen sich denn alle überlebenden Narren und Narrenfreunde ganz besonders über den Eifer der Schöppenstedter, Kneitlinger und Möllner, daß sie in Ihrem und namentlich aus Ihrem Namen Kapital schlagen, anläßlich der Wiederkehr Ihres Jubiläums.
Möge dieses Kapital der Grundstock sein einer Eulenspiegel-Stiftung, mit einem jährlichen Wanderpreis für den gelungensten Streich. Ausgenommen die Staatsstreiche, weil sie zu primitiv sind. Dergleichen Schelme sollen lieber selber stiften gehen.
In diesem Unsinne, begrüßt Sie, lieber Eulenspiegel,
Ihr
Sie nicht nur alle Jubeljahre einmal, sondern immer auf höchste schützender
Werner Finck

WIE SICH DIE BILDER ÄNDERN

Vorwort zu einem Bilderbuch für Erwachsene von Manfred Schmidt

Unsere Bildung beginnt beim Bilderbuch. In ihm wird die Welt zum ersten Male angesehen. Dieses Ansehen verliert sie aber, je mehr wir später mit der Wirklichkeit vergleichen.
Unsere Bilderbücher waren meist bunt und farbig. Aber es gab auch welche, die wir selber bemalen mußten. Die Farben liegen seit Generationen fest: die Baumstämme braun, die Himmel blau, die Wangen rot. Wer wäre auf einen anderen Einfall gekommen? Wir, und gerade wir Überlebenden, sehen jetzt andere Farben: die Baumstämme – wie hatten wir gesagt? Braun? Wir haben sie uns übergesehen die Ab-Grundfarbe unseres apokalyptischen Malers. Und der Himmel erscheint uns schon lange nicht mehr blau. Und ebensowenig begegnen wir noch den roten Wangen. Und überhaupt, alle die von den Bilderbuchmachern vorgestellten Menschen sehen anders aus als die vom Leben Gezeichneten.
Der Bilderbuchmacher Manfred Schmidt zählt zu den Ausnahmen. Er zeichnet verantwortlich. Er zeichnet sich aus vor den anderen. Aber so ausgezeichnet auch alles ist, bleibt uns doch noch genug übrig, zum selber ausmalen. Das ist so bildlich zu verstehen, wie er es dargestellt hat. Denn richtige Farben sind ja doch nicht zu erreichen für uns. (Kein Wunder, daß so wenig Farbe bekannt wird.) So muß unsere Einbildungskraft die Farben ersetzen. Und da gibt es zwei Möglichkeiten.
Entweder der Leser hat ein Vorstellungsvermögen. Dann wird es hier hohe Zinsen tragen. Oder dieses Vermögen ist in Liquidation. Dann ist dieses Bilderbuch umsonst für ihn herausgegeben. Es geht hier genauso zu wie im Leben: Wer hat, dem wird gegeben. Was hier gegeben wird, ist sehr viel mehr als ein Sammelsurium von Karikaturen. Und was genommen wird, ist Stellung. Das Wichtigste im Wettkampf der Geister. Noch ist – poetisch ausgedrückt – alles im Fluß. Nüchtern gesagt: im Eimer.
Und doch scheinen so viele Zeitgenossen immer noch nicht im Bilde zu sein. Unser Bilderbuch versucht, sie ins Bild zu setzen.
Alle die Vergangenen, die, auf die Zukunft hoffend, die Gegenwart übersehen. Ihrer nimmt sich Manfred Schmidt an. Und sie nimmt er an. Wo immer sie sich ihm entgegenstellen. Jede Seite in diesem Buch hat ihren Seitenhieb, jeder Strich wird zum Trennungsstrich. Zum Schlußstrich, zum Entbindestrich und zum – Gedankenstrich. Man spürt es nämlich überall: Hier hat sich einer Gedanken gemacht über die Gedankenlosigkeit. Das ist die Moral der Geschichten.
Es geht auch hier nicht ohne den Zeigefinger. Aber er ist nur

erhoben, nicht erhaben. Und man sieht ihn gar nicht, weil ihm ein Kasperlekopf über die drohende Spitze gezogen ist. So kann der Zeigefinger noch so magisterhaft bewegt werden: wir empfinden ihn nur um so drolliger. Eine Schule, wie wir sie brauchen. Daß sie doch Schule machte in Deutschland! Wir wollen auch immer hübsch sitzen bleiben.

In Robert A. Stemmlers »Gong« in der Münchner Kanalstraße 30 hatte Werner Finck 1946 »Das Schmunzel-Kolleg« eröffnet. Neben ihm selbst wirkten als Dozenten Walther Kiaulehn und Hellmuth Krüger mit. Nach vierjähriger Pause, im Dezember 1950, trafen sich die drei Dozenten noch einmal zu einem Schmunzel-Kolleg, diesmal, um vom Rundfunk aufgenommen und ausgestrahlt zu werden. Der folgende Text ist das Finck-Referat der Sendung (leicht gekürzt) nach dem damaligen Mitschnitt der Sitzung.

SCHMUNZEL-KOLLEG
61. Sitzung

Meine Damen und Herren! Wenn Sie heute hier sitzen und es erkennen können an den aufgestellten Mikrophonen, wie wir hier sitzen, dann werden Sie merken, daß wir nicht in einer privaten Eigenschaft hierher gekommen sind, sondern eine Sendung zu erfüllen haben. Es geht um nichts Geringeres als – als um die Befreiung der »Regina – Caro Dame – Heiterkeit« von der Bevormundung des tierischen Ernstes.

Nie in der Geschichte zuvor gab es einen günstigeren Moment, die Herrschaft der Heiterkeit auszurufen, als eben jetzt, wo sich der Ernst des Lebens so lächerlich gebärdet, daß wir über ihn nur noch lachen können. Es ist allerdings ein sehr verzweifeltes Lachen. Unser Lachen, hier, an dieser Stelle, ist der Protest gegen einen Ernst, der dem Wahnsinn den Weg bereitet.

Es waren doch noch herrliche Zeiten, als die Hofnarren und die Machthaber zusammenarbeiteten, harmonisch sich teilten in ihre Aufgaben. Die einen begnügten sich mit der Weisheit, die Machthaber mit der Herrschaft. Vielleicht liegt das Dilemma unserer heutigen Machthaber darin, daß sie sich, sei es nun aus Konkurrenzgründen oder aus anderen Gründen, keinen Narren mehr halten. Auch die Heeres-Befehlshaber und ihre politischen Souffleure sollten sich das merken.

Es gibt eine Geschichte der Hofnarren, und in dieser Geschichte ist erzählt, wie Maximilian I. einen Kriegsrat abgehalten hat – es ist eine historisch begründete Sache, es braucht deswegen nicht wahr zu sein –, und der ganze Rat war zusammengetreten, man wollte in Österreich einfallen. Nach vielen Stunden, in denen man sich beraten hatte – die ganzen Oberbefehlshaber – und die Sache gerade einem Ausschuß übergeben werden sollte, kam Herr Kunz von der Rosen, der damalige Hofnarr vom Dienst. Allgemeines Gelächter brach aus. Man sagte: »Herr Kunz, wie ist die Sache, – wollen wir doch mal *Ihren* Rat hören!«

Und da hat der Hofnarr gesagt: »Herrschaften, ihr unterhaltet euch hier stundenlang darüber, wie man am besten in Österreich einmarschieren kann. Habt ihr euch schon mal überlegt, wie ihr wieder rauskommt?« – Und das war eine durchaus schlagfertige Antwort!

Aber jetzt mal Ernst beiseite: Wenn wir den heiteren Dingen die Zeit, die Hingabe und die Aufmerksamkeit widmeten, wie wir sie für die traurigen und ernsten Dinge allzeit bereit haben –, ich glaube, das Gleichgewicht, das wir verloren haben, könnte sich auf diese Weise am schnellsten wieder herstellen lassen. Es genügt nicht, daß wir, wenn wir uns die Zukunft vorstellen, sagen: Das kann ja heiter werden! Das ist zu wenig.

Nein, meine Damen und Herren, wir selbst sind es, die heiter sein müssen, und das ist der Sinn der Schule der Heiterkeit.

Schule und Heiterkeit sind anscheinend diametral entgegengesetzte Begriffe. Schule ist, einem unausrottbaren traditionellen Vorurteil zufolge, etwas Ernstes – Heiterkeit ist etwas Nichternstes! Für mich persönlich war das Wort »Penne« ein kategorischer – ich verbessere in: Kantegorischer Imperativ!

Aber wir wollen die Heiterkeit nicht alleine fördern. Wir wollen der Seriosität etwas am Zeuge flicken.

Und um im Tone der Seriosität zu sprechen: Wir verwahren uns energisch dagegen, daß die Seriosität uns, die Heiterkeit, überall degradiert, indem sie uns aus den Schulen, aus den Kirchen, aus den Ämtern, aus allen hochoffiziellen Veranstaltungen verbannt.

SILVESTER 1950

(Das Jahr, in dem die Bundesrepublik an ein neues Heer dachte)

Schon ist es fünf Minuten vor Zwölf. Bitte den Zeiger noch einmal zurückstellen – übrigens der erste Zurückgestellte dieses Jahres. – Bei dieser Zurückstellung stoßen wir gleich auf eine sehr interessante Feststellung. Das fing im vorigen Jahr genauso an, mit dem Karneval und allem Möglichen. Wir sind sehr normale Menschen, die sich als Verrückte ausgeben. Viele stecken den Kopf in den Sand, und sie fahren gut dabei. Es ist leider nur ein kleines Häufchen, das sich mit solchen Verrücktheiten abgibt. Weitaus größer ist die Zahl derer, die sich als normale Menschen ausgeben, in Wirklichkeit aber sehr überbelastet sind.

Wir erinnern daran: Berlin erlebte im vergangenen Jahre verschiedene politische Unruhen an den Sektorengrenzen.

Die bedauernswerten Politiker versuchen, zwischen beiden Gruppen, zwischen den Irren und Normalen, ein Gleichgewicht herzustellen. Jeder von ihnen sucht sich zu behaupten, indem er das Gegenteil von dem behauptet, was der Gegner behauptet. Sie verstehen ihr Handwerk und wissen ihre Freunde unter Druck zu setzen. In solchen unruhigen Zeiten, wo alles aus dem Häuschen ist, ist ein Heuss von unschätzbarem Wert. Er gehört leider zu den Zwangsverschleppten dieses Jahres, mal schleppt man ihn dahin, mal dorthin, und alles läßt er über sich ergehen, manchmal ist er restlos fertig. Zu den wenigen Eingeweihten in dieses Schicksal gehören die Brücken. Ich glaube, der Bundespräsident hat in diesem Jahr allein ein Dutzend Brücken wieder einweihen müssen.

Wir erinnern daran: Einweihung der großen Rheinbrücke bei Mainz.

Das geht am laufenden Band, der Durchschnitt läßt sich bei dieser Gelegenheit mitfotografieren. Soviel Überfluß und über Brücken, Brücken.
Etliches ist schon viel, viel besser geworden. Du hast zwar noch den Widerstand der Opposition zu überwinden, sagte sich Attlee, aber du überwindst'n – Churchill gibt den alten Fingerzeig.
Wie gut, daß alles zum Wohl des Vaterlandes geschieht, sehr zum Wohl des Vaterlandes. Was zum Wohle des eigenen Vaterlandes geschieht, gereicht aber den anderen Vaterländern sehr oft zum Unwohl, hier zum Grotewohl.

Wir erinnern daran: 1950 – Jahr der Gespräche um die Wiederaufrüstung.

Räder müssen rollen für den Frieden. Jetzt verstehen wir die grenzenlose Begeisterung unserer Jugend für Europa. Junge Mitteleuropäer ohne Mittel, selbst die Hohenzollern sind sprachlos. Dieser Schlag bäumt sich auf. Während die europäische Jugend handelt, ergießt sich der Redefluß der Konferenzen in ein endloses Meer, das heißt: mehr Kredite, mehr Mißtrauen, mehr zu sagen, mehr Soldaten.
Herrschaften, mehrt euch bloß aus!

Wir erinnern daran: Demontage in Deutschland.

Der Abriß dieses Jahres wäre nicht vollständig, wenn wir nicht des alliierten Abreißkalenders auch gedächten. Aber vielleicht müßte alles eingerissen werden, um größeren Werken der Rüstung Platz zu machen.
Das ist die neue Rüstung. Für unsere Landser wird manche neue Lanze eingelegt. Wir wissen jedoch übrigens jetzt, was die Glocke geschlagen hat.

Wir erinnern daran: Weihe der Friedensglocke in Berlin.

Truman war auf der Höhe dieses Jahres noch eisern optimistisch. Wahrscheinlich war er nicht so im Bilde wie Stalin und seine östlichen Hintermänner. Er fühlt sich aber immer noch als der Schirmherr der westlichen Geschicke. Er liebt die raschen Beförderungen und raschen Beförderungsmittel. Seinem Schutzengel ging es aber doch ein bißchen zu schnell, als man Truman in einer Sekunde ins Jenseits befördern wollte.

Wir erinnern daran: Attentat gegen Truman.
Aufstand in Puerto Rico.

Überall Schützen, überall setzen sich schon wieder neue Schützen fest, und was für ein Fest das ist.
So fängt es wieder an, so geht es weiter. Dann kommt die Marschmusik zur Freude auf die Plätze, es wird getrommelt und gepfiffen, dann wird Tritt gefaßt, dann kommt der Marschbefehl.

Wir erinnern: Krieg in Indochina,
Einmarsch in Tibet,
Krieg in Korea.
Und wir erinnern die Welt an den Frieden!

»Zerstörung ist des Menschen größtes Talent. Es fehlt nicht viel, und er wird es erreichen, bis der ganze Globus auseinanderspringt, man braucht nur ein ganz klein wenig nachzuhelfen.«
Sie verstehen jetzt vielleicht, warum ich den verrücktspielenden Normalen den Vorzug gebe vor den normalspielenden Verrückten.

Mit ihnen wollen wir auch den Sprung ins Neue Jahr wagen und wünschen allen einen guten Rutsch! Größere Sprünge machen, können wir wohl kaum.

Eine Sendereihe Werner Fincks beim Nordwestdeutschen Rundfunk Hamburg lief 1950/51 unter dem Titel »Heiterkeit macht Schule«. Die dritte, am 15. Januar 1951, gesendete Folge war Mozart gewidmet. Warum, erklärte Finck in der Einleitung zur Sendung so:

MOZART – ERST-KLASSISCHE KOMIK

Wenn wir in unserer heutigen halben Stunde den Versuch unternehmen, das Leben und die Lebensumstände Wolfgang Amadeus Mozarts vom Standpunkt des Komischen aus zu betrachten. (Fußscharren)
Meine verehrten Zuhörer, an Ihrem unwilligen Scharren merke ich, daß Ihre Füße eine rasche Auffassungsgabe haben – aber lassen Sie sich die Sache doch einmal durch den Kopf gehen – vermutlich hat Ihnen das Wort »komisch« in Verbindung mit dem hehren Namen Mozarts nicht gepaßt – so wie mir etwa der Ausdruck »Heer« mißfällt, in Verbindung mit Mozart. »Hoch und hehr« sind gefährliche Worte. Unser Heer war ja nicht schlecht. Auf alle Fälle war es nicht so verheerend wie das jetzige Hin und Her. (Reaktion darauf) Ihre Reaktion auf meine Worte habe ich wohl verstanden. Ich bedanke mich aber für die Reaktion. – Vielleicht mißverstehen wir uns auch noch im Ausdruck »komisch«. Das Komische ist bei uns sehr weit gefaßt, es reicht bis zum Tragikomischen, bis zum Grotesken, bis zum Skurrilen.
Um das Komischste vorwegzunehmen von meinem Thema: Das Bemühen einer gewissen Schicht, und zwar einer besonders humorlosen, das Menschlich-Allzumenschliche aus dem Leben unserer Klassiker wegzuretuschieren und sie auf das Postament des Normalstandardklassikers 08/15 zu erheben. Die Anhänger des modernen Esprits, die von der Schule der Heiterkeit nur kabarettistischen Witz und keine wenn auch noch so amüsante Belehrung erwarten, werden das Ganze zu ernsthaft finden. Kurzum, ich bin im Begriff, mich zwischen die berühmten zwei Stühle zu setzen.
Aber wir wollen uns ruhig setzen. (Stühle rücken, setzen) Meine Aufgabe ist diesmal nicht leicht. Ein kleines Finckchen – Verzeihung, ich verbessere mich: Fünckchen macht den Versuch, eine gewaltige Flamme zu beleuchten.
Es gibt ein Denkmal von Mozart in Salzburg. Wenn das der Mozart sehen würde, käme er bestimmt mit der Frage: Wer soll denn das sein? Der Blick der männlichen, aufrechtstehenden Statue ist ideal in den Äther gerichtet, einige Zentimeter über den Horizont des Provinzialschulkollegiums. Die Lippen trutzig geschürzt, links der Griffel des Künstlers, in der Rechten das sich nach oben und unten

hin klassisch aufrollende Notenblatt. Die obere Hälfte ist mit einem Wams bekleidet, die untere Hälfte fällt als Gewand in Falten nicht ins Gewicht. Sehr gewandt ist es nicht, aber geschickt, wie vom Himmel geschickt. Das eine Bein, das Spielbein, haben wir als vorgesetzt zu betrachten. Die Berliner haben keinen großen Respekt vor ihren Denkmälern. Als man einen Berliner vor einer königlichen Figur fragte: »Weißt du, was der hier vorstellt?« sagte er: »Das rechte Bein!« Es gibt nichts, was uns Schülern die Klassiker mehr verekelt hat als diese Sockelheiligen, die uns im Lesebuch, an den Wänden und in öffentlichen Anlagen als Geistesbonzen abschreckten. Nie habe ich mir als Kind vorstellen können, daß Goethe oder Schiller sich auch in der Nase bohrten oder schnell mal rausgehen mußten. Später allerdings erfährt man dann zu seiner Beruhigung, daß die Klassiker auch nur Menschen waren. Und diese Menschlichkeit zeigt sich bei Mozart in einem außerordentlichen Maße. Besonders seine Briefe an das sogenannte Bäsle in Augsburg sind geladen mit närrischen Einfällen. Das sogenannte »Blödeln« finden wir dort in Reinkultur – Verzeihung, in Donaukultur! Es geht bis zur völligen Idiotie, wobei ich erinnern möchte, daß Idiot im Griechischen »Privatmann« bedeutet. Erst später hat er sich zum Begriff des Politikers gewandelt. Manchmal scheint diese Art Mozarts sogar ausgesprochen kindisch – oder greisenhaft, was ja in der Wirkung oft das Gleiche ist –, aber immer empfindet man sie als eine Tarnung der Welt gegenüber. (Hamlet: »Ich bin nur toll bei Nordnordost . . .«) Und in diesem Sinne sähe ein Mozart-Denkmal nach meinem Geschmack etwa so aus: Zwei männliche Kolossalfiguren, eine aus Marmor, die andere aus Erz. Die marmorne stellt Joseph den Zweiten von Habsburg, die zweite den Erzbischof Hieronymus Graf Soundso dar. Auf ihren Armen liegt schwach und hilflos Wolfgang Amadeus Mozart – ein Sinnbild der Tatsache, daß beide ihn ihr Leben lang auf den Arm genommen haben. Das Bein, das jedes Denkmal ja zur Vorstellung braucht, müßte vom Erzbischof gestellt werden, denn etwas anderes hat jener Kirchenfürst Mozart gegenüber nicht getan. Habs- und Salzburg waren die beiden Burgen, die die Mozarts Zeit ihres Lebens immer wieder belagert, aber nie erobert haben. Habs- und Salz- – vor allem Salz. Kiloweise hat es der Erzlümmel – vorsichtshalber möchte ich hier betonen, daß der Ausdruck nicht etwa von uns gewählt, sondern von Wolfgang Amadeus Mozart selbst geprägt wurde – kiloweise hat es der fromme Zwingherr der Familie Mozart in die Bettelsuppe geschüttet, die sie bei ihm auslöffeln mußten. Kein Wunder, daß Mozart eines Tages seinem humorlosen Fronvogt den Teller vor die Füße knallte. Symbolisch natürlich.

»Arbeit und Vergnügen« war der Titel eines Vortrags, den Werner Finck 1951 vor der Prima des Wilhelm-Gymnasiums in Hamburg hielt. Er wurde damals vom Nordwestdeutschen Rundfunk aufgezeichnet und anschließend im Schulfunk gesendet.

ARBEIT UND VERGNÜGEN

Bevor ich mit meinem eigentlichen Thema beginne, möchte ich ein paar Worte über meine Person vorausschicken – nicht aus Eitelkeit, sondern aus Schutz gegen Mißverständnisse.
Erfahrungsgemäß erwartet man von mir, zum Lachen gebracht zu werden. Mich bringt diese Erwartung nicht selten zur Verzweiflung, weil nämlich diejenigen, die gewillt sind, über mich zu lachen, mir die Gefolgschaft verweigern, wenn ich einmal ernst sein will. Dabei brauche ich dieses bißchen Ernst gar nicht lange, – eigentlich nur so lange, bis Sie begriffen haben, daß der sogenannte Ernst sehr, sehr heiter sein kann unter Umständen und die Heiterkeit sehr, sehr ernst.
Als ich erfuhr, daß ich das Vergnügen haben werde, mich mit Ihnen eine Viertelstunde lang ernsthaft zu unterhalten, habe ich mich sofort an Arbeit gemacht, – und »Arbeit und Vergnügen« ist auch das Thema dieser Unterhaltung.
Sie wissen, besonders aus der Schulzeit, daß beide Begriffe streng voneinander getrennt sind. Bereits in der Schöpfungsgeschichte finden wir den Satz: »Im Schweiße deines Angesichts sollst du dein Brot essen.« Unsere Sprichwörter sagen es ebenso aus, zum Beispiel: »Erst die Arbeit, dann das Vergnügen.« Die Puritaner und die sehr orthodoxen Christen gehen sogar so weit, das Vergnügen als etwas Unsittliches zu brandmarken. Und diesen in früheren Jahrhunderten einmal sehr starken Einflüssen haben wir es vielleicht zu verdanken, daß auch heute noch zwischen Arbeit und Vergnügen eine schmerzliche Grenze gezogen wird – schmerzlich besonders für Menschen wie mich, die mit dem Vergnügen ihr Brot verdienen und – wie ich hinzufügen möchte – im Schweiße ihres Angesichts.
Einem alten Gesetz der Kunst folgend, pflege ich mir aber diese Schweißtropfen dem Publikum oder dem Auditorium gegenüber sorgfältig abzutupfen, so daß es den Anschein hat, als wäre meine Arbeit nicht das Ergebnis einer sauren Mühe, sondern der Hauch des Genius. Vielleicht haben es die Künstler dieser sorgsamen Verwischung der Spuren ihres Schaffens zu verdanken, daß sie immer den Verdacht erregen, weniger ernst zu arbeiten als die Möbelpacker beispielsweise, denen das Wasser vom Gesicht herunterläuft. Ich muß noch hinzufügen: Das moderne Schwitzen äußert

sich auch nicht mehr in dicken Tropfen, sondern es hat sich verfeinert. Das drückt sich jetzt aus in Falten, die über das Gesicht gezogen werden und dem menschlichen Antlitz einen sogenannten ernsten Ausdruck verleihen. Das ist die moderne Form der vorgeschriebenen Transpiration.
Nietzsche in seiner »Fröhlichen Wissenschaft« – übrigens: »Fröhlichkeit« und »Wissenschaft« sind auch zwei sehr streng getrennte Gebiete, die hier zusammengezogen sind –, Nietzsche drückt das folgendermaßen aus (– ich brauche Ihnen den genauen Satz nicht sagen, den Satz sage ich Ihnen zwar genau, aber Sie können sich dann das selber nochmal heraussuchen, weil Sie ja noch zum Lernen verpflichtet sind; die andern Hörer, die drüber hinaus sind, brauchen's nicht mehr nachzusehen – die wissen schon, daß sie sich drauf verlassen können, es ist ja keine Zeitungsnachricht):
»Der Intellekt«, sagt Nietzsche hier, »ist bei den Allermeisten eine schwerfällige, finstere und knarrende Maschine, welche übel in Gang zu bringen ist. Sie nennen es: die Sache ernstnehmen, wenn sie mit dieser Maschine arbeiten und gut denken wollen. Oh! wie lästig muß ihnen das Gut-Denken sein! Die liebliche Bestie Mensch verliert jedesmal, wie es scheint, die gute Laune, wenn sie gut denkt. Sie wird ernst, – und, wo Lachen und Fröhlichkeit ist, da taugt das Denken nichts. So lautet das Vorurteil dieser ›ernsten Bestie‹ gegen alle fröhliche Wissenschaft.«
Und das ist auch der Sinn dieser Viertelstunde: daß ich das einmal mit-zeigen will, wie tief hier das Vorurteil bei uns eingegraben ist.
Was Nietzsche hier unter Lachen und Fröhlichkeit versteht, wissen wir – wenn wir Nietzsche näher kennen. Es ist natürlich nicht ein Lachen im Sinne von Kichern und Prusten und Brüllen, sondern es ist ein vergeistigtes Lachen und eine vergeistigte Fröhlichkeit. Aber der Ernst, der auf allen Gebieten, aus denen Lachen verbannt ist, eine so gründliche und fleißige Arbeit geleistet hat, versagte bei der Ergründung der Heiterkeit so katastrophal, daß das Gekichere der Backfische, das Grölen der Witzbolde und die Fröhlichkeit der frommen Christen noch unsortiert in einem Topfe liegen. Das Lachen der Primaner habe ich hier nicht mit einbezogen – weil das eine ganz besondere Spezies ist.
Und es hat auch noch wenige Geister gegeben, die sich ernsthaft mit den nicht minder getrennten Begriffen »Ernst« und »Spiel« auseinandergesetzt haben. Ernst und Spiel ist ja genau eine solche Verquickung, und es gibt heute eine ausgezeichnete Arbeit über das Spiel des holländischen Philosophen Huizinga – oder wie Sie ihn aussprechen wollen, je nach dem Bildungsgrad.
Ich habe das angeführt, um ernsthafte Zeugen heranzubringen. Nietzsche steht ja nicht in dem Verdacht, kabarettistisch ange-

haucht zu sein. Und auf der andern Seite möchte ich mich auch zu meinem Beruf bekennen, der das Glück hat, daß man manchmal Arbeit und Vergnügen als gleichwertig empfindet. Also das ist ja das, was bei einem Beruf überhaupt die Hauptsache ist – daß es sich deckt: Man muß seinen Spaß daran haben, und es muß auch gleichzeitig eine Menge Geld – und es muß auch gleichzeitig einen Sinn haben und wertvoll sein, – die Arbeit!
Wenn nun – jetzt kommen wir in etwas Leichteres hinein – wenn nun dieses Glück in einem aufgeht, daß außerordentlich viel gelacht wird, dann hat man das seinem Beruf zuzuschreiben. Irgendwie habe ich etwas Komisches in mir, was ich ausdrücken kann. Da freut man sich und sagt: Ich möchte eigentlich mit niemandem tauschen! Aber wenn man dann in die Gesellschaft hineinkommt, dann hat man immer wieder das Gefühl: Das ist alles wunderschön gewesen, ist herrlich, es ist natürlich nicht wissenschaftlich, nicht? Von der Seite aus kann man es auch nicht – aber es ist sehr nett –. Also das ist etwas, was mich ärgert, und das haben Sie heute auch ausbaden müssen, nicht?
Sie hätten also, wenn ich gewollt hätte, viel mehr lachen können. Aber ich *wollte* heute nicht. Ich *wollte* Ihnen das mal klar machen, daß hier jemand zu Ihnen spricht, der mal das aufräumt, dieses Vorurteil, als müßte Vergnügen, das man erzeugt, auch Vergnügen, das man hat, gleichzeitig in sich einschließen.
Wir haben bei dieser Verwechslung »Spiel und Ernst« auch an die Artisten zu denken. Die haben es im Gegensatz zu den Schauspielern durchgesetzt, daß sie das Wort »Arbeit« beibehielten.
Der Schauspieler – nun schon sehr verwöhnt seit einem Jahrhundert, wo er am Tische der richtig vornehmen Welt mal mitessen darf, ohne gleich ins Gesindestübchen zu kommen – der sagt immer: er spielt. Wenn wir auf der Bühne stehen, wir spielen eine Rolle. Aber der Artist sagt: Ich arbeite! Wenn Sie den Grock besuchen hinter der Bühne, und der ist gerade draußen und produziert sich, dann wird man sagen: Entschuldigen Sie, Herr Grock arbeitet gerade! Und die Leute brüllen und schlagen sich auf die Schenkel. Und der Grock ist so konzentriert, daß man Mitleid haben könnte, wenn es ihm nicht solchen Spaß – innerlich – machte.
Hier sind diese Zusammenhänge gegeben. Und nun gibt es manche, die einem entgegnen – wenn man sagt: Es muß aufgelockert werden, es ist ein ungesunder Zustand, wenn das Lachen überall verbannt wird in der Arbeit –: Ja, das ist richtig, aber die Würde, die Disziplin und die Logik leiden darunter. Der Aufbau einer Rede leidet darunter, wenn gelacht wird, die Disziplin lockert sich, und die Würde wird untergraben.
Wenn die Würde echt ist, kann kein Lachen sie untergraben, wenn die Disziplin nicht nur aus Respekt und aus Knüppelgehorsam und

aus solchen Sachen besteht, da kann ihr auch das Lachen nichts anhaben. So wäre es auf der anderen Seite durchaus zu begrüßen, wenn überall, in der Schule und im Leben, das Lachen als auflokkerndes und lösendes Element hineinkäme.
Wir haben es ja schon gemerkt – beim vorigen Mal, da waren *Sie* noch Garanten im Dritten Reiche. Es ist nicht mehr dazu gekommen, daß Sie jetzt die Garantie übernehmen. Aber da haben wir es doch gemerkt, was das Lachen auch für eine Macht bedeutete. Alle diese Leute, die damals mit unerhörtem Respektanspruch auftraten, die waren hilflos gegen das Lachen.
Ich habe es selber erlebt, wie der nunmehr nicht mehr bei uns weilende Propagandaminister – Dr. Goebbels – hilflos zitterte, wenn er irgendwelche Sachen von mir erfuhr. Ich habe nichts anderes getan, als immer nur den Humor verteidigt, und er hat mich dann ganz ausgeschlossen aus der Reichskulturkammer.
Ich durfte nichts mehr reden, nichts mehr sagen. Das Schlimmste war für mich, daß er sagte: Nicht das, was ich sage, ist das Gefährliche, sondern das, was ich *nicht* sage. Und da war natürlich nichts mehr zu machen.
Also wenn Sie in diesem Sinne die beiden Begriffe »Arbeit« und »Vergnügen« sich einmal überdenken wollen, glaube ich, ist die Viertelstunde nicht ganz verloren gewesen. Ich hoffe, daß Ihnen diese Ausführungen – wenn Sie sie mal so nennen wollen – nicht nur gut gefallen haben, sondern prima – bis oberprima!

Am 8. Februar 1951 hielt Werner Finck im Nachtprogramm des Nordwestdeutschen Rundfunks (NWDR) Hamburg den ersten seiner

RUNDFINCK-KOMMENTARE

Von da an kommentierte und glossierte er jede Woche fünf Minuten lang vor dem Mikrophon das Zeitgeschehen – bis im Dezember 1951 die spätabendlichen »Rundfinck-Kommentare« unvermittelt abbrachen.
Mit einer Karikatur in der WELT fragte der Zeichner Mirko Szewczuk daraufhin in aller Öffentlichkeit: »Ist das Mikrophon verstimmt oder fällt etwa dem Finck nichts mehr ein?«
Seine Antwort in der WELT nannte Finck eine »Steuererklärung«: »Es gibt Ruderboote, die zwar ein Steuer besitzen, die man aber durch entsprechendes Rudern selber leicht mitsteuern kann. In dieser Weise pflegte ich lustig in der Fahrrinne des NWDR zu paddeln. Es scheint aber unvermeidlich zu sein, daß in meinem Rundfinckboot immer noch einer am Steuer sitzen muß. So geringfügig die Kursänderungen dadurch auch sein mögen – mir schmeckt es irgendwie nach Galeere . . . Das Problem scheint hier zu sein: Nimmt sich der Rundfinckkommentator zuviel heraus oder wird ihm zuviel herausgenommen? Dazu müßte nun auch der NWDR seinen Schnabel aufmachen . . .«
Ernst Schnabel, der in diesem Jahr Intendant des Hamburger Senders geworden war, antwortete in der WELT: »Werner Fincks Rundfinckkommentare sind eine Mischung aus Karikatur und Randbemerkung . . . Möglicherweise werden auch seine Marginalien Geschichte machen. Wenn die Historie so ausfällt, wie er denkt, dann wird uns nichts Böses passieren. Was er aber sagt, ist mitunter nicht leicht verständlich. Er wirft nicht immer nach den dunkelsten Westen, sondern bisweilen auch nach der billigsten Gelegenheit. Unter den Pflaumen, die er warf, waren auch unreife. Wir registrierten infolgedessen manchen Beifall von abseits; dergleichen aber sollte uns und ihm nicht lieb sein. Der Funk und der Finck haben unmißverständlich zu sein.«
Schnabel hatte gegen Fincks Protest in dessen letzter Sendung eine Stelle gestrichen. Gut zwanzig Jahre später erinnerte sich Finck: »Oh, dachte ich, sind wir wieder so weit? . . . Ein Engel ging durch's Zimmer, und ich bot meinen Rücktritt an. Er bedauerte meinen Entschluß. Ehrlich – genau wie ich. Aber er bestand nicht darauf, daß ich ihn zurücknähme. Wir trennten uns als Freunde.« (»Alter Narr – was nun?«, Seite 260)

WER MACHT MIT?

Rundfinck-Kommentar 1

Wenn es im allgemeinen die Aufgabe eines Kommentators ist, dem täglichen Geschehen einen Sinn zu geben, so sehe ich die meine darin, den Unsinn aufzuspüren.
Unsinn und Sinn überschneiden sich heutzutage in beängstigender Weise. Ist es nicht Wahnsinn, heute, fünf Jahre nach dem Zusammenbruch, schon wieder nach den Waffen zu greifen? Und gibt es etwas Unvernünftigeres, als es nicht zu tun?
Es ist typisch für den deutschen Michel, sich in diesem Falle – oder in dieser Falle – zum Ohne-Michel zu entwickeln.
Mißtrauisch sieht er die alten Generäle in neuen Schläuchen.
Der Gott, der Eisenhower ließ, der wollte keine Rechte. Für uns. Das aber hat sich jetzt gegeben. Inzwischen hat er uns seine Rechte hingehalten. (Hingehalten ist gut, nicht?) Und dabei hat er unsere Ehre wieder hergestellt, damit ein kleines Heer wieder gestelltwerden kann. Von uns. Unser *Heer*stellungspreis ist aber die Gleichberechtigung. Unter einen Hut sind wir nie zu bringen. Aber unter einen Helm sofort.
Noch sind wir aber nicht in der Verfassung, einen Wehrdienst ohne weiteres durchzuführen. Unser vorletzter Kanzler brauchte sich, wenn er aufrüsten wollte, nur zu fragen:
Wehrmacht Heer?
Wehrmacht Luft?
Wehrmacht Marine? Und so weiter.
Dem jetzigen Kanzler bleibt dagegen nur eine einzige Frage: Wer macht mit?
Grundsätzlich, grundgesetzlich, steht es jedem deutschen Bürger frei, zu kämpfen oder zu neutralisieren. Frei und willig sollen wir zu den Waffen eilen. Krupp ist schon wieder am Werk. Wenige Jahre Landsberger Gefängnis, und welch eine tiefe Wandlung – in den Gemütern der Alliierten. Und das alles wegen der immer drohender werdenden Friedenserklärung der anderen Seite.
Wie wird nun unaufhörlich vom Westen zur Ordnung gerufen! Aber der Osten muß auch manches einstecken. Das letzte, was er sich eingesteckt hat, war West-Staaken. Wenn dieses langsame Einstaken der Berliner Randbezirke so weitergeht und sich nach dem Zentrum durchfrißt, werden die westlichen Besatzungsmächte Berlins sich mit einem Hubschrauber aufs Brandenburger Tor zurückziehen müssen. Die Engländer, die die Bevölkerung West-Staakens bei ihrem Rückzug den Russen überlassen mußte, haben mit wütenden Angriffen auf Helgoland geantwortet. Es liegt ein Fluch auf dem Potsdamer Abkommen, daß alle Beteiligten immer weiter von ihm abkommen.

Halten wir uns inzwischen an die wenigen Lichtblicke: Kirkpatrick hat uns die Gleichberechtigung zugesagt. Nur nicht gleich. Aber gültig.

EIN STRICH DURCH DEN BLINDDARM OSTASIENS

Rundfinck-Kommentar 2

Das Zeichen unserer Zeit ist das Fragezeichen. Es ist über allem und uns allen über. Das Rätsel triumphiert. Nach wie vor hält Mao den Rekord im Rätselaufgeben. Durch seine Taktik ist ein neuer Begriff in die Physik gebracht worden. Bisher kannten wir das Prinzip der verschwindenden Minderheit. Durch ihn taucht zum erstenmal das Prinzip der plötzlich verschwindenden Mehrheit auf. Immer, wenn McArthur glaubt, den Sieg in der Tasche zu haben, ist ein Loch drin. Die Löcher, die sein Geheimdienst beschäftigt, werden nie verdammt und zugenäht.
Auch in der Mathematik hat Mao einen Begriff der exakten Wissenschaft umgestoßen. Der dunkelste Punkt in Ostasien ist eigentlich gar kein Punkt, sondern ein Strich, der durch die Rechnung der Westmächte geht und als 38. Breitengrad immer wieder im Sande verläuft. Meiner Ansicht nach wird dieser niemals überschritten werden, solange die anderen immer wieder zurückstoßen. Korea, der Blinddarm Ostasiens, müßte eigentlich längst von den Operationen geheilt sein, aber es sieht aus, als ob der Durchbruch schon zu weit fortgeschritten ist.
Es geht den UNO-Truppen wie uns Kindern mit dem Teufelchen-Spiel: Wenn du denkst, du hast'n, springt er aus dem Kasten. Aber bei Mao springt noch wesentlich mehr heraus. Nämlich – die Zermürbung des Gegners. Man spricht von einer Geisterarmee – gemeint ist der unfaßbare Geist der Armee.
Deshalb ist es für uns gar nicht wichtig zu wissen, was in Korea vorgeht, sondern lediglich, wer in Korea vorgehen und wer darüber hinaus gehen wird.
Was China mit seinen Massen macht, machte der Fallschirmgeneral Ramcke mit seinem Dasein. Oder vielmehr immer-wieder-nicht-da-sein. Er ist der Geistergeneral. Die Deutschen haben ihn im Kriege immer wieder zu sehen bekommen. Die Franzosen kennen ihn nur flüchtig. Ob sie ihm bereits auf der Spur sind, wissen wir nicht. Es ist wohl nicht anzunehmen. Franzosen – und Spuren? Nee, wissen Se, nee. Nachdem er nirgends eine sichere Bleibe finden konnte, nahm ihn schließlich die Neue Deutsche Wochenschau auf. Meterlang. Als deutsch-französischen Zwischen-Fall-Schirm-Jäger-General. Diese Wochenschau wird morgen bereits Millionen

Freude bereiten. Aber eine Million wird auch der Wochenschau Freude bereiten. Sie wurde ihr als Subvention vom Parlament bewilligt. Das Beste, was sie bisher gedreht hat. Mit einer solchen Subvention werden sich noch viele Generäle ins Bild setzen lassen.

Das Bonner Parlament wird jetzt langsam aktiv und geht aus seinen Reserveoffizieren heraus. Nach Attlee und Pleven, die so spontan und erfolgreich nach Washington geflogen sind, hat sich nun auch – zwar nicht der deutsche Außenminister, den wir noch nicht haben, und auch noch lange nicht haben werden, solange wir uns noch haben – mit dem Außenminister – nach Attlee und Pleven ist jetzt also eine Delegation Bonner Parlamentarier nach Amerika abgeflogen. Eine Delegation von sechs – Köpfen.

Der Empfang, den Dean Acheson ihnen bereitete, dauerte eine Stunde und zwanzig Minuten. Wenn auch keine Einzelheiten bisher bekannt geworden sind, so kann man doch annehmen, daß die Vereinigten Staaten Amerikas ihnen weitgehende Zusicherungen hinsichtlich des Hin- und Rückreisegeldes gemacht haben.

Die zurückgebliebenen Parlamentarier in Bonn beschäftigten sich in derselben Zeit mit einem sehr beachtlichen Vorschlag Erhards, der uns die Schokoladensteuer versüßen soll. Es handelt sich um das Wiederaufbausparen. Auch das gehört zu den großen Rätseln unserer Zeit. Es beruht auf einem neuartigen Prinzip, das uns zum Markenkleben zurückführt. Aber nach dem Motto: Kleben und kleben lassen.

Die amtliche Meldung ist bereits so kabarettistisch formuliert, daß der Staat ohne weiteres Tantiemen verlangen kann, wenn sie wörtlich in unseren Cabarets gebracht wird. Das primitive System der Finanzminister, die Bürger schröpfen, soll – so will es der Wirtschaftsminister Erhard – durch ein raffinierteres ersetzt werden. Der Staatsbürger soll nicht mehr aus-, sondern nur noch angepumpt werden. Automobiltechnisch gesprochen: Das schwere Steuerrad soll durch ein leichtes Lenkrad ersetzt werden.

In unserem kulturpolitischen Gebirge ereignete sich im Zuge der Lawinen in Düsseldorf ein ungeheurer Erdrutsch: Gustaf Gründgens hat in den Verhandlungen mit der Düsseldorfer Verwaltung den Längeren gezogen. Gleichzeitig verlautet, daß sich ein großer Teil seiner Schauspieler – Elisabeth Flickenschildt, Max Eckhard, Paula Denk, Adelheid Seeck, Günther Lüders usw., ihrem Generalintendanten angeschlossen und zum nächsten Besten gekündigt haben. Sogar der ihm vorbestimmte Nachfolger, Dr. Badenhausen, hat sich der Aktion angegliedert. Sie stehen wie ein Mann geschlossen hinter Gründgens, womit auch die Hintergründgens genügend beleuchtet sein dürften.

WEST-OST-ABC

Rundfinck-Kommentar 5

Die Vorbesprechungen für die neue Außenministerkonferenz laufen also jetzt auf vollen Retouren. Man kann sich bereits seinen Reim darauf machen: Die Krise geht schon wieder los: Versteifte Haltung Gromykos.

Beim schnellen Durchblättern der Presse fiel dem Chronisten in Verbindung mit der sowjetischen Delegation die Flucht der früheren drei Kinderzimmer des Tagungspalais' in die Augen. Beim näheren Hinsehen stellte sich heraus, daß diese Flucht nicht stattgefunden hat, sondern daß man sie (die Flucht) der sowjetischen Delegation als Beratungsräume zugewiesen hat. Auf diese Weise kommt nun auch die sowjetische Diplomatie zu ihrer guten Kinderstube.

Meine Meldung, wonach in Düsseldorf geplant war, die Städtischen Bühnen in ein Staatstheater umzuwandeln, ist bereits dementiert worden. Dazu kann man nur gratulieren. Denn abgesehen davon, daß der Staat bereits einmal gefährliches Theater um Gründgens gemacht hat, so wäre es keine echte Lösung des Problems gewesen. Zumindestens keine so heilsame Lösung wie die des Intendanten vom Verwaltungskörper.

Im Hause der großen Intrigen *(Intendanten-Wechsel am Hamburger Sender – d. Hrsg.)* hat sich die Haltung der Wackelnden gefestigt: Ob es beim Marein-malraus bleibt, wird die Zeit zeigen. Eine Verlautbarung aus eingeweihten Krisen des NWDR liegt nicht vor.

Noch fernab von dicken Schlagzeilen, aber schon sehr umstritten, ist der Beschluß einer Versammlung Münchner Schriftsteller, ostdeutsche »Kollegen« zu Ostern nach München einzuladen.

Vielleicht wäre Pfingsten ein noch besserer Zeitpunkt, da es das Fest des Redens in allen Zungen ist. Also auch in Doppelzungen. Reife Politiker betrachten solche Bemühungen auf Grund ihrer Erfahrungen als aussichtslos.

Daß die Ostwest-Gespräche bisher regelmäßig gescheitert sind, liegt wahrscheinlich daran, daß die Diskutierenden zwar ein und dieselbe Sprache aber offenbar zweierlei Alphabete sprechen, wodurch immer wieder ein Kurzschluß entstehen muß. In Westdeutschland buchstabieren wir von a – b – c – d – e – f – g – h – i – k – l – m – n – o – p – q – r – s – t – U. V. D. – Verzeihung: – u – v – w – usw. In Ostdeutschland buchstabiert man – a – b – c – d – e – f – g – h – i – k – l – m – N. K. W. D., Waldheim, Bautzen, Dessau usw. – und da sitzt der Kurzschluß.

Am Ende der westlichen Argumente steht der Beweis als eine Kette von Schlüssen. Im Osten schließt man mit Ketten ohne Beweise.

Die östlichen Diskutanten sind es auch nicht gewöhnt, ihre Argumentelchen nach dem Winde zu hängen. Wobei wir weniger den Wind heraushören als das Hängen. Sie betonen immer wieder, daß sie uns lieben. Das ist uns im augenblicklichen Stadium eine Nummer zu groß. Was wir dagegen konzedieren: Sie können uns gern haben.
Und es wird auch darum nicht leicht sein: Die Münchner werden zwar eindringlich vom Frieden reden wie die ostzonalen Kollegen. Aber was ist damit erreicht, wenn sie vor Tauben sprechen? Vor Friedenstauben. Vielleicht könnte dazu ein Bonner Schweigemarsch komponiert werden.
Es ist den Münchnern zu wünschen, daß sie wirklich ins Gespräch kommen, und nicht nur ins Gerede.
Wird die freiwillige Vereinigung Deutschlands durch das West-Ost-Gespräch aber auch nur um einen Schritt vorwärts gebracht, so wollen wir Zweifler den Kopf in den Sand stecken, der uns in die Augen gestreut werden soll. Übersoll. Dann hat es sich gelohnt, daß München unseren ostdeutschen Brüdern seine Tore geöffnet hat. Aber hütet euch, daß man hernach von den Toren nicht mehr spricht als von den Schriftstellern.

EINE AUSGEKOCHTE SUPPE

Rundfinck-Kommentar 6

Die Suppe, die uns der Erbauer der Reichsautobahn eingebrockt hat und die wir seit 45 auszulöffeln haben, schmeckt immer ranziger. Aber was tut man nicht alles, um wieder in Schuß zu kommen? Also schön brav weitergelöffelt. Einen Löffel für den lieben Onkel Goebbels – einen Löffel für Onkel Himmler – so, nun noch ein paar Löffelchen, und dann können wir bald auskratzen.
Ramcke hat etwas zu früh mit dem Auskratzen begonnen. Aber das ist eben noch ein Kerl, der Ramcke! Stellt sich plötzlich ein, läßt sich ausstellen, stellt sich taub, als ihn die Franzosen rufen, und als er merkt, daß er seine in Frankreich zurückgebliebenen Kameraden gefährdet, stellt er sich freiwillig. Ein Best-Steller unter den ohnehin hohen Generalsauflagen.
Außer der erwähnten Suppe gibt es noch Hauptgerichte. Schwerverdauliche. In Brüssel ist gerade eines abserviert worden. Es wird uns noch lange schwer im Magen liegen. Ein süßsaures Ragout aus alt-akademischer Objektivität und politischem Ressentiment. Eine ausgekochte Sache. Der olle ehrliche Falckenhausen muß es jetzt alleine ausfressen. Filme hätte er drehen sollen! Im Kriege. Unsterbliche Kolberg- und geliebte Jud-Süß-Motive.
Zwölf Jahre Zwangsarbeit, wahrscheinlich nur theoretisch, aber

immerhin. Was zwölf Jahre Zwangsarbeit bedeuten, wissen wir Deutschen nur allzugut. 33 bis 45 macht nach Adolf Riese genau zwölf Jahre. So Furchtbares die Belgier im letzten Kriege erlebt haben, dieses Leid ist ihnen wenigstens *vom Feinde* zugefügt worden. Wir dagegen mußten es von unseren eigenen Landsleuten erdulden. Ich wiederhole noch einmal: wir dagegen! – um Mißverständnisse auszuschalten. Der fatale Beigeschmack, den dieses Brüsseler Gericht für alle empfindlichen Deutschen hat, ist fromage. Alter Käse. Und was in der Bundesrepublik als Nachtisch zu diesem Gericht gereicht wird, ist Ei. Hoffentlich war dieses Mahl das letztemal! Europa könnte sich sonst übergeben. In andere Hände.
Eine Nachricht, die das Bonner AA betrifft, das Auswärtige Amt, auch Außenministerium genannt. Dr. Adenauer hat uns entschlossen, es zu übernehmen. Die FDP versteht immer »über*nehmen*«. Donnerwetter! Sogar die Erde war diesmal erschüttert. Das ganze Bundeshaus hat gewackelt. Nur der Bundeskanzler blieb fest. Wie immer. Aber sonst pflanzte sich der Erdstoß fort vom Schwarzwald bis nach Brüssel. Und das bei diesen großartigen Beziehungen des Kanzlers zu überirdischen Mächten.
Es gibt in unseren Ländern Preisüberwachungsstellen und für Getreide sogar Festpreise. Aber diese Rechnung ist ohne die Bauern gemacht. Wenn die Bauern nämlich etwas von niedrigen Preisen hören, gehen sie hoch. »Wir geben nicht so leicht nach«, sagen sich die Bauern, »und wenn die Preisüberwachungsstellen schwarz werden!« Aber leider – die Behörden werden nicht schwarz, sondern höchstens die Märkte. Und um diese Schwarzmarktpreise zu verhindern, drückt die Preisüberwachungsstelle eben zwei bis hundert Augen zu. Dann stimmt's wieder. Auch den Städter verstimmt's wieder, weil sein Brotkorb höher gehängt wird. Aber er harrt aus. Er harrt auf Erhard. Der aber will, daß die freie Wirtschaft aufblüht. Sie blüht – auf unsere Kosten.
Quod Erhard demonstrandum.

AUFGEBRACHTER KANZLER

Rundfinck-Kommentar 12 (nicht gesendet)

Wollen wir heute zunächst von der ersten deutschen Nachkriegs-Autoausstellung in Frankfurt am Main sprechen. Als Besucher konnte man seine Freude an dem Glanz und der Größe dieser Automobilmachung aller wirtschaftlichen Kräfte haben. Eine Schau, die alle Pessimisten nachträglich Lügen strafen. Wenn ich aber ganz ehrlich bin: Sie ist mir zu gesund! Dieser fleißige Zauber verdeckt einen faulen. Allzu schnell wechselten wir von der Wohlfahrt zu dem: Fahrt wohl. Erfolg an's Gewehr!

Immerhin ist vieles für den Export bestimmt. Nicht ganz bestimmt, aber ziemlich. Ziemlich unziehmlich nur war ein Export von Kriegsgerät der Hamburger Schiffahrtsgesellschaft Rickmers. Jedenfalls in den Augen der sofort abrückenden Bonner Regierungsstellen. Dampfer und Bundeskanzler waren aufgebracht. Der eine in den chinesischen Gewässern, der andere im Fahrwasser der Koalition.

Unsere – sonst so undurchsichtige – Bonner Regierung hat durchblicken lassen, daß sie dieses Mal fest entschlossen ist, solchen illegalen Verfrachtungen mit aller Macht entgegenzutreten.

Jakob Burckhardt hat einmal gesagt: Alle Macht ist böse. In diesem Falle kann man nur sagen: Macht ist jut.

Um McArthur ist es stiller geworden. Der dunkle Spruch der Pytia, Korea würde von ihm befreit werden, ist in Erfüllung gegangen. Sein Flug von Asien nach den Vereinigten Staaten sucht seinesgleichen. So umjubelt und gefeiert ist noch kein Feldherr rausgeflogen. In New York empfingen ihn Hunderttausende. Die Verdienste dieses populärsten amerikanischen Generals um sein Vaterland sind unbestritten. Seine Verdienste bei Remington werden noch größer sein. Hier wird *er* Hunderttausende empfangen. Welche Ironie des Schicksals: Der Mann, der vor Weihnachten und vor der mandschurischen Grenze falsch getippt hat, landet bei einer Schreibmaschinen-Fabrik!

Armes Deutschland! Deine Generale sind nicht so glücklich dran. Wenn sie ihre Stellung nicht halten können, kriegen sie keine mehr.

Bis auf kleine kommunistische Störversuche verliefen die Maifeiern sich dieses Mal ruhig.

Bei den kommunistischen Zwischenfällen handelte es sich aber weniger um tätliche als um geistige Störungen.

Der Unterschied zwischen hüben und drüben wurde wieder besonders deutlich. Hier dürfen die Arbeiter für die Freiheit demonstrieren. Drüben müssen sie es.

DOPPELTER BODEN

Rundfinck-Kommentar 12a

Anläßlich des zwölften Rundfinck-Kommentars fanden in Hamburg, Köln und Berlin sowie in vielen kleineren nordwestdeutschen Städten keine Feierlichkeiten statt.

Ich möchte die Jubelminuten dazu benutzen, sowohl den zum größten als auch den zum kleinsten Teilnehmer dieser Sendung seinen Dank so-zusagen, und einige persönliche Worte an Sie – fast hätte ich gesagt, zu richten, aber zu richten haben Sie ja, meine Verehrten.

Dazu gehört die Preisgabe meines Kummers, daß Kommentare dieser Art kein Grippe-Bazillus sind: Dann wären sie nämlich leichter übertragbar.

Einige Hörer übten starke Kritik. Üben ist immer gut; vielleicht werden sie eines Tages Meister. Vor allem wurde bemängelt, daß der Witz des Kommentators auch vor den höchsten und delikatesten politischen Ereignissen und Persönlichkeiten keinen Halt macht. Nun, es könnte vielen von denen sicher nicht schaden, wenn sie auf diese Weise Witz bekämen.

Handwerk hat goldenen Boden. Mundwerk doppelten.

Ist das ein Witz? Ja und nein. Es könnte auch ein erweitertes Sprichwort sein.

Es geht meinen Formulierungen wie den Schmuckstücken: Es kommt viel darauf an, wie sie ausgelegt werden. So fallen dann die Urteile aus. Oder die Sendungen.

Manchmal besser, manchmal schlechter.

Ein Fehler wird so häufig gemacht:

Es genügt eben nicht eine Sendung einzustellen; man muß sich auch selbst einstellen. Auf die Sendung. Sonst stellt sich ein Mißverständnis ein.

Manchmal liegt der Witz in den Dingen selbst verborgen, und die Formulierung ist nur der Zauberstab, der ihn sichtbar macht.

Es wird sich vielleicht herumgesprochen haben, daß Heinrich Heine in Düsseldorf endlich sein Denkmal bekommen soll. Der Streit darum hat ein halbes Jahrhundert gedauert. Und was wird man nach der Enthüllung zu sehen bekommen? Eine nackte Frau, das Werk eines der berühmtesten französischen Bildhauer. Der letzte Akt einer 50jährigen Tragikomödie.

Wäre Heine nicht der erste, der den Witz darin erkennen würde? Wahrscheinlich werden nicht wenige Besucher vor Heines Denkmal stehen und seinen berühmten Satz zitieren: Ich weiß nicht, was soll es bedeuten!

(Das folgende wurde bei der Sendung herausgeschnitten – d. Hrsg.)

Der letzte Sonntag stand im Lande Niedersachsen im Zeichen der Rivalen.

Die Herren Dorls und Remer mit ihrer Sozialistischen Reichs-Partei sind landtagsfähig geworden.

(Sechzehn von ihnen sitzen bereits.)

Die Vorkonferenz in Paris sollte bereits unserem Ende zugehen, geht aber weiter. Der Chronist begibt sich heute ebenfalls nach Paris, um nach den Rechten zu sehen, die uns schon wieder eingeräumt werden.

UNS GEHT'S WIEDER AUSGEZEICHNET

Rundfinck-Kommentar 13 am 1. Oktober 1951

Hallo, hallo, hallo!: Ah! Jetzt hören Sie mich wieder. – Wir sind unterbrochen worden. Aber ich habe jetzt eine andere Leitung bekommen. Nun kann ich wieder reden wie einst – im Mai, glaube ich, war der letzte Kommentar. Auf der Suche nach einer würdigen Einstellung zu den Ereignissen bin ich auf die Einstellung der Kommentare verfallen.

Bis dahin hatte der NWDR ein paar Proteste bekommen, sehr wenige. Wegen der Rundfinck-Kommentare. Aber nachdem sie nicht mehr kamen, hagelte es Proteste. Wegen des Wegfalls. Erfolg: wir nehmen sie wieder auf. Wie die Hörerschaft sie aufnehmen wird, bleibt abzuwarten. Hoffentlich mit viel Humor. Ohne Humor bleiben sie nach wie vor unerträglich.

Inzwischen ist unserem Hamburger Funkhaus ein neuer Intendant erstanden. Jetzt hat der Finck seinen Schnabel. Das mehrdeutige Wortspiel vom Schnabel halten liegt allzu nahe, als daß ich's machen möchte.

So – wo waren wir nun das letzte Mal stehen geblieben? Ich glaube, aus der Pariser Vor-Konferenz ist inzwischen Kaesong geworden, aber das schadet nichts; in Kaesong läßt sich genauso gut nichts erreichen wie in Paris.

Japan hat seinen Frieden erhalten. In Deutschland wird es jetzt allgemein beneidet. Die haben ihren Friedensvertrag! Wer weiß, wie lange wir noch warten müssen, bis wir zum nächsten Kriege zugelassen werden.

Auf der Reise von San Francisco nach Washington haben sich die drei westlichen Außenminister zum ersten Mal im Fluge geeinigt. Ein Punkt sieht vor, daß die alliierten Truppen nicht mehr als Besatzung, sondern als Verteidigungstruppen in Deutschland bleiben sollen. Eine delikate Änderung juristischer Natur: Die derzeitigen Richter stehen uns also demnächst als Verteidiger zur Verfügung. Schönen Dank für die Blumen. Im übrigen erwartet man von uns, daß wir nun selbst wieder die Knarre aus dem Dreck ziehen.

Auch Orden werden bereits wieder verteilt. Weil es mit dem neuen Bundesorden nicht rasch genug geht, wertet man die alten auf. Aber die Alten sind gar nicht so scharf drauf. Möglicherweise ist das auch nur ein Trick der Alliierten, damit sie in ihren Gazetten berichten können, es gehe den Deutschen wieder ausgezeichnet.

Auch der Chronist selbst hat sein zweitklassiges eisernes Kreuz von 42 wieder aus dem Versteck hervorgeholt. Leider hat es noch einige Haken. Er wollte sich bereits mit der Feile darüber hermachen, aber das ist vielleicht zu voreilig. Erst mal abwarten, wen die Regierung ausfeilen wird.

In Berlin wird seit einem halben Jahr gefeiert. Die Festlichkeiten finden in sämtlichen Besatzungsräumen statt – (habe ich eben räumen gesagt? – Dann bitte ich um Entschuldigung.) Hüben und drüben feuert man sich mit dem Ruf an: Feste, Feste – immer Feste. Auch Herr Grotewohl soll jetzt festgelegt werden. Sein Vorschlag: »Deutsche, setzt euch an einen Tisch«, wird in Bonn plötzlich ernst genommen. Aber es ist eine schwere Entscheidung. Sollen wir uns widersetzen – wieder zwischen zwei Stühle? Was Moskau da anbietet, ist ein Scheck ohne Deckung. Weder von Ost noch von West.
Dem Chronisten ist der Zusammenschluß zu betont. Wir wissen, wie es dem Kreml auf Betonungen ankommt. Wir sagen: Zusammenschluß und sie sagen zusammen: Schluß! Mal meinen sie Entrüstung und mal meinen sie die End-Rüstung. Die Vorstellung, daß der eiserne Vorhang sich heben könnte, ist natürlich berauschend; aber die Vorstellung, die wir bei geöffnetem Vorhang haben, ist eine Zwangsvorstellung.
Wenn wir ganz offen sein wollen – und das wären wir ja nach Abzug aller Besatzungstruppen –, dann müßten sich erst mal die Hausbesitzer verständigen, ohne dessen Genehmigung es ja doch bekanntlich verboten ist, irgendwelche Änderungen in den überlassenen Räumen vorzunehmen. Das steht wörtlich im deutschen Einheits-Mietvertrag.

KRIEG DEN HÜTTEN

Rundfinck-Kommentar 20

Vor zwei Tagen ist Bundeskanzler Dr. Adenauer nach Paris abgeflogen. Der Start in der Maschine des US-Oberkommissars McCloy muß ein erhebender Augenblick für den Kanzler gewesen sein; sicher sollte diese Geste auch symbolisch dafür sein, daß McCloy jederzeit bereit ist, Herrn Adenauer seinen Platz einzuräumen – wenn dieser den gewünschten Kurs steuert . . .
Die Landung in Paris scheint glatt vonstatten gegangen zu sein. Die Franzosen sind ja Fachleute auf dem Gebiet der Sicherheit – und darüber hinaus sind viele hochgestellte Persönlichkeiten daran interessiert, daß der Bundeskanzler in Paris glatt zu Boden geht.
Über den Gang der Verhandlungen läßt sich noch nichts sagen. Auf jeden Fall scheint Amerika wenigstens eine vorläufige Regelung der Deutschland-Frage zu wünschen. Die Engländer sind mehr für eine rückläufige Regelung; sie haben mit hörbarem Knall die Salz-Gittertür zu einer deutschen Produktionssteigerung zugeworfen. Ebenso wurde der Wiederaufbau der Thyssen-Hütte abgelehnt.
Die Jakobiner, die in der französischen Revolution für Freiheit,

Gleichheit und Brüderlichkeit kämpften, hatten den Kampfruf geprägt: »Krieg den Palästen – Friede den Hütten!« Heute heißt es: »Krieg den Hütten!« Offenbar stehen mit dieser Umkehrung auch die Worte »Freiheit« und »Gleichheit« heute unter dem entgegengesetzten Vorzeichen . . . Als dritte im Bunde steht die Werft von Blohm & Voß auf der Liste der harten Demontage: »Werft's zu dem übrigen!« – frei nach Schillers »Kabale und Liebe«. Wenn man unsere Werke, Werften und Hütten wenigstens noch abreißen und abtransportieren würde! Dann könnten wir noch an einen Wiederaufbau Europas glauben, – irgendwo, an einer anderen Stelle. Aber daß man unsere Produktionsstätten einfach eingehen läßt, das will uns nicht eingehen. Vielleicht wird es uns noch klargemacht – in einem Weißbuch etwa; lieber wäre es uns aber schon, wenn die Alliierten unsere gesammelten Werke herausgeben würden.
In Amerika sind die Atombomben-Versuche in ein neues, interessantes Stadium getreten. Zuerst hat man Milliarden Dollar ausgegeben, um Bomben zu entwickeln, die im Umkreis von Hunderten von Kilometern alles vernichten. Diese Wirkung war natürlich auf den Gegner berechnet, nicht auf die eigene Bevölkerung! Nachdem die Explosionen in Las Vegas ein Echo in Sibirien ausgelöst haben, müssen sich die Kernspalter in USA umstellen. Die Druckwelle der russischen Bomben hat bis nach Amerika hinüber einiges über den Haufen geworfen.
Während man bisher erklärt hat, an der Wirkung der amerikanischen Atombombe sei nichts auszusetzen, hat man jetzt eine ganze Kompanie Soldaten den Strahlungen ausgesetzt – und es ist nichts passiert! Quod erat demonstrandum . . . Die Atomwirkung ist *relativ harmlos;* man erwartet, daß den Amerikanern mit dieser Relativitätstheorie wenigstens Einstein vom Herzen fällt. Hoffentlich arbeiten die russischen Forscher im Sinne dieser Entwicklung weiter und konstruieren ihrerseits noch harmlosere Bomben, um *ihre* Bevölkerung zu beruhigen.
Langsam könnte man auf diese Weise dahin kommen, daß – unter Aufwendung weiterer Milliarden – die Atombombe zum Scherzartikel fortentwickelt wird.

DREHORGEL

Kein Musikinstrument vermag unser Gemüt eindringlicher zu beschwören als die Orgel. Keines ist würdiger. Baut man die Orgel allerdings in eine Kiste mit einer Drehvorrichtung, dann wird aus dem würdigsten das merkwürdigste Instrument: die Drehorgel.
Nichts bewundert die Menge mehr als den einzelnen, der sich über alle und alles mutig hinweg- und sich damit durchsetzt: den König, den Fürsten, den Diktator, den großen Herrn, den Volkstribun.
Vollzieht sich dieser Triumph des einzelnen über die Macht der Mittelmäßigkeit nur in seiner eigenen Phantasie – so sieht das Volk nicht mehr das Wunder, sondern das Wunderliche, und spricht nicht mehr vom König, vom großen Herrn usw., sondern vom komischen Kauz, vom Sonderling, vom Narren.
Natürlich kann ein König auch ein Kauz sein oder werden, ein Diktator, ein Narr usw., denn wir wissen: Es ist nur ein Schritt vom Erhabenen zum Lächerlichen.
Aber wie ist es umgekehrt? Vom Lächerlichen zum Erhabenen? Wissen wir das auch so genau?

SILVESTER 1951

Hallo! Da wäre ich wieder, um Ihnen von einem Jahr ins andere zu verhelfen. Wie war das doch dieses Jahr? Wir wollen es noch einmal passieren lassen!

Einerseits jagen die Menschen und hasten und jagen und hasten – –

Andererseits allerdings läßt sich jeder Zeit. Aber das war schon zu jeder Zeit so.

Apropos Faust: Ein Stück, das in diesem Jahr sehr gut ging, war »Die Irre von Chaillot«. Den Schlüssel zum Palais Chaillot übernahm der Generalsekretär der UNO, Trygve Lie. Damit befindet er sich – wie man sieht – in einer ausgesprochenen Schlüsselstellung.

Wir wollen uns aber bei der UNO jetzt nicht so lange aufhalten. Es genügt, daß die UNO uns so lange aufgehalten hat.

Man kann keineswegs mehr sagen: »In Westen nichts Neues«. Wenn auch Gefahr im Anzug ist, haben wir doch immer noch ganz gut abgeschnitten.

Das ist nicht zuletzt ein Verdienst unseres Bundeskanzlers, der in diesem Jahr so richtig in Fahrt gekommen ist. Und wir müssen sagen, er hat auf seinen Fahrten manches Gute erfahren.

Wenn es auch hin und wieder einen abschlägigen Bescheid gegeben hat, so ging es doch in Deutschland sichtbar wieder aufwärts.

Die Unterschriften in Frankreich deckten sich zwar nicht immer mit den Überschriften zu Hause. Und wo der Schuh – am meisten drückt, da war es der Schuh des deutschen Landsers. Noch klammert sich die Hose ans Bein – aber schon knobelt man wieder um den Becher.

Lehrgang oder Lehrlauf – das ist hier die Frage.

Der Streit darüber ist allenthalben entbrannt. Irgend jemand hat einmal behauptet – wenn ich nicht irre, war ich es selber –, das deutsche Volk sei sehr schwer unter einen Hut zu bringen. Aber sehr leicht unter einen Helm.

Es gibt eben Männer, denen will ein Hut nicht zu Gesicht stehen. So ging es General Ramcke. Nach seiner bewundernswerten Flucht aus Frankreich wurde er in Deutschland groß aufgenommen. – Jedenfalls von der Neuen Deutschen Wochenschau.

Seine Kollegen fühlten sich lebhaft vom Petersberg angezogen. Aber sie so anzuziehen, wie sie früher angezogen waren, das hat der Petersberg noch nicht fertiggebracht.

Deshalb sehen sie voll Neid auf das Ausland, wo der militärische Glanz von Jahr zu Jahr mehr funkelt. Überall können wir eine Zunahme in der Abnahme von Paraden feststellen. So marschiert der europäische Gedanke.

DER MANN UND DIE VERKÄUFERIN

Man sieht im allgemeinen Verkäuferinnen lieber als Verkäufer.
Ich denke, dieser Satz wird mir abgenommen werden. Um ihn noch näher an unser Thema zu bringen, muß ich ihn mit einem Artikel versehen. Der Artikel ist gut eingeführt und heißt: DER. Der Mann – lautet unser Satz nunmehr – sieht Verkäuferinnen im allgemeinen lieber als Verkäufer.
Allerdings dürfen Verkäuferinnen ein gewisses Alter nicht überschritten haben oder – wenn ja – müssen sie ein ungewisses Alter verkörpern. Zweifellos spielt der griechische Liebesgott Eros, oder wenn Sie es moderner ausgedrückt haben wollen, der amerikanische Leibespräsident Sex-Appeal, eine wesentliche Rolle bei dem guten Einvernehmen zwischen den Männern und den Verkäuferinnen.
Daß sich die Chefs der Firmen und Inhaber der Häuser diesen glücklichen Umstand zunutze machen und mit weiblichen Wesen hinter dem Verkaufstisch nicht sparen (– es ist hier nicht vom Gehalt die Rede, sondern nur vom Einsatz! –), ist selbstverständlich. Auf diese Weise wird Amor wenigstens volkswirtschaftlich wertvoll. Als nur tändelnder und Liebespfeilchen verschießender Zuckerbengel hat er in unserer hart arbeitenden, nüchternen Welt keine Existenzberechtigung mehr. Es ist klar, daß ihm die Flügel beschnitten – damit er nicht auf jeden fliegt – und seine Köcher plombiert werden –, damit er nicht auf jeden losschießt. Den Einsatzbefehl bekommt er von der Verkäuferin.
Was den Umgang mit den Damen hinter dem Ladentisch so besonders reizvoll macht, ist die Mühelosigkeit, mit der jedermann Kontakt mit ihnen bekommen kann. Allerdings ist es meistens ein Wackelkontakt. Der Wärmestrom herzlicher Zuneigung setzt immer aus, wenn das Interesse des Mannes vom Pfeilgebotenen allzu deutlich auf die Pfeilbietende übergeht. Jedenfalls in den meisten Fällen.
Daß eine Verkäuferin etwas Ansprechendes haben muß, versteht sich von selbst; wie sie diesen Anspruch erfüllt, ist individuell; das direkte Ansprechen halten wir für überholt: »Was darf es bitte sein?« oder »Was wünschen Sie bitte?«
Die moderne Verkäuferin drückt so etwas genauso deutlich aus durch eine Haltung, die eine Neigung zur Unterhaltung erkennen läßt.
Und die Verkäuferinnen machen es den Männern ja so leicht. Für einen Blick allein auf eine Krawatte bekommen Sie ein Lächeln ins Herz geweht, das zu den schönsten Hoffnungen berechtigt. Daß nach der Wahl der Krawatte diese Hoffnung dann nicht, sondern nur der Kassenzettel eingelöst wird, gehört zu dem, was wir oben

bereits schon einmal andeuteten, als wir von den beschnittenen Flügeln redeten.

Der Chef des Paradieses wußte schon, warum er den Apfel von einem weiblichen Wesen offerieren ließ. Wie die Eva dann dem Adam den Apfel angedreht hat, den er erst gar nicht wollte, ist ja bekannt. Wahrscheinlich wird der Adam den Apfel gar nicht beachtet haben, sondern nur die ihm überaus reizende Verkäuferin.

Sonst hätte er doch merken müssen, daß der Wurm drin war, die Schlange.

Oder hatte er's gemerkt und nahm es einfach mit in Kauf? Und wie teuer die Frucht war! Ein ganzes Paradies hat sie gekostet. Wenn der Adam wenigstens nur gekostet hätte! Aber er hat es gleich ausgekostet. Die Unschuld war dahin. Die Zeit des Feigenblattes war vorbei. Die anziehende Eva wird damit zur Mutter der Textilindustrie.

Der umgekehrte, auch im biblischen Zeitalter liegende Fall, wo keine Verkäuferin, sondern ein Verkäufer in Erscheinung trat, endete um so kläglicher.

Dieser Mann hatte ein prima Erstgeburtsrecht zu verkaufen. Und was tat der Bruder? Er hat's beinahe verschenkt. Für ein Linsengericht gab er es ab. Er hieß Esau.

Jetzt braucht man sich nicht mehr zu wundern, wenn seitdem Verkäuferinnen bevorzugt werden.

Wir Männer kennen das Spiel der Verkäuferinnen, fallen immer wieder darauf herein und finden es immer wieder schön. Nur eines dürfen die Verkäuferinnen eben nie versäumen, sonst wird das schöne Blendwerk sofort zerstört: Sie müssen es immer so einrichten, daß hinter ihrer Zuneigung niemals die Waren-Absichten zu erkennen sind.

KONNTE ICH DA WIDERSTEHEN?

Peter Beauvais, mein Regisseur, steht auf dem Standpunkt, daß das Improvisieren innerhalb einer Komödie dem Improvisator vielleicht nützlich sei, dem Stück aber in jedem Falle schade.
Ich denke da anders drüber. Aber gleichviel, wir einigten uns auf unbedingte Texttreue, Handschlag – Probe – Aufführung. Das Stück ist »Der Maulkorb«, die Rolle der Staatsanwalt von Treskow, und die Versuchung groß, doch einmal über die Strenge zu schlagen (danke, ich weiß auch, wie es geschrieben wird). Alle Abende führten sich der »Maulkorb« und ich gut auf. Bis auf einen.
Sie werden sich entsinnen, daß kürzlich im »süddeutschen Raum« (wie unser Früherer sich ausgedrückt hätte) die Stromzufuhr versagte. Städteweise – länderweise. Auch in Stuttgart.
Es begann mit einem Flackern. Dann merkte man, wie der Widerstand keinen mehr leistete. Mein Staatsanwalt von Treskow war gerade im Begriff, bei seinem vorgesetzten Chef Anklage gegen sich selbst zu erheben, als der strahlende Scheinwerfer in ein immer matter werdendes Leuchten überging.
Jetzt bitte ich Sie, war es wirklich eine Sünde wider mein Versprechen, daß ich da dem Spoerlschen Text hinzufügte: »Die Sache eilt, Herr Oberstaatsanwalt, es besteht Verdunklungsgefahr.« Sie hätten das brausende Lachen hören sollen, mit dem das unten quittiert wurde. Und es war doch genau im Geiste der Rolle.
»Hoffentlich wird die Sache nicht zum Mittelpunkt eines Hörspiels«, fuhr ich fort. Und schon sah man nur noch die roten Lampen der Notbeleuchtung. War das ein Jubel im Parkett.
Schließlich mußten wir, da ja das Ende der totalen Finsternis nicht abzusehen war, den Hauptvorhang herunterlassen. Nun war ich ja wieder mein eigener Hausherr, entschuldigte mich für den Vorfall, wies darauf hin, daß in ganz Stuttgart das Licht erloschen wäre: »Ich kann mir diese spontane Finsternis nur damit erklären, daß der Bürkle-Prozeß zu Ende gegangen ist.«
Die Auswirkung dieses Satzes übergehe ich mit aller Bescheidenheit.
Als dann, nachdem einige Minuten vergangen und die Tische auf der Bühne mit einem Dutzend Kerzen notdürftig beleuchtet waren, weitergespielt werden konnte (wie zu Schillers Zeiten), hatte der Oberstaatsanwalt in seiner Rolle gerade zu sagen: »Ich hoffe, daß endlich etwas Licht in die Angelegenheit kommt.«
Und daß da der Staatsanwalt von Treskow noch einmal über den Autor hinausgehen und antworten mußte: »Es kann gar nicht genug Licht kommen«, das hat sogar mein Regisseur verstanden und gebilligt. Seitdem bin ich aber eisern in der Rolle geblieben wie zuvor.

Nur ganz tief im Herzen hoffe ich, daß mich bald wieder einmal höhere Gewalt in andere Umstände bringt und meiner Pflichten entbindet.

REISE NACH RIO 1952

Wenn einer modernen Großstadt das schmückende Beiwort »märchenhaft« heute noch gebührt, dann ist es Rio de Janeiro. Rio!
Es gibt kaum eine zweite Stadt auf der Welt, jedenfalls keine von solchen Ausmaßen, die allein mit ihrem Namen eine Kettenreaktion von märchenhaften Zaubervorstellungen bei allen auch nur einigermaßen phantasiebegabten Menschen auslöst. Rio de Janeiro! Schlangen, Ozean, Urwald, das sah ich vor mir, als ich noch nicht drüben war. Ich wußte auch, daß Rio auf jenem großen subtropischen Erdteil liegen mußte, der auf dem Globus wie ein Kotelett an Nordamerika hängt; mit einem Faden befestigt, der Landenge von Panama. Nur hätte ich natürlich nicht sagen können, ob Rio die Hauptstadt von Chile ist, oder von Argentinien; in irgendeiner dunklen Beziehung stand die Stadt für mich auch zu Uruguay oder Paraguay.

Deshalb dürfen Sie mich aber nicht gleich für einen besonders unbeschlagenen Zeitgenossen halten. Es geht merkwürdigerweise sehr vielen Mitteleuropäern noch heute ähnlich, wie es mir ergangen war, als ich Südamerika noch nicht persönlich erlebt hatte. Wer allerdings erst einmal drüben gewesen ist, faßt es ja nicht mehr, daß er es jemals hat durcheinander bringen können, dann weiß er es ein für allemal, daß Rio de Janeiro in Brasilien liegt.

Was Washington für die USA ist, Bonn für – vorübergehend, Wien für Österreich, das war 1952 Rio de Janeiro für Brasilien: die Bundeshauptstadt. (Heute ist es das am Reißbrett entworfene Brasilia auf der Hochebene von Goiaz.) Rio ist allerdings nicht die einzige Hauptstadt Brasiliens, denn die 25 Länder, die das Bundesland darstellen, nennen sich auch Staaten und haben noch ihre – wie soll man sich ausdrücken – zusätzlichen Hauptstädte. Rio ist gleichsam die Oberhauptstadt dieser Hauptstädte, die Beherrscherin des Bundesdistrikts.

Ankommen in Rio sollte man grundsätzlich nur mit dem Schiff; und in den Abendstunden. Und im tiefen Winter, wenn die Luft im Gegensatz zum brasilianischen Hochsommer so angenehm kalt ist, daß die Einheimischen frösteln, wenn sie den Leuten beim Baden zusehen. Es kann sich dann immer nur um Europäer handeln; denn die haben drüben noch das abgehärtete Blut von hüben und halten 25 Grad Wärme für warm.

Während der Dampfer langsam in die Bucht einfährt, kann man sich genießerisch auf dem Deckstuhl räkeln und sich von dem Lichtermeer gefangennehmen lassen, das sich funkelnd und glitzernd wie eine Opernkulisse – Ausstattung Teo Otto – oder wie eine festliche Ilumination Meilen und Meilen rechts und links entlangzieht. Und hinter diesem elektrisch erzeugten Lichtrausch zeichnen sich ahnungsvoll die dunklen Hintergründe der brasilianischen Natur ab mit Dschungel und Urwald und tropischer Pracht. Irgend jemand, der alles kennt und der auf keinem Schiffe fehlt, kommentiert es, sagt vielleicht: Diese Wolkenkratzer gehören zu dem und dem Viertel, das Breite, was Sie da hinter der Einbuchtung sehen – nein etwas weiter, etwas höher, ja genau dort – das war noch vor fünf Jahren undurchdringliches Dickicht. Ein Satz, ein Standardsatz, der typisch für die Millionenstädte in Brasilien ist und den man immer wieder hört: Vor ein paar Jahren war dort noch undurchdringliches Dickicht.

Ja, und von diesem unvergeßlichen und einmaligen Erlebnis der ersten Begegnung mit Rio de Janeiro hatte ich gerade kurz vor meiner Abreise im Juni 1952 erzählt bekommen. Leider kam ich selber nicht am Abend, sondern am Tage an. Da fallen natürlich die Lichteffekte ins Wasser der Bucht, in die die Stadt hineinragt.

Aber der Tag hat den Vorteil, daß berühmte Einzelheiten deutlich zu erkennen sind:

Da ist erst einmal der auffallende Zuckerhut; man hatte ihn schon in so vielen Prospekten und auf so viel Postkarten gesehen. Dieses Riff erhebt sich einigermaßen grotesk über der Bucht.

Was den Parisern der Eiffel- und den Münchnern die Frauentürme sind, das ist den Cariocas – so nennt man und so nennen sich die Einwohner Rios – der Zuckerhut. Wahrzeichen heißen diese Sachen. Hier wäre auch noch ein anderes Wahrzeichen zu nennen, ein moderneres, kein natürliches, wie der olle, ehrliche Zuckerhut, sondern ein unnatürliches, von Menschenhand hergestelltes – hingestelltes, genauer gesagt. Es krönt einen ebenfalls steil aufsteigenden, corcovado genannten mächtigen Felsen und stellt den segnenden Heiland dar. Eine überdimensionale gewaltige Statue, gegen die Thorwaldsens Kolossalfiguren wie ein Nippes wirken. Wenn man in der richtigen Entfernung unten in der Stadt zu dem Monument heraufschaut, bekommt es eine natürliche Größe.

Im Norden stürzen die phantastischen Felsentürme des Orgelgebirges mit dem charakteristischen Dedo de Deus, Finger Gottes, über zweitausend Meter tief und steil hinab an die tropische Küste des Atlantischen Ozeans, der dort, am Wendekreis des Steinbocks, die märchenhafte Guanabara-Bucht bildet, an der Rio de Janeiro, die Hauptstadt Brasiliens, weit ausgebreitet zwischen Bergen und Meer liegt. Dahinter aber blickt man von den zackigen Gipfeln dieser brasilianischen Dolomiten in weitverzweigte, bewaldete Hochtäler, aus deren besonnten und bewässerten Waldgründen Hunderte von weißen Sommerhäusern und moderne Hotels hervorleuchten: das ist Teresópolis, der berühmte tropische Luftkurort Brasiliens, den man von Rio de Janeiro auf einer der schönsten Bergstraßen der Welt vom Meer her durch die tropische Bergwelt hinauf, mit

dauernd wechselnden Ausblicken auf die aus dem Urwald hervorsteigenden Felskolosse und weite, farbige Wälder, vorbei an Petropolis, der früheren Sommerresidenz des vergangenen kaiserlichen Brasilien, in dreistündiger, unvergeßlicher Fahrt erreicht.
Wie gesagt, kann man dieses ausgedehnte und phantastisch ausgebreitete Panorama nur erleben, wenn man mit dem Flugzeug nach Rio kommt, wie es mir ging.
Wir hatten vor der Landung die ausreichende Höhe von etwa 3200 Metern, das ergibt normalerweise eine ungeahnte Vogelperspektive und ist ebenfalls, ganz anders wieder, als die nächtliche Einfahrt, eine Gelegenheit zum Aufsperren der Augen und zum Offenlassen des Mundes.
Es sei denn, das phantastische Panorama wäre in seiner gesamten Länge und Breite von einer endlosen Wolkenschicht überdeckt, wie es mir damals passierte.
Man soll Wolken nicht verfluchen, weil sie himmlisches Frachtgut sind, aber in diesem Falle war ich nahe daran es zu tun. Der Anblick eines weißen und undurchlässigen Allerweltswolkenvorhangs, das war alles, was ich bei der berühmten Ankunft in Rio erlebte.
Nach langem Kurven erst traute sich der Pilot nach unten durchzustoßen. Was ich dann allerdings sah – Sie werden es nicht für möglich halten –, weithin und in strahlendem Rot leuchtete mir ein Name entgegen, der es in sich hat: COCA COLA. Es war zum Weinen. Beim Anblick dieses Blechschildchens sehe ich jedesmal Rot. Das liegt wohl an seiner Farbe. In der alten Welt pflegt dieses Schild, mit der Genauigkeit eines geometrischen Instrumentes, das Ende der alten Kultur und den Anfang der neuen Zivilisation anzuzeigen.
Rio ist eine Hochburg modernster Zivilisation. Es hat die allerneuesten, die höchsten, die saubersten usw. und alles nach dem Stand der letzten wissenschaftlichen Erkenntnisse; aber zugleich hat es auch die schmutzigsten, die primitivsten, die niedrigsten usw. usw. . . .
Sie werden sich vielleicht gefragt haben *was*? Was für modernste oder was für primitive Undsoweiters das nun sind; ich habe die Einzelheiten aber absichtlich noch verschwiegen, weil das einzelne Was nicht so wesentlich ist wie das gesamte Wie: *Wie* in dieser Stadt raffiniertestes 20. Jahrhundert und primitivstes Höhlenmenschendasein miteinander gepaart ist: Dschungel neben Prachtavenuen, Folklore und Nylon, finstere Elendshütten und gläserne Industriepaläste.
Senjor Gonçalo Coelho, der vor mir angekommen war, hat das Coca-Cola-Plakat nicht lesen müssen. Er ist allerdings sehr, sehr viel früher in Rio angekommen als ich. 1502 am Neujahrstag. Daher der Name des Rio de Janeiro: Januarstrom. Es ist ganz schön, wenn man solche Zusammenhänge auch mal weiß. Als Gonçalo Coelho

nach Rio kam, 1502 wie gesagt, gab es Brasilien erst zwei Jahre lang, also den Namen jedenfalls, der von der für das Land typischen farbigen Holzart stammt: Sie glänzt rötlich, wie der Brand einer Brasilzigarre. (Brasilzigarren, die mir drüben, also in Brasilien, angeboten wurden, waren übrigens lange nicht so aufregend schwarz, wie man sie hierzulande bewundert, sondern blond wie die Havannas.)

Was Herrn F. betrifft – Sie erlauben mir bitte, daß ich mich mit meinem allzu vordergründigen *Ich*, so oft und so lange wie möglich, wenigstens etwas in den Hintergrund stelle (ganz läßt es sich leider nicht machen, weil es ja sehr persönliche Erlebnisse sind) –, also der Rio-Neuling kam sehr bald geradezu in einen Schlagschatten. Er ist inzwischen in einem Hotel abgestiegen. Das Zimmer ist so hübsch, wie es ein modernes Hotelzimmer eben sein kann, in dem ein als Couch verkleidetes Bett steht, mit einer Schaumgummi-Matratze. Der Couchüberzug läßt sich wie eine Decke abnehmen, dient auch gleichzeitig als Zudecke. Sehr dünn, aber für diese Temperatur zu dick. Denn es ist schwül im Zimmer. 26, 27 Grad Wärme. Es ist also Winter; denn die Temperaturen im Sommer liegen in Rio um ein beträchtliches höher. Aber im Winter liegen sie doch oft tiefer als 27 Grad Wärme. Es ist also ein verhältnismäßig strenger Wintertag; milde wäre er mit tieferem – – nein, wie ist das? Jetzt wird es nämlich schon sehr kompliziert für Menschen aus den sogenannten gemäßigten Zonen Mitteleuropas. Das Zimmer, von dem wir gerade sprechen, ist dem Sonnenlicht ganz besonders ausgesetzt, denn es liegt nach Norden hinaus. Wer viel Sonne haben möchte, nimmt dort drüben ein Nordzimmer. Die Südzimmer sind wesentlich kühler, die gehen ja nach dem Südpol zu, die Nordzimmer nach dem Äquator. Das klingt vielleicht albern, jeder Geograph wird die Angaben aber genau bestätigen.

Außerordentlich verwirrend ist ja auch der Anblick des Mondes im ersten oder zweiten Viertel. Er – es ist sicher eine optische Täuschung, man hat ihn doch in Europa oft genug gesehen –, er bildet gerade eine Sichel, das tut er bei uns auch, aber bei uns geht die eine Spitze der Sichel nach oben und die andere nach unten. Und dort über Rio liegt Luna glatt auf dem Rücken, die eine Spitze genau waagerecht gegenüber der anderen.

Der Ankömmling zieht sich das Jackett aus und öffnet das Fenster, um frische Luft hereinzulassen; von tief unten herauf (es sind zehn Stockwerke) dringt das Brausen des Großstadtverkehrs. Aber es ändert nichts an der Temperatur. Die Luft von draußen ist womöglich noch schwüler als die im Zimmer, obwohl es Abend ist. Treibhaus. Aber aus dem Treibhaus kann man wenigstens wieder heraus und dann aufatmen. Das Hemd liegt klitschnaß am Körper. Geschäftig streift er sich die restlichen Kleidungsstücke vom Leibe;

erst später lernt er, daß solche Geschäftigkeit unnötig ermüdet. Dann geht er unter die Brause. Er dreht sie auf: viertel, halb, ganz – kein Tropfen! Dreht sie wieder zu. Klopft am Rohr, untersucht die Hähne, dreht den rechten nach links, den linken nach rechts, und umgekehrt. Endlich gibt der Wasserhahn nach und nach ein paar Tropfen her, genug, damit er sich wenigstens einseifen kann. Dann bleibt das Wasser aber endgültig weg.

Einigermaßen verzweifelt geht er ins Zimmer zurück und nimmt den Hörer von der Telefongabel: Hallo – Hallo – Hallo!

Eine Stimme antwortet: Si.

Sprechen Sie Deutsch, verstehen Sie mich? – Hallo?

Naõ comprendo.

Do you speak english, zufällig french?

Un poco. Qu'est-ce-que vous voulez?

Ecoutez mon bain – was heißt denn jetzt Brause? – Il n'y de l'eau.

Also, es stellt sich jedenfalls heraus, daß infolge der permanenten Wasserknappheit in Rio – unser Held schaut aus dem fenêtre, aus dem Fenster – wir sind ja wieder unter uns, und können deutsch sprechen –

Da sieht er den Ozean schimmern. Wasser, Wasser, endlos viel Wasser. Aber in Rio, gleich hinter dem Strand, wird es so knapp, daß es zur Kostbarkeit wird. Wie kommt es, fragt er sich, daß diese Cariocas den Ozean sozusagen vor der Tür haben, aber kein Wasser in der Leitung.

Später klärte ihn ein deutschsprechender Carioca über die Ursachen jener peinvollen Minuten auf. Rio wächst sehr schnell, wie überhaupt alles in Brasilien schnell wächst. Häuser oder Lianen. Die technischen Konstruktionsmöglichkeiten, besonders was Detailkonstruktionen und die feinmechanischen betrifft, sind nicht aber immer up to date. Und Wasser ist eine Kostbarkeit, weil nicht nur die Stadt, sondern auch die Industrie, in Ermangelung von Kohle, hauptsächlich mit hydraulischer Energie gespeist wird. Dazu kommt das heiße Klima, das bis zu acht Monaten hintereinander herrscht. Regenfälle sind selten. Und um Meerwasser trinkbar zu machen, sind ungeheure Anlagen notwendig, die der ohnehin stark verschuldete Staat nicht finanzieren kann. Und was nützt auch eine großartige Anlage, wenn sie in zehn Jahren doch überholt ist? Der Brasilianer ist voller Elan und Unternehmungsgeist – nur Koordination städtischer, staatlicher und privater Interessen fällt ihm schwer. (So war es noch 1952. Heute ist der Wassermangel bereits völlig behoben.)

Anschließend gehen der Neuling und sein Carioca eine belebte Geschäftsstraße entlang, an deren einem Ende der Ozean wieder zu sehen ist. Ein überraschender Ausblick, der zum längeren Hinsehen verlockt; aber der Begleiter verhindert das: »Passen Sie auf!« ruft

er. »Beinah wären Sie unter die Räder gekommen.«
Die Taxis fahren hier wie die Wahnsinnigen. Nun ist Aufpassen aber leicht gesagt, wenn so viele neue Eindrücke auf einen einstürzen.
Das ist schon eine tolle Straße. Wie heißt sie? Straßenschilder sind Mangelware hierzulande. Ein großer Zufall, wenn man an irgendeiner Stelle eins angebracht hat. Und das ist dann meistens von einem Stück Bauzaun verdeckt oder von irgendwelchen Gewächsen, die sich davorgerankt haben. Im allgemeinen hält man es für angebracht, gar keine anzubringen.
Das ist die Avenida Rio Branco. Aha! Eine breite Straße, weiß Gott, aber dieser enorme Verkehr läßt sie schon wieder schmal erscheinen. Zur größeren Hälfte liegt sie, trotz der Sonne, die hoch am Himmel steht, im Schatten.
Kein Wunder bei dieser Anhäufung von Wolkenkratzern, die in der Front schmal, aber ihre 18 bis 20 Stockwerke hoch sind und kilometerlang nebeneinander stehen. Aber dann gibt es, außer der vielleicht noch gewichtigeren, Ovidor genannten Hauptgeschäftsstraße, noch eine Avenida, deren Ruhm erst im Kommen ist; sie hat keine so komfortablen Geschäfte und keine so breiten Trottoirs, auf denen eine bunte Menschenmenge entlang flaniert, wie auf der Rio Branco – das ist also eine Straße, die alle anderen Straßen Rios weit in den Schatten stellt, selbst aber keinen hat, weil sie von einer geradezu imponierenden, verschwenderischen Breite ist: die Avenida Presedente Varges. Auf der könnten die größten viermotorigen Clipper bequem landen und gemächlich ausrollen. Anders ausgedrückt, diese Avenida läßt noch einen beachtlichen freien Mittelstreifen sehen, wenn auf ihrer rechten Seite sechs Cadillacs stadteinwärts und auf der linken sechs stadtauswärts fahren.
Übrigens ist der ebengenannte Cadillac für drüben das, was bei uns der Volkswagen ist. Mißgünstige behaupten, die Brasilianer wären von den Bäumen herunter direkt in die Cadillacs gestiegen. Das ist natürlich eine schamlose Übertreibung.
Nach Geschäftsschluß sieht man die Straßenkreuzer in langen und dichten Kolonnen von der Innenstadt in die äußeren Bezirke fahren: fahren ist allerdings ein optimistischer Ausdruck; anfahren, ein wenig dahinrollen und wieder stoppen, so sieht das um diese Zeit aus, manchmal stoppt die lange Schlange minutenlang und noch länger, und nach ein paar Minuten beginnt ein Hupkonzert, aber kein wütendes, wie bei uns, sondern ein humorvolles; es sind keine gereizten und aufgebrachten Kraftfahrer, die dort drüben den Ton angeben, den Dauerton des Boschhorns, sondern heitere Zeitgenossen und Zeithaber, die ihren kindlichen Spaß haben an solchen melodischen Dreiklangkonzerten. Nicht selten hört man den Brac dazwischen. Und so eigentümlich es klingen mag, dieser Spaß am

Spaß überträgt sich auch auf den, der es mitanhören muß, selbst wenn er hierzulande ein Vorkämpfer ist für das generelle Hupverbot.

Für die Taxifahrer sind solche Minuten natürlich unerträglich. Daß sie wie die Verrückten dahinrasen, wurde schon gesagt. Amok-Fahrer sind das. Und die Läufer sind die jeweils zu Tode erschrockenen Passanten. Ganz Rio ist empört über diese Rasenden. Die Presse brandmarkt sie immer wieder mit den schärfsten Ausdrücken. Sie rasen weiter, diese armen Geschwindigkeitsrauschsüchtigen. Sie lassen sich durch nichts aus der Ruhe bringen, die sie ihren Fahrgästen nehmen.

Das geht natürlich nicht ohne erhebliche Karambolagen und Katastrophen ab, bei allen Autofahrern. Wohl dem, der seinen Wagen schnell verlassen und das Weite suchen kann nach einem Unglücksfall. Er darf sich natürlich auch drüben der Verantwortung nicht entziehen, und so ist das, was bei uns schwerste Fahrerflucht wäre, unter den dortigen Verhältnissen nicht viel mehr als eine Vertagung der Angelegenheit. Es ist ein ungeschriebenes Gesetz, daß, wer einen Unfall verursacht hat, sich zunächst aus dem Staube machen darf; es unter Umständen sogar muß, denn es kann ihm durchaus passieren, daß er, wenn er bleibt, erst einmal gehörig verprügelt wird von der Polizei an Ort und Stelle oder im Gefängnis. Ganz gleich, ob er Schuld hat oder nicht, erst bekommt er einmal prophylaktisch eins aufs Dach. Und es denkt auch keiner von den Passanten daran, den Davonrennenden aufzuhalten, der würde auch erst einmal festgenommen werden; Zeugen sind wichtig, also gleich in Sicherheit mit ihm.

Wehe aber, wenn der Schuldige sich nach 24 Stunden nicht gemeldet hat. Das tut der feine Mann natürlich immer. Er kommt aber mit seinem Anwalt. Und das ist die erste Respektsperson für die Polizei. Wie dann der Prozeß ausgeht, der sich dann anschließt, das ist wieder eine Sache für sich. Wenn, wer den Unfall verschuldet hatte, wesentlich reicher ist als der ihn erlitt, und der reichere nicht gerade geizig ist, kann man mit Sicherheit annehmen; na ja, und das Annehmen gehört eben zu den Annehmlichkeiten, die auch in Brasilien das Leben leichter machen können.

Die Wagen auf unserer Straße stocken im Augenblick besonders gründlich. Eine Taxe wäre jetzt leicht anzuhalten. Greifen wir uns doch einmal eine. Den großen Wagen da, der ohnehin hält; aber nein, der ist ja besetzt.

»Macht nichts«, sagt der sich auskennende Begleiter. »Das ist ein Lotacaon.«

Ein Lota-was? Das ist die allerkleinste Form eines Autobusses, entnehme ich seinen Erklärungen. Das Abfahren einer bestimmten Strecke, das Halten an bestimmten Punkten, das ist das, was die

Lotacaons mit den Autobussen gemeinsam haben. Das Äußere der Autodroschken und die Anordnung der Sitze, darin sind sie wie normale Taxen. Je mehr Personen in so einem Lotacaon mitfahren, um so billiger wird der Fahrpreis.

Unser Neuling und sein Begleiter sind Fahrgast vier und fünf. Eins, zwei und drei rücken zusammen. Die Körper sind gedrückt, aber der Fahrpreis auch. Es hebt sich auf. Weil es jetzt endgültig zu heiß wird, zieht einer das Jackett aus und nestelt den Binder auf und macht sich fertig zum Schillerkragen. Wer wohl? Bestimmt keiner von den Brasilianern. Sie können es nicht gemacht haben. Nie und nimmer. Als gute Cariocas wissen sie, daß es unschicklich ist und shocking, sich in Gesellschaft die Jacke auszuziehen und sich des Binders zu entbinden. Versuchen Sie einmal so in ein Kino zu gehen. Sie versuchen es einmal und dann nie wieder. Tja, so streng sind dort die Bräuche. Die mitfahrende Dame, die nur auf die Bemerkung unseres Begleiters hin, es handle sich um einen Ausländer (Gringo heißen die etwas verächtlich), ihre mißbilligenden Blicke in ein ironisches Lächeln übergehen läßt, die mitfahrende Dame zeigt sich sehr schnell versöhnt, als der Neuling »Excusez« zu ihr sagt.

Ausländer haben in Lateinamerika gewisse Chancen, sobald sie Franzosen sind oder Franzosen zu sein vorgeben.

Die weiblichen Cariocas, die Damen in Rio de Janeiro, sind ein eigenes Kapital wert (Verzeihung, ich verbessere mich – ein eigenes Kapitel; Kapital stimmt übrigens auch). Sie sind schön, das steht außer Zweifel. Bildschön. Schwarzäugig und untadelig in der Figur. Sie genießen ein großes Ansehen. Aber Ansehen, das ist auch so ziemlich alles, was dem ihr unbekannten Herren gestattet wird, der sich für sie interessiert. Richten Sie, meine Herren, eine Frage an sie, und Sie sind gerichtet.

Ja, Männer unter sich – das ist etwas ganz anderes. »Wie komme ich nach . . .« fragt der eine den andern, wenn er nicht Bescheid weiß. Und er wird höflich und umständlich jede gewünschte Auskunft geben oder bekommen und sogar die Begleitung dorthin auf sich nehmen, sich zumindest für ein Stück des Weges warm empfehlen. Ein Mann begleitete unseren Neuling sogar, ohne daß er ihn etwas gefragt hatte. In einigem Abstand, aber doch kam er ihm immer nach, wie der andere ihn auch abzuschütteln versuchte. Er hätte einen Schutzmann rufen können. Aber dann hätten ihn vielleicht zwei verfolgt. In Rio sind solche Situationen keine Seltenheit, so daß sich kein Mensch drum kümmert, wenn er sich nicht drum kümmern will.

Aber mit den Damen ist es eben anders. Man darf sie weder auf einer Straße, noch nach einer Straße ansprechen. Nach einer – Einführung in der Familie, die zunächst einen undurchdringlichen Schutzwall um die Töchter des Landes bildet, nach der Überwindung dieses

Walles erst ist es möglich, menschliche Worte an die junge Dame zu richten. Diesen Wall zu durchbrechen ist eben ein Unterfangen, das jahrelange harte, listenreiche und konzentrierte Arbeit verlangt. Kostspielig ist es auch. Da hatte es einmal einer mit viel Schläue und Rittertum so weit gebracht, daß er das Mädchen ins Kino einladen durfte. Er war schon eine Zeitlang mit ihr verlobt, versteht sich. Am Nachmittag erschienen zu seinem Entsetzen vor dem Kino:
a) die Mama, aufgeputzt und bemalt;
b) Tante Eulalia, mit den Argusaugen;
c) Opa, am Stock, aber bereit, sich richtig zu amüsieren;
d) Elisa, die jüngere Schwester, kichernd;
e) Pedro, der ältere Bruder, finster blickend;
f) Dudo, drei Jahre alt;
g) das Dienstmädchen, zur Wartung Dudos und zur Aufsicht von
h) Hund Toto.
Die Braut war auch dabei, im Hintergrund. Mein Freund zahlte den Posten Kinokarten, die Ladung Nachtessen und die beiden Taxis, die schließlich die Familie wieder nach Hause, nach Petropolis, einige Kilometer bei Rio, zurückbrachten. Geheiratet hat er das Dienstmädchen, das ihm ob seiner rührenden Bescheidenheit beim Essen aufgefallen war.
Aber ich erzähle und erzähle und habe darüber ganz vergessen, daß unser Lotacoan längst an der Endstation angekommen ist: Es ist das Stadtviertel Copacabana. Ein Name, in dem viermal hintereinander ein A vorkommt. Das erste »Ah«, das der Fremde ausatmet, gilt dem langhingezogenen Strande, der Copacabana vom Atlantischen Ozean trennt. Ein einmaliger, unvergeßlicher Strand. Das Faszinierendste an diesem meilenweit in einem geschwungenen Bogen sich hinziehenden breiten Badestrand ist wohl seine enge und unmittelbare Nachbarschaft mit der Avenida Copacabana, einer nach beiden Seiten hin viel befahrenen Straße.
Vom Hotel gleich zum Strand und von dort ins Wasser gelangen zu können, das gibt's ja oft genug, oder man geht aus einer Hoteltüre und befindet sich sofort im dichtesten Großstadtverkehr. Auch das ist nichts Besonderes.
Aber aus dem Hotel kommen – nur den Bademantel über der Badehose, wohlverstanden – und nicht über die Straße gehen zu können, weil die Kette der Automobile nicht abreißen will und dann mit einem Blick nach rechts und einem nach links mit fünf, sechs schnellen Schritten den Dünensand erreichen und an Strandkörben und Sonnenschirmen vorbei in die Fluten des Atlantischen Ozeans steigen: das ist das Einmalige an Copacabana.
Das nächste »Ah« bezieht sich auf die Gegend. Sie ist unbeschreiblich schön, und deswegen werde ich sie auch gar nicht erst beschreiben. Und »Ah« sagt man schließlich abends, wenn die vielen

Lampen am Strande aufflammen und schließlich sagt man »Ah«, wenn man erfährt, daß Copacabana die Hochburg der Emigration, insbesondere der deutsch-österreichischen ist. Der Immigration, wie man in der Landessprache sagt.

In den deutschsprachigen Kreisen heißt dieser besonders elegante und hypermoderne Stadtteil, aus dessen vornehmen, mit Klimaanlagen und jedem nur denkbaren Komfort ausgestatteten Wohnungen, von denen aus der Horizont des Meeres zu sehen ist, ja also dieser Stadtteil wird auch scherzhaft das Steinklopferviertel genannt. Man muß dazu wissen, daß viele dieser hierzulande zu unerhörtem Reichtum gelangten Emigranten ihre tragische Auswanderung nach Brasilien mit den bitteren Worten zu begleiten pflegten: »Lieber in Brasilien Steine klopfen, als im Deutschland Hitlers weiterleben.« Vielleicht sind auch Edelsteine mit verkloppt worden. Glück im Unglück könnte man es auch nennen. Es kursierte auch eine Scherzfrage, nämlich, wie man in Copacabana die Reichen von den Armen unterscheiden könne. Die Armen, lautete die Antwort, müssen sich ihren Cadillac alleine waschen. Leider gibt es aber unter den Emigranten auch einige, denen es nicht gelungen ist, ihr Unglück wettzumachen.

So konzentriert Copacabana nun auch die Reize des modernen Rio zur Schau tragen mag, ist es dennoch nur ein Viertel dieser großen Stadt, und wir dürfen die anderen Viertel darüber nicht vergessen, die noch viele andere Sehens- und Merkwürdigkeiten haben. Wir haben vorhin zuviel europäische Hast an den Tag gelegt, als wir die Geschäftsviertel mit dem Lotacaon verließen. Dabei sind uns die engen Straßen und Geschäfte entgangen, Seitenstraßen der Rio Branco im besonderen, deren Leben und Treiben geradezu orientalisch anmutet.

Was dem Mitteleuropäer immer wieder auffällt, ist der Eingang in die Läden, auch in die größten und vornehmsten. Da fehlt einem in den ersten Tagen immer wieder die Eingangstüre. Der Bürgersteig und das Ladeninnere sind oft nicht einmal durch eine Schwelle getrennt, hineingehen und herausgehen, alles ohne Vermittlung der Türklinke. Nach Geschäftsschluß geht ein Rolladen herunter oder ein Gitter wird vorgestellt.

Wir haben infolge unserer Eile auch ein paar markante Bauten nicht näher angesehen, Kirchen im überladenen und doch nicht störenden Kolonialstil und Kolossalbauten wie das großartige Unterrichtsministerium. Das ist ein Kasten! An dem kann man einfach nicht vorübergehen. Der Ausdruck Kasten ist keineswegs verächtlich gemeint. Sie erinnern sich der Kästen der Imker, in denen die Waben hängen. Ein besserer Vergleich läßt sich kaum finden. Diese geniale architektonische Unterteilung der Frontseite in quasi Wabenfelder gibt dem massiven Bau etwas wundervoll Leichtes. Man

faßt es kaum, daß hinter einer solchen Front ein Ministerium sich ausbreitet, noch dazu das Unterrichtsministerium.
Auch die Gartenarchitekten Rios leisten Erstaunliches: Wie diese Beete und Anlagen sich mit den Beton- und Eisenstahlorgien verschmelzen, sie umschmeicheln mit ihren leuchtenden Farben und sie aufs fröhlichste ergänzen, das sucht seinesgleichen. Die doppelt und dreifach fruchtbare Natur macht es ihnen natürlich besonders leicht. Haben Sie in unseren Breitengraden kostbare Blüten, groß, glühend rot, grün umsäumt, Papagalios, Azaleen – ich kenne die Namen leider nicht alle, haben Sie so etwas schon zu Dutzenden auf den Straßen herumliegen sehen, wo sie irgendein Strauch oder Baum, ohne daß sie sonderlich beachtet werden, abgeworfen hat? Da kommt auch ein Botanischer Garten wie der Jardim Botanico ganz anders zur Geltung. Unser Ankömmling hat einige Stunden damit verbracht, sich in seinen Alleen und Wegen und Pfaden zu ergehen. Es war erregend, die tropische Luft einmal ohne Glasdach zu erleben, keine kleinen und schmalbemessenen Räume, in denen sich die Palmen ducken müssen, weil's oben am Glasdach nicht weitergeht. Nein, hier wachsen sie so hoch, wie sie wollen. Eine Baumgruppe besonders schien mir die Höhe des Kölner Doms erreicht zu haben. Gigantocalmus lese ich eben auf meinem Notizzettel von damals. Und so stand's auf dem Täfelchen vor der Baumgruppe. Ein Bambus aus Burma.
Fehlte nur noch das tiefgekühlte Untertreibhaus für europäische Pflanzen, wo man einen Mantel, einen Schal und Halswehtabletten am Eingang überreicht bekäme vom Aufseher und wo man sich den Huflattich und die Brunnenkresse mit Heimweh ansehen könnte.
Im Gebiete des Corcovado, jenes Berges, auf dem die eingangs erwähnte riesige Christusfigur steht, beginnt auch der Urwald, den endlich zu sehen ich nicht erwarten konnte.
Er ist mit einer Straßenbahn erreichbar. Die Endstation oder die Linie selber, ganz genau weiß ich es nicht mehr, heißt Silvester.
Allerdings ist der Urwald dort noch ein Urwald für Anfänger. Es hängen zwar dort die tropischen Lianen auch schon ganz schön und wie die Schiffstaue herum. Auch die Orchideen wachsen wild, wie hierzulande die Gänseblümchen – sie stecken zwar nicht in eleganten Zellophanhülsen, aber sie kosten dafür nichts. (In den Blumengeschäften von Rio haben sie selbstverständlich auch ihre Preise.) Aber es gibt dort immerhin noch in den Boden eingelassene Steintreppen – ich spreche jetzt wieder vom Urwald – und ein kleines Geländer neben dem Weg. Nur lange dauert das nicht, dann muß man doch sein Buschmesser herausziehen, dann ist man im unermeßlich großen Urwald, der sich tage- und wochenlang dahinzieht. Der spazierfähige Teil für Urwaldlernende im ersten Stadium

enthält auch noch – oder soll man sagen schon – viele der für Brasilien so typischen Eukalyptusbäume. Sie wachsen außerordentlich schnell und werden, wenn sie einigermaßen Holz angesetzt haben – wahrscheinlich heißt, was ich meine, in der Förstersprache ganz anders –, sie werden dann gefällt, und dann kommen wieder neue Eukalyptusstecklinge in den Boden, und in dieser Reihe geht es alle zehn bis zwölf Jahre so. Auf diese Weise sind schon ganze Urwaldpartien, wenn ich mich dieses in Brasilien nicht existierenden Wortes bedienen darf, verschandelt worden.
Erlauben Sie mir einen Schluck Kaffee, bevor ich weiter erzähle. Molto obrigado, vielen Dank, heißt das auf brasilianisch. Klammer auf: was gleichbedeutend mit portugiesisch ist. Nur in Brasilien wird portugiesisch gesprochen. In allen lateinamerikanischen Ländern Südamerikas spanisch. Sollte es eine Ausnahme geben, wäre dies nur eine Bestätigung der Regel. Klammer zu. Der Schluck hat mir gut getan. Nur war es leider kein Kaffee Signo. Den gibt es auch nur dort drüben. In winzigen Mokkatäßchen, nur zur Hälfte gefüllt, wird er serviert. Die andere Hälfte nimmt der Zucker ein, der bis zum Tassenrand hineingeschüttet wird.
Kaffee Signo ist eins der ersten Worte, die man in Rio lernt. Man trinkt ihn mit derselben Selbstverständlichkeit, wie man bei uns eine Zigarette raucht, und man bekommt ihn ebenso oft und selbstverständlich angeboten. Früh, mittags, abends, nachts und zu allen anderen Zeiten auch noch. Der Kaffee Signo, soviel ich noch weiß, heißt Signo klein. Die Kaffee-Signo-Trinker gehören unabdingbar zum Straßenbild. Elegante Herren – alle Cariocas sehen aus wie Italiener – verzeihen Sie mir diese dumme Verallgemeinerung, aber sie vereinfacht das Leben so – sitzen stundenlang vor ihren winzigen Täßchen. Vielleicht heißt Signo auch winzig.
Man sagt, daß es acht Kaffeesorten in Rio de Janeiro gäbe. Typ eins ist der feinste, er enthält keine Fremdkörper, Typ acht enthält Aststückchen, Steinchen, gebrochene Bohnen, Linsen und auch etwas Kaffee. Dann teilt man die Kaffeesorten in harte und weiche auf: Der harte Kaffee ist bitter und heißt »Rio«, der weiche mild, fast schokoladeartig und heißt »Santos«. »Santos« ist in Brasilien kaum zu finden, schon gar nicht in Santos, denn er wird exportiert. Ich habe mich an »Rio« gewöhnt – mit Zucker ist er ganz schmackhaft. Ob ich Typ eins oder Typ acht getrunken habe, war nicht zu erkunden, abgesehen davon, daß ich es gar nicht so genau wissen wollte. Kaffee ist eine nationale Einrichtung, wie bei uns früher die Militärparade. Kein Wunder, denn Brasilien lebt vom Kaffee.
Selbst ein ehemaliger Vizepräsident hieß Café Filho, ein Zufall. Übrigens tragen viele Einwohner Rios italienische Namen – und so unrecht hatte ich nicht, als ich fand, daß viele Carioca wie Italiener aussehen, denn ein hoher Prozentsatz der Einwanderer sind Italie-

ner. Indios sieht man kaum, dafür Neger in Scharen und in allen Schattierungen, vom ebenholzschwarzen Schuhputzer bis zum Mulatten, der in hellerer Ausgabe wiederum italienisch aussieht. Rassenvorurteile kennt man hier nicht und hat man nie gekannt.
Vollständigkeit wird ja wohl niemand von diesem Bericht erwarten, weil er weiß, daß ich nur wenige Monate drüben war. Auch keine nur annähernde. Nicht wie Rio in allen seinen Einzelheiten beschaffen ist, lebt und wirkt, sondern, wie es auf jemanden wirkt, der frisch aus Europa angekommen ist.
Aber auch noch mit dieser Einschränkung darf eine Seite nicht unbeleuchtet und im dunkeln bleiben: Das ist die unvorstellbar kümmerliche Existenz der proletarischen Masse. Übergangslos und unmittelbar wie die Hauptverkehrsstraße mit dem Badestrand parallel läuft, ebenso übergangslos und unmittelbar steht die zerfallene, aus Holz und Lehm gefertigte Elendshütte zwischen zwei Hochhäusern.
Air condition, Müllschlucker, jeder Komfort in den Häusern, doch in der Hütte nicht einmal Wasser, geschweige denn Kanalisation. Fassungslos habe ich mir solche Behausungen angeschaut, die ringsum – meistens sogar auf den Hügeln der Märchenstadt gebaut sind. Höhlen mit Kistendeckeln oder fauligem Stroh abgedeckt und mit einem entsprechenden Gestank. Dementsprechend sind auch die statistischen Zahlen über Kindersterblichkeit, über Krankheiten und Unterernährung astronomisch hoch.
Das Beförderungsmittel für diese Volksschicht ist dann nicht der sonst so selbstverständliche Cadillac, sondern im günstigsten Fall die Tram. Die ist aber nur in den Randbezirken zu sehen und vor allem zu hören. Die Wagen dieser Straßenbahn, wenn dieser Ausdruck nicht zu übertrieben ist – diese Wagen sind ringsum offen, die Passagiere hocken, kleben, klammern sich wie die Ameisen im Innern an, auf, hinter, in, über, unter, vor und zwischen die Bankreihe, der Schaffner turnt auf ihnen herum und kassiert, so gut es geht, sein Fahrgeld.
Es ging eher schlecht, und ich kann mir denken, daß Rio das Paradies der Schwarzfahrer ist. Den Schaffner rührt das wenig, er kassiert auch nicht, er vollführt einen Ritus. Zwischendurch zerrt er an der Klingelleine, schreit auf den Haufen ein, vorn bimmelt der Fahrer . . . Die Stadtverwaltung von Rio hatte einmal vor – ich beziehe mich hier auf einen Bericht meiner brasilianischen Freunde –, den Fahrscheinverkauf zu rationalisieren und die Abrechnung zu organisieren. Worauf die Schaffner mit Streik drohten – sie dächten nicht daran, sich totzuarbeiten, und abrechnen würden sie ja ohnehin schon das, was ihnen richtig erscheint. Man soll aber nicht voreilig über diese Auffassung lachen. Im Grunde handelt es sich um Selbsterhaltung, wenn der Schaffner sich beim Abrechnen zu

seinen Gunsten irrt, denn er verdient, zumindest war es damals so, ein Monatsgehalt, das umgerechnet 60 Mark entspricht. Man erzählt die Geschichte des Caboclo, des armen Mannes aus dem Volk, der einen Koffer tragen soll. Wenn er das Geld beisammen hat, das er für den Tag braucht, denkt er nicht daran, es zu tun. Die Manager sollten bei diesen Leuten in die Lehre gehen. Aber die werden ihnen was husten. Es ist einfach eine angeborene gute Laune, die sie sich nicht nehmen lassen. Wenn es aber etwas gibt, was diese armen dunkelhäutigen bis schwarzen Teufel gemeinsam haben, dann ist es ein erstaunliches Phänomen: ihre Zufriedenheit mit diesem elenden Dasein. Auch die Leute auf den Elendshügeln, den Morros, verlieren sie nicht, so elend kann keiner sein in dieser eigenartigen Stadt, daß er das Lachen und Singen verlernte.

Diese Lieder, Volkslieder und Schlager zugleich, das Salz des Karnevals, entstehen hier in den Seifenkisten und Wellblechquartieren. Jemand klopft einen Takt, ein anderer näselt eine Melodie, ein dritter improvisiert einen Text dazu, ganz einfach und poetisch, und schon ist der Samba oder der Baiao fertig. Schnulzen sind undenkbar und unbekannt, auch der tränenreiche, seifige, pomadig-melancholische Tango der Argentinier ist in Brasilien unbeliebt. Jemand, der ein Lied zustandebringt, wird geehrt, und ein Mann wie Heitor dos Prazeres, der auch malt, ist ein Volksheld, fast so berühmt wie ein Fußballspieler und zweifellos anerkannter als ein Minister.

Zum Abschluß sollte man noch etwas über den Karneval erzählen, der in Rio mindestens eine solche Bedeutung hat wie der in Köln, in Mainz oder Nizza. Leider habe ich ihn nicht mehr selbst miterlebt, aber meine Freunde drüben haben ihn mir oft genug geschildert. Das Kennwort dieses mit orkanischem Radau über Rio dahinbrausenden Volksfestes heißt Hexenkessel, und alle, die mitmachen oder wohl oder übel mitgemacht werden, sind volltrunken, ohne – und das ist das Bemerkenswerte dabei – ohne wesentlichen Alkohol zu sich genommen zu haben. Allein die Musik, das Tanzen, das Schreien ersetzt die Rolle des Alkohols. Die Damen werden mit einem ätherartigen betäubenden Parfüm aus Glasphiolen beschossen. Wenn jemand tatsächlich müde werden sollte und zu gähnen anfängt, bekommt er ein Viertelpfund Konfetti in den Mund und ist wieder wach.

Das Wichtigste aber und zugleich das Teuflischste ist der überdimensionale Lärm, der Radau, das Getöse – wollen Sie doch bitte die anderen Wörter sich noch dazudenken.

Einen Vorgeschmack allerdings glaube ich bekommen zu haben von diesem Karneval, als ich eines Abends auf einem kleinen Platz unversehens und unvorbereitet einem Auto mit aufmontiertem Lautsprecher gegenüberstand. Er grölte Musik in die Abendluft, ein

zweiter, nicht weniger lauter Wagen folgte, die Leute liefen zusammen. Aber statt über die lärmende Musik sich zu ärgern, fingen sie einfach an nach dem Rhythmus zu tanzen, ganz selbstverständlich. Dann sprach ein Herr zehn Minuten lang in die Menge, verteilte Bonbons und Getränke. Als er geendet hatte, jaulten die Lautsprecher wieder auf, die Leute fingen wieder an zu hopsen und zu tanzen, noch erregter womöglich als zuvor, Säuglinge mischten sich ein in den Lärm, kleine Kinder balgten sich um Bonbons und Papierfetzen, Hunde kläfften und sprangen zwischen den Tänzern herum. Und was war das Ganze? Eine simple Wahlversammlung.
Aber wir wollen nicht in die Politik hineinkommen, schon gar nicht in Brasilien, wo man nicht weiß, was gestern werden soll und was morgen war. Außerdem – Klammer auf – ich bin ein gebranntes Kind, was Politik betrifft – Klammer zu –, und ich mußte vor meiner Einreise ja auch einen Revers unterschreiben, mich nicht in die politischen Angelegenheiten Brasiliens einzumischen. Ich unterschrieb mit Vergnügen.
Alles in allem: Dieses Rio hat mich so gefangen genommen, daß ich um ein Haar drüben geblieben wäre. Dann säße ich wahrscheinlich heute vor einem Café Gringo auf der Avenida Rio Branco, hieße »Finckhe« und hielte im Club der A.B.I., dem brasilianischen Presseverband, Vorträge über ein fernes, exotisches Arkadien voller Fleiß und Ordnungssinn, auch Deutschland geheißen.

Im September 1953 nahm Werner Finck an einer Tagung der Darmstädter Akademie für Sprache und Dichtung teil. Während der Diskussion meldete er sich zu Wort, wobei er seinen ersten Heiterkeitserfolg erzielte, als er zu einem neben ihm sitzenden General sagte: »Bitte vorbeireden zu dürfen.« Das Folgende ist ein Mitschnitt seines Diskussionsbeitrags:

ALS WARNUNG FÜR DAS INDIVIDUUM

Ich habe in einer großen Zeit reden gelernt, als es noch gefährlich war, frei zu sprechen. *(Heiterkeit)* Und ich möchte mir das Manuskript nicht abgewöhnen, bis sich die Dinge einigermaßen geklärt haben *(Heiterkeit)*, welcher Zukunft wir entgegenmarschieren.
Es ist während dieser Tagung sehr viel und immer wieder von Wein, von Whisky, von Brot und Wasser, von Kaffee und anderen Nahrungsmitteln gesprochen worden. Vielleicht erwartet man von mir jetzt ein paar Bonbons, um die Mahlzeit vollkommen zu machen. Die möchte ich Ihnen aber nicht reichen. Sollte es mir aber passieren, daß eine spaßige Wendung mir aus alter Gewohnheit entschlüpft – die Katze läßt das Mausen nicht – dann bitte ich Sie, mich im Sinne meines großen Vorbildes Lichtenberg zu verstehen, von dem Johann Wolfgang von Goethe sagte: »Wo Lichtenberg einen Spaß macht, da liegt ein Problem verborgen.« So möchte ich auch meinen Spaß verstanden wissen, falls er mir unterläuft.
Es ist eben von der neuen Form der Europastreitkräfte geredet worden. Ich sagte Europastreitkräfte, um das Wort Wehrmacht nicht auch noch in die Waagschale zu werfen. Da möchte ich ein Mißtrauen anmelden. Nicht gegen die Armee als solche, an deren Form und Uniform wir ja wohl jetzt nichts mehr ändern können, aber ein Mißtrauen gegen den Aufbau dieser Armee, die eine starke Neigung nach der autarken Seite hin zu haben scheint. In dieser Armee würde das Individuum wieder sehr gefährdet sein.
Dieses Individuum, das vom Staat, und zwar von seinem Exekutivorgan, der Polizei, als etwas Fragwürdiges empfunden wird, als Schimpfwort eigentlich. Ich erinnere an die Biedermeierzeit, wo das Wort Individuum von Polizeibehörden gebraucht, einen ausgesprochenen kriminellen Beigeschmack besaß. Man gab damit getarnt zu verstehen, daß man einen Verbrecher vor sich hatte. *(Heiterkeit)*
Vielleicht weil er nicht genormt oder Landstreicher war im Sinne des herrlichen französischen Filmes »A nous la Liberté«.
Und dann gibt es noch einen anderen Ausdruck für Individuum, dessen Wert von den staatlichen Gewalten ebenfalls stark herabgesetzt worden ist, ich meine die Person. Wenn einer eine Person ist,

dann kann er auch gleich seinen Jahrgang dazu sagen. *(Heiterkeit)*
Irgend jemand hat einmal gesagt, daß der Staat das gesunde Mißtrauen der Bürger gegen die Obrigkeit ist. Dieser Satz hat sich heute in sein Gegenteil gekehrt, wer jetzt bemißtraut wird, das sind die Bürger. *(Heiterkeit)* Die Bürger von der Obrigkeit, und das ist auch kein gesundes Mißtrauen mehr, sondern schon ein bereits sehr ungesundes. *(Heiterkeit)*
Was dem einen recht ist, sollte dem anderen billig sein. Wenn der Staat das Individuum mißtrauisch betrachtet, ob es ihm im kriminellen Sinne nicht gefährlich werden könnte, sollte das Individuum sich daraufhin den Staat einmal ansehen, ob er nicht Neigungen zum Verbrecherischen hat. *(Beifall)* – Der Beifall geht auf Ihre Verantwortung. *(Heiterkeit, Beifall)*
In den zurückliegenden Jahren haben wir ja einen langen Anschauungsunterricht bekommen. Er wurde uns von dem Nationalsozialismus stark erteilt. Da war es einigen Individuen *(Heiterkeit)* im Sinne der Polizei *(Heiterkeit)*, und zwar nicht nur einigen, sondern leider sehr einigen Individuen *(Heiterkeit)* gelungen, uns nach dem Vorbild eines Theaterstückes völlig umzumodeln. Das starke Stück ist dann auch sofort – um alle Spuren zu verwischen – verboten worden. Gleich nach Beginn der Machtübernahme.
Ich meine »Die Dreigroschenoper«. Die Vorbilder waren Macky Messer *(Heiterkeit)*, ein an sich bezauberndes Individuum, und dessen Freund Peachum, der es fertig gebracht hatte, die Bettelei in einer geradezu vorbildlichen Weise zu einer Macht zu organisieren. Die Sammelbüchsenaktion der prominenten Filmschauspieler – (*Zwischenruf:* Etwas ernsthafter). Ich denke, das war ernsthaft genug, ich bin ja mitorganisiert worden. (*Heiterkeit, Zwischenruf:* Nein, ich meine allgemein über die Dinge, die diskutiert werden – *Heiterkeit, Beifall*)
Nein, nein, bitte. (*Heiterkeit, Lachen. Zwischenruf:* Die Dinge sind zu ernsthaft, als daß mit diesen jetzt als Kabarettist . . .) Lassen Sie mich bitte ausreden.
(*Zwischenruf:* Sie werden ja gar nicht einbezogen, Sie sind ja nicht gefragt, Theater . . . *Der Darmstädter Oberbürgermeister König:* Wir haben hier zwei Extreme. Meine Damen und Herren, das sind genannte Dinge, die abweichen, wir diskutieren nicht darum. Ich möchte Sie bitten, Herrn Werner Finck ausreden zu lassen. – *Beifall*)
Mein Vorredner ist unterbrochen worden, weil er zu gründlich war, und ich werde unterbrochen, weil ich zu amüsant bin. *(Beifall)*
Ich bin nun zwar aufgefordert worden im Thema fortzufahren. Da aber der Humor, dessen ich mich bediente – weil ich vergessen hatte, in welchem Lande ich spreche – so gründlich mißverstanden worden

ist, will ich, um den Ernst der Tagung nicht länger zu gefährden, mich noch kürzer fassen, als ich es ohnehin schon vorhatte und vom Anfang gleich zum Schluß kommen.

»Urgrund allen Humors«, sagt Rudolf Alexander Schröder, »ist der Einblick in die Absurdität der gesamten Welt.« Den Zwischenrufern scheint die ganz besonders starke Anhäufung der Absurdität in unserer Zeit noch nicht aufgefallen zu sein.

Von den Philosophen ist auf dieser Tagung festgestellt worden, daß sie Grund zum Pessimismus haben, von den Wissenschaftlern, daß sie Grund haben zum Optimismus. Vielleicht könnten wir uns auf eine Synthese einigen, und zwar auf einen fröhlichen Skeptizismus. *(Beifall)*

Ich wollte vorhin keineswegs etwas Negatives ausführen mit meiner Kritik an dem Staat, denn ich bejahe ihn und bejahe alle Einrichtungen des Staates. Nur in einem unterscheide ich mich von den meisten anderen, ich nehme das alles nicht ernst. *(Beifall)*

Ich nehme es heiter und befreie mich dadurch von dem Druck, den alle empfinden, die den Staat so ernst nehmen wie er sich selbst.

Das, denke ich, ist ein Humor, der keine getarnte romantische Verinnerlichung ist, sondern eine aktive Abwehrkraft.

Als wir 1933 die Tragödie erlebten, daß die Freiheit der Individuen zu Ende ging, sprachen wir von der Machtergreifung. Das kann jedem Volke passieren. Aber die Innigkeit, mit der wir uns von dieser Macht haben ergreifen lassen, das ist die ganz spezielle Tragödie für uns gewesen. *(Starker Beifall)*

Zum 70. Geburtstag des Bundespräsidenten Theodor Heuss am 31. Januar 1954 stellte dessen persönlicher Referent Bott eine Festschrift zusammen, für die er auch einen Beitrag von Werner Finck erbat. Finck hatte Heuss vor 1933 in Berlin kennengelernt. Er begegnete dem damaligen Reichstagsabgeordneten der Deutschen Staatspartei im Hause des berühmten Architekten Hans Poelzig. Nach dem Krieg wurde aus dieser Bekanntschaft eine herzliche und geistesverwandte Freundschaft.
Für den Beitrag bedankte sich Heuss am 5. Februar 1954: »Lieber Werner Finck! Zwar bin ich in musikalischen Dingen ziemlich unzuständig, aber wenn ich mir das Orchester vorstelle, das Bott und Leins (der Verleger Herrmann Leins – d. Hrsg.) zu meinem 70. Geburtstag in der Festgabe zusammengebracht haben, so würde ich sagen: Finck spielt darin das Fagott. Denn das hat immer seinen eigenwilligen Ton, der einen unmittelbar berührt, wenn es einmal zu einem kleinen Solostück innerhalb der Instrumentation ansetzt, wenigstens im ›jokosen‹ Part, im ›seriösen‹ geht es bei mir so mit der Wertung des Cello . . .«

THEODOR HEUSS

> Der Humor bleibt stets irgendwie bürgerlich, obwohl der echte Bürger unfähig ist, ihn zu verstehen.
>
> *Hermann Hesse*

Das Würdige an unserem verehrten Herrn Bundespräsidenten zu würdigen, sei Würdigeren überlassen; mich reizt das Merkwürdige: das, was diesem Träger des höchsten Amtes in gesegneter Fülle erhalten blieb, was jedoch der liebe Gott seinem deutschen Volke leider nur in sparsamsten Dosierungen zuteil werden ließ: sein Humor.
In den angelsächsischen Ländern verlöre man über diese Eigenschaft kein Wort, hierzulande muß man sie zu entschuldigen versuchen.
Es wäre müßig und ginge auch schon über den Rahmen eines kleinen Festschriftbeitrages hinaus, die fruchtlosen Bemühungen vieler Generationen fortzusetzen, den Humor zu definieren; soviel kann aber wohl von ihm gesagt werden, daß es eine hervorragende Eigenschaft von ihm ist, seriösen Anliegen eine leichte Wendung ins Jokose zu geben, zumeist eine Redewendung. (So selbstverständlich das Wort seriös sich eben einstellte, so zögernd wollte das jokose folgen; komisch, es wirkt sofort unseriös, ist aber doch der von der Sprache gegebene genaue Gegenpol vom Seriösen.)

Wie weit die virtuose Gepflogenheit unseres humorhabenden, höchstgestellten Professors Seriöses mit Jokosem liebevoll zu vermischen sich mit den Vorstellungen verträgt, mit den Zwangs- und Festvorstellungen, die der humorlose Teil unseres Volkes von der Würde eines Staatspräsidenten sich macht, das ist eine Frage, die bereits über den Rahmen eines kleinen Festschriftbeitrages hinaus geht.
Soviel scheint aber sicher zu sein, daß in diesem Teil der Bevölkerung ein Kopf an der Spitze des Staats nicht so wichtig ist wie ein Haupt. (Wie es denn ja auch Staatsoberköpfe in der ganzen Weltgeschichte noch nicht gegeben hat.)
So sind gewisse Spannungen zwischen dem brillanten Outsider unter den deutschen Landesvätern und den eingefleischten Vertretern der herkömmlichen Sitten und Gebräuche nicht immer zu vermeiden! Etwa wenn das Haupt, wie es bei der feierlichen Einweihung eines Segelschiffes der Fall war, ein sinnvolles Wollmützchen trägt, welches im Sinne bürgerlicher Konvention allerhöchstens eine Kopfbedeckung, niemals aber die Hauptsache ist, wie zum Beispiel ein Zylinder. Oder wenn der höchste Herr das Routine-Zeremoniell einer glanzvollen Automobilindustrieausstellungseröffnungsfeierlichkeit auf den Kopf stellt, indem er seine Rede mit der launigen Feststellung beginnt, daß eigentlich sein Fahrer die Rede halten müßte, weil dieser mit der Materie bedeutend vertrauter wäre.
Echter Humor läßt sich eben nicht an die Etikette legen. Menschen mit entsprechendem sense of humor, denen die Hegemonie der staatlichen Organe im Grunde ihres Herzens zuwider ist, werden durch solche Äußerungen am schnellsten zu staatsbejahenden Elementen. Sie sind jedoch in der unterwiegenden Minderheit.
Und die restliche Mehrheit? Es wäre müßig und ginge über den Rahmen dieses kleinen Festschriftbeitrages hinaus, auf die Frage näher einzugehen. Soviel kann aber wohl gesagt werden, daß sie in solchen Fällen in ihren hehrsten Gefühlen verletzt ist. Sie will den Glanz, »die unheimliche Stimmung von Verehrung und Angst«, sie verlangt die Sprache, die keine Backen kennt, über die Tränen kullern, sondern nur von Wangen zu künden weiß, über welche die Zähre rinnt. – Zwei Welten.
Ist nun ein deutscher Bundespräsident verpflichtet, auf solche Gefühle Rücksicht zu nehmen? Oder wäre es Sache jener Hochgestimmten, das von ihnen gewählte Oberhaupt von den feierlichen Tönen zu dispensieren, wenn er nun einmal wie Stendhal oder Fontane wenig Sinn dafür hat.
Wenig Sinn für Humor auf der einen, wenig Sinn für Feierlichkeiten auf der anderen Seite – hier sollte klug vermittelt werden. Eine Aufgabe für die vor kurzem gegründete Karl Friedrich Flögel

Gesellschaft, die sich bekanntlich u. a. damit befaßt, den Spreu falsch verstandenen Humors von dem Weizen des echten zu trennen, um damit dem gering geschätzten Jokosen Geltung und Einfluß in den Bezirken konventionell erstarrter Seriosität zu verschaffen. (Diese noch wenig bekannte Vereinigung ist aus der noch weniger bekannten Gesellschaft zur Pflege und Förderung hervorgegangen, die ihrerseits ein ideologischer Ableger der Radikalen Mitte ist.)

Von welcher Art der stille Humor des Bundespräsidenten ist, erhellt besser als jede Abhandlung jene Begegnung, die er mit dem Initiator der Radikalen Mitte hatte. Eine Begebenheit, die, selbst wenn sie erfunden wäre, beispielhaft bliebe:

Eines Tages wurde jener Initiator jener wild aggressiven Mitte empfangen. Das Gespräch drehte sich in der ersten halben Stunde in der Hauptsache. Worum ist Nebensache.

In der zweiten Halbzeit fragte der Professor etwas unvermittelt: »Was macht eigentlich Ihre Radikale Mitte?«

»Wenig«, antwortete der Gefragte. »Sie hatte leider das Pech, nicht verboten zu werden.«

»Und wie steht's um die Sicherheitsnadel?« fragte der deutsche Staatsbürger Nr. 1 weiter, indem er dem vielleicht noch einzigen Mitglied der Radikalen Mitte unter den Rockaufschlag griff, wo das Abzeichen der Radikalen Mitte getragen zu werden pflegt: Die Sicherheitsnadel fehlte!

»So weit kommt das noch, daß ich sie allein trage«, beendete der Präsident das Thema und schlug die Klappe des eigenen Rockaufschlages zurück, wobei eine kleine Sicherheitsnadel sichtbar wurde.

Dieses Manifestatiönchen eines souveränen Humors läßt alle Deutungen offen. Man kann es so oder so auslegen. Hämische Menschen und die Anbeter der totalen Seriosität werden es sowieso auslegen: Er hätte sich mit dieser Geste lediglich lustig gemacht über die Radikale Mitte und ihr komisches Abzeichen. Und wenn?

Wäre eine solch zauberhaft verkleidete Beleidigung – zumal von solcher Stelle – nicht jeder ehrbaren, aber stumpfsinnigen Anerkennung vorzuziehen? Und daran ist wohl nicht zu zweifeln: Mit welcher Absicht auch immer der Bundespräsident sich die Nadel unter seinen Rockaufschlag geheftet haben mag, und wenn er es auch nur für die Dauer des Empfanges getan hat, so handelt er in jedem Falle tief im höheren Sinn der Radikalen Mitte, oder, wenn man will, im Geiste der sie auffangenden Karl Friedrich Flögel Gesellschaft. Dieser Geist bejaht »die fröhliche Art des Ernstes und jene Weisheit voller Schelmenstreiche«, die »den besten Seelenzustand ausmacht«.

Welche besonderen Beziehungen gerade das eben zitierte, dem Menschlichen-Allzumenschlichen entnommenen Nietzschewort über Sokrates zum siebzigjährigen Geburtstag des Bundespräsidenten hat, darauf jetzt einzugehen, ginge wieder über den Rahmen dieses kleinen Festspielbeitrages hinaus, der ohnehin viel zu lang ungeraten ist.
Soviel soll aber doch noch schnell gesagt werden, daß alle, die nur einigermaßen ein Empfinden haben für den einmaligen Glücksfall eines solchen Repräsentanten, nicht nur des deutschen Bundesstaates, sondern auch des überstaatlichen sense of humor, daß sie alle, allen anderen voran, diesen Jubilar so hoch leben lassen werden, wie er über den zufälligen Dingen unseres Lebens steht.

VOM MUT ZUM ÜBERMUT

Eine Karnevalsbetrachtung

Die sittliche Weltordnung, eine mühsam in Jahrtausenden geschaffene komplizierte Konstruktion zur Eindämmung und Nutzbarmachung natürlicher, also gesellschaftsgefährdender Urtriebe, erfährt von Zeit zu Zeit gewaltige Stöße:

Kriege, Revolutionen, Unruhen, Streiks oder gewaltsame Aktionen einzelner dämonischer Personen bringen sie immer wieder ins Wanken.

Eine entscheidende Rolle dabei spielt die sogenannte Volksseele, die, wenn sie zu kochen anfängt, überlaufen (und zwar zum Feind) und dann zu einer gewaltigen Flut werden kann, die das ganze künstliche Werk, die Deichbauten von Regeln, Vorschriften, Verordnungen, Verboten, Erlassen einreißen und zunichte machen kann.

Da die menschliche Natur als solche sich offenbar selbst in Jahrtausenden nicht ändern läßt, passen sich die Weisen unter den Gesetzgebern und Sittenlehrern ihren Launen nach Möglichkeit an, und wie man in erdbebengefährdeten Gebieten den zu erwartenden Erdstößen zu begegnen versucht, indem man die Häuser elastisch und locker aufführt, so sorgen die Gesetzgeber der Völker, namentlich der leidenschaftlichen, für Sicherheitsventile, aus denen von Zeit zu Zeit die überschüssige Kraft gefahrlos entweichen kann. Ein solches Ventil ist das Faschingstreiben.

Infolge der zur Verfügung stehenden knappen Zeit können wir uns Gott sei Dank nicht auf ohnehin umstrittene philologische oder ethymologische Einzelheiten einlassen und wollen auch die Historie nur in soweit berücksichtigen, als wir an die römischen Saturnalien erinnern, die offensichtlich das Modell und mit später hinzugekommenen Elementen aus frühgermanischen Frühlingsfeiergebräuchen die Grundlage für den heutigen Karneval bilden.

Es ist bezeichnend, daß dieser Brauch seinen Ursprung im heißblütigen Italien hat, dem Lande, das sich auch auf die beste Eiszubereitung versteht. So begreiflich man nun auch den Hang zum hemmungslosen Karnevalismus bei den temperamentvollen Italienern findet – bei den wesentlich schwerblütigeren deutschen Nachbarn möchte man ihn nicht ohne weiteres voraussetzen. Wie gesagt, ohne weiteres. Wenn das Weitere dazukommt, sehen wir es allerdings sofort ein:

Das Weitere ist nämlich die Kirche, und zwar die katholische. Köln, Mainz, München, die Hochburgen des deutschen Karnevals sind auch die Hochburgen des deutschen Katholizismus. In den protestantischen Gebieten, um die Gegenprobe zu machen, hat der Karneval sich nie richtig durchsetzen können. Die katholische

Kirche als die Ordnungsmacht Nr. 1 der Welt muß ihre Völker, was das ungehemmte sogenannte Sichausleben anlangt, äußerst streng im Zaum halten, wenn sie ihren eigenen Lehren nicht widersprechen will, wonach die animalischen Bedürfnisse des Leibes ein leider notwendiges Übel sind, die sich den Regungen der frommen Seele jederzeit unterzuordnen haben.

Und da nun, wie gesagt, der alte, weltlicher Lust und Wollust zugetane Adam im Ringen um den heiligen Geist sich oft als der momentan Stärkere erweist, und von Zeit zu Zeit offenbar in seine alten Rechte eingesetzt werden muß, steht die Schweizer Garde des Papstes, wenn die lebens- und liebestollen Narren im Schutze der Funkengarde mit lautem Kriegsgeschrei gegen Vernunft und Schicklichkeit ins Feld ziehen, gleichsam Gewehr, oder, um besser im Bild zu bleiben, Pike bei Fuß.

Ja, noch im Mittelalter, als burleske Prozessionen und tolldreister Mummenschanz soweit gingen, kirchliche Vorgänge aufs Derbste zu parodieren, beteiligte sich die Geistlichkeit nicht selten daran, und das sogar – wie in Frankreich – in den Gotteshäusern selber.

Diese für uns einfach nicht mehr vorstellbaren Orgien hängen natürlich mit der viel vitaleren Lebenskraft der damaligen Menschen zusammen. Immerhin –

Wenn es nicht von klerisch-imprägnierten Geistern, um einen Ausdruck Polgars zu variieren, mißverstanden werden könnte, wäre man sogar versucht, zwischen der Erleichterung der Massenseele im übermütigen Sich-gehen-lassen und der seelischen Befreiung des einzelnen, in der ernsten Beichte gewisse Zusammenhänge zu entdecken.

Nun hat es selbstverständlich auf allen Seiten auch Gegner des ungezügelten Karnevalismus gegeben, und wir finden die heftigsten auch wieder im katholischen Lager. Damals wie heute. Nur, daß gegen das blitzende und krachende Donnerwetter, das die kirchlichen Kritiker des Mittelalters losließen, die heutigen Protestaktionen wie blasses Wetterleuchten wirken.

Ist man toleranter geworden? Oder gibt das heutige karnevalistische Treiben nicht mehr so viel Grund zum Tadeln, weil es im Vergleich zum Mittelalter tugendhafter geworden ist.

Das Letzte dürfte zutreffen. Aber diese verhältnismäßige Bravheit scheint sich zur überschäumenden Raserei früherer Epochen zu verhalten wie die ehrbare Unbescholtenheit einer bleichsüchtigen unbedarften alten Jungfer zur Sündhaftigkeit einer attraktiven Schönen.

Um es kurz zu sagen: Der heutige Karnevalsbetrieb ist ein prunkvolles Tänzchen um das goldene Kalb der Scherzartikel- und Alkoholindustrie. Oder, um im Stile der Büttenredner zu sprechen: Ein Impotänzchen.

Nichts gegen den Alkohol, nichts gegen die Scherzartikel, aber alles gegen einen Karneval, der sich seine Freiheit von der Industrie abkaufen ließ.

Aber selbst dieser gezähmte Karneval hat noch Chancen, den Unmut sittlich gefestigter Instanzen zu erregen. Nutzt er sie? Nein. Man erinnere sich der Thronrede seiner Tollität des Münchner Faschingsprinzen Georg I. Seine Aufforderung, für die Dauer des Faschings die Eheringe abzulegen, sowie die Proklamation, alle Ehemänner sollten als Junggesellen und alle Frauen als alleinstehend gelten, wurde in einem Protestschreiben des Familienbundes deutscher Katholiken als eine Entgleisung und Angriff gegen die Familienordnung bezeichnet, die auch im Fasching nicht unwidersprochen bleiben könnten.

Nichts gegen diesen Familienbund! Er tat offenbar seine Pflicht. Aber alles gegen einen Karnevalsprinzen, der diese Herausforderung kampflos einsteckte. Das mindeste wäre die Einberufung eines närrischen Ehrengerichts gewesen. Welche Perspektiven! Wahrscheinlich hätte der Vertreter jenes Bundes ins Feld geführt, daß man gegen den Karneval absolut nichts habe, ihn sogar unterstütze und sich nur gegen seine Auswüchse wende, daß gewisse Grenzen respektiert werden müßten, daß der Spaß nicht überschritten werden dürfe usw.

Welch ein Stichwort für den Verteidiger der närrischen Belange: Gewisse Grenzen im Karneval? Gibt es dort mehr als auf allen anderen Gebieten nicht nur ungewisse, allzu ungewisse Grenzen?

Man wird sich aber bei der Beurteilung eines Scherzes nicht nur die Mentalität des Beurteilten, sondern auch die des Beurteilenden ansehen. Was hat Georg I. von München nun unternommen. Hat er seine Funkengarde mobilisiert? Hat er einen Aufruf an sein närrisches Volk erlassen? Warum ist der Elferrat nicht zurückgetreten? Warum ist kein Schweigemarsch organisiert worden, mit schwarzen Bändern an den bunten Kappen, mit Transparenten, die den Familienbund umringen usw.?

Nichts von alledem hat man gehört.

Das ist es, was uns, die Freunde echten Narrentums, ins Reich der ewigen Vernunft emigrieren ließ, das dann immer noch erträglicher ist als die Zugehörigkeit zu einem angeblich närrischen Land, dessen Recht auf den Spaß ungesühnt beleidigt werden darf.

Die Voraussetzung zum Übermut ist der Mut, mit anderen Worten, die Zivilcourage. Solange die fehlt, wollen wir geduldig auf den Aschermittwoch warten, um dort in aller Stille eine Revolution des Karnevals vorzubereiten.

Auf der Bühne oder im Film einen Raucher darzustellen, war für den Schauspieler Werner Finck schon immer eines der größten Probleme. Nirgends sonst zeigt er eine so ungespielt echte Ungeschicklichkeit. Finck selbst erzählt in diesem Zusammenhang gern eine Heuss-Anekdote: Bei einem seiner Besuche des damaligen Bundespräsidenten in Bonn bot dieser seinem Gast eine repräsentative Staatszigarre an. Nichtraucher Finck, der nicht unhöflich ablehnen wollte, versuchte sich als Raucher, wobei er nach einer Weile nicht gerade sparsam die Asche um sich herum auf den Teppich verstreute. Bei dem Versuch, sein Mißgeschick zu entschuldigen, unterbrach ihn Heuss mit den Worten: »Lassen Sie's nur liegen, es ist genug Dreck in meiner Umgebung.«
Anders der »Autor« Finck, der sich 1955 bei einem Ausflug in die »poetische Werbung« dem Thema Rauchen auf lyrischem Weg näherte.

RAUCHBAR – BRAUCHBAR I

Menschen, die Entspannung brauchen
rauchen
manchmal Pfeifen, manchmal Zi-
garren, meist jedoch -garetten,
und sie retten
dadurch ihre Harmonie.

Und es scheint uns als erwiesen,
diesen
Rauchern geht es um den Spaß,
ungeachtet, ob die Schwaden
ihnen schaden,
noch dazu im Übermaß.

Kenner, die dies mißlich fanden,
banden
Filter vor das Nikotin:
Sieh, nun kann nichts mehr passieren,
wenn sie ihren
Tröster durch die Lunge ziehn.

RAUCHBAR – BRAUCHBAR II

Der Dichter kann nicht
ohne Muse leben;
er sehnt sich immer
neu nach ihrem Kuß!
Doch immer wieder
wird sie ihm entschweben,
und flüchtig bleibt
der mündliche Genuß.

So müht er sich,
die Musen-Atmosphäre
ganz fest zu bannen.
Und er schafft es auch.
Er greift zur Zigarette.
Ach, was wäre
der Dichter
ohne ihren zarten Rauch!

Da wächst die Kraft
der Phantasie unbändig,
und alles geht ihm
spielend von der Hand.
Vorausgesetzt:
er qualmt nicht unverständig.
Wer geistig schaffen will,
raucht mit Verstand!

Wer mit Verstand raucht,
findet nur im wahren,
geläuterten Geschmack
Genuß und Glück!
Wer mit Verstand raucht,
hat es längst erfahren:
Der Filter hält,
was er verspricht, zurück!

RAUCHBAR – BRAUCHBAR III

Der erste Mensch, der Rauch
durch seine Nase blies,
war wohl ein Wilder.
Und ich weiß nicht, wie er hieß.

Doch sicher seufzte er,
wobei er inhalierte,
auf indianisch: »Oh!«
Und fühlte sich so froh –
obwohl er grade erst
den lieben Großpapa skalpierte.

O wie beruhigend wirkt doch
das bißchen Rauch!
Nun, wir modernen Wilden
wissen das ja auch.
Und wenn wir mal
den lieben Großpapa entskalpen,
mehr psychologisch zwar
und nicht mit Haut und Haar,
dann rauchen wir. Auf unserm
Sofa. Oder auf den Alpen.

Was auch die Ärzte
murmeln über Nikotin –
sie schlucken selber lieber
Rauch statt Medizin.
Und mancher achtzigjähr'ge
Herr ist mir begegnet,
der sehr viel Qualm verbraucht.
Und Fritz, der nie geraucht,
hat schon mit einem halben Jahr
das Zeitliche gesegnet!

Ja, jener erste Wilde
hatte sicher recht;
denn Schall wie Rauch gehört
zum menschlichen Geschlecht.
Doch erst, o Mitmensch, wenn
du Zug um Zug erkannt hast,
daß du kein Wilder bist
und daß es milder ist,
wenn du durch Filter rauchst –
dann glaub' ich's dir,
daß du Verstand hast.

ERFÜLLTE FREUDEN

Der olle ehrliche Federhalter stirbt aus wie die Pferdedroschke. Man begegnet ihm nur noch auf den Postämtern und an wenigen anderen Stellen. Da liegt er hölzern und spitz – bisweilen angeknabbert an der Kette (!) wie ein Hofhund. Die Feder ist rostig und unansehnlich und sperrt sich klecksend, wenn man den Versuch, sie zu benutzen, auf die Spitze treiben will. Die Spitze ist abgestumpft wie ein Gewohnheitsverbrecher. Und sie sträubt sich und spritzt wie ein giftiges Insekt, wenn man sie ansetzen will. Ach, und erst das Tintenfaß! Ein ausgetrockneter Sumpf mit blauschwarzen Zähnen, feuchten Krümeln. Warum muß so ein armseliges Ding bloß an der Kette liegen? Was muß das für eine Kreatur sein, die so etwas noch klaut?

Mein Füller, der müßte an einer Kette liegen! Sehen Sie ihn sich an, wie schnittig er da liegt. Da lag. Er ist bereits wieder abhanden gekommen. Es war mein dreiundzwanzigster. Das ist nicht übertrieben! Man sollte die Füllfederhalter auf einen Pfiff dressieren. Aber so pfiffig sind die Fabrikanten noch nicht.

Ich werde mir künftighin immer gleich drei Füller kaufen, einen zum Gebrauch, einen zum liegen lassen und einen zum geklaut werden. Vielleicht muß ich dann weniger oft zum Schreibwarenhändler. Aber ich nehme an, daß dann alle drei in meinem Besitz bleiben werden. Es kommen einem ja immer nur die Sachen weg, die man unbedingt braucht. Und drei Füller auf einmal braucht man ja nicht unbedingt.

Andererseits macht es mir ja einen diebischen Spaß, einen neuen Füllfederhalter in einem Geschäft zu erstehen. (Kriminelle ersitzen sich solche Sachen.) Die Fülle der Füller, in der sie angeboten werden, füllt mein Herz mit Freude. »Füllest wieder Busch und Tal –« . . . pardon, das ging zu weit eben. Jedoch ein guter Deutscher benutzt jede Gelegenheit, seinen Goethe an den Mann zu bringen.

Die Verkäuferin serviert einen schneeweißen Bogen Papier, sie hat den Bogen rausgenommen aus einer Schublade. Wer ist im Augenblick ergriffener – der Halter von mir oder ich von dem Halter? Die federleichte Feder federt weich. Mit dem schwerelosen Schwung des Eisläufers zeichnet sich eine dunkle glanzvolle Spur ab. Du denkst zu schreiben und du wirst geschrieben, so leicht fließen die Schriftzeichen dahin. Ich setze ab. Im selben Moment steht auch die Spur. Die Spur, die so schön gespurt hat.

Vielleicht meint es das Schicksal gar nicht so schlecht mit mir, wenn es mir immer wieder die Füller abhanden kommen läßt: Wie käme ich anders so oft in den Genuß, wieder einen neuen auszuprobieren?

ACHILLES-VERSE

*N*ur mit hollerithmaschinen
kriegt man heut noch plätze an der sonne,
und die weisen sitzen unbeschienen
wie im altertum in einer tonne.

*A*lles liefern alle staaten
für das leben der soldaten:
nahrung, wohnung, rock und sterne
liefern sie ihm frei kaserne.
nur ein einziges, ihr leben,
müssen sie dem staate geben!

Es war einmal ein treuer soldat,
der diente dem staate im dienformat.
das kriegsglück war ihm gesonnen,
es hat ihn zum helden erkoren,
fünf schlachten hat er gewonnen,
zwei finger aber verloren.
und unter der spalte kriegsversehrt
bekam er vom staat eine rente gewährt.

*D*ein zukunftsplan ist erst einmal auf eis gelegt
und kalt-gestellt die heiße treue, mein soldat.
belohnt wird, wer das unerträgliche erträgt;
mensch, hilf dir selbst,
dann hilft dir auch der staat.

*E*ines wohlstands endstation
ist so oft mal die auktion.
alles wird hier stillgelegt,
was einmal das herz bewegt:
souvenire und meriten;
bis der hammer niederschlägt –.
(und wir lassen uns das bieten!)

*D*ie luft hat aufgehört, uns, wie man sagt,
gewissermaßen luft zu sein.
zuviel wird in sie reingejagt,
und viel zu wenig nein gesagt
zu diesen schweinerein.

*D*er satz: vom himmel hoch da komm ich her,
verbreitet nur noch schrecken;

durch diesen regen luftverkehr,
traut sich schon längst kein engel mehr.
man merkt's an allen ecken.

Steigt auf den höchsten turm hinauf,
wenn alles euch mißlingt,
dort blickt zum sternenhimmel auf,
sagt ihm, ich komme schnell mal rauf
und springt.

»Alles fließt!« und so entspricht's
der moral und dem verfasser:
selbst das dickste eis ist nichts
als gefrorenes wasser.

Ende 1955 wurde Werner Finck, dem nicht nur Lärm, sondern alles Laute von jeher mißhagt (im August 1975 vertauschte er aus diesem Grund seine Schwabinger Wohnung gegen eine ruhigere in Isar-Nähe), zu einer Tagung des deutschen Arbeitsringes für Lärmbekämpfung nach Bad Godesberg eingeladen. Die Gesellschaft erwies sich jedoch nicht nur als lärm-, sondern auch als humor-feindlich. Verärgert über den folgenden glossierenden Bericht (der am 6. Dezember 1955 in der Süddeutschen Zeitung erschien) brach sie die Beziehung zu ihrem (der Autor selbst würde sagen: lärmempfincklichen) Anhänger ab.

VIEL NICHTS UM LÄRM

Als ich die Einladung zur Tagung des deutschen Arbeitsringes für Lärmbekämpfung bekam, stellte ich mir das so vor:
Man wird von flüsternden Hilfs-, also nicht vollen und tiefen Organen durch eine wattegepolsterte Türe geschleust, hinter der sich ein schalltoter Raum befindet. Auf dicken Teppichen schleicht man an seinen Platz, nimmt die Kopfhörer an die Ohren, die einem schweigend gereicht werden, und beobachtet das Mienenspiel des Tagungsleiters, der, den Mund unmittelbar am Mikrophon, mit tonloser Stimme Begrüßungsworte an die lärmempfindliche und lärmbekämpfende Versammlung richtet.
Als ich nach Godesberg kam, dem Orte der Tagung, war es aber wie auf jeder unserer zehntausend Tagungen: Herren mit und ohne industriegenormten Gesichtszügen standen laut sprechend herum oder blätterten oberflächlich in den spärlich ausliegenden Druckschriften zum Tagesthema; ein Boy, der eine Tafel mit einem angekreideten Namen herumtrug, rief denselben Namen mit schallender Stimme durch die Räume des Grandhotels, an dem das Milieu das einzige war, was man als billig empfand.
Der freundliche Tagungssaal hatte eine schöne große Fensterfront zum Rhein, aber leider herrschte jener spätherbstliche Nebel, in dem kurz zuvor Thomas Dehler und der Bundeskanzler zusammengestoßen waren.
Während kluge Reden und zustimmende Debatten sich ausbreiteten, zogen auf den Fensterscheiben die wimpelgeschmückten Masten der Dampfer und Kähne vorbei, und die absolute Lautlosigkeit, mit der das geschah, wirkte gerade im Zusammenhang mit dieser Tagung wie eine verblüffend gelungene Demonstration. Ein Motorrad auf der Straße, das überlaut startete, schien inszeniert zu sein. Es werden 50 Phon von insgesamt 90 gewesen sein, die uns trotz der geschlossenen Fenster noch zu Ohren kamen.
Phon! Das Stichwort, um das herum die Themen der Tagung

gruppiert waren. Der Lärmlaie kannte es bisher nur in der Verbindung mit Grammo-, Tele-, Mikro- und Mega-. Hier ist es zum erstenmal selbständiger Wert, der gemessen und dem menschlichen Empfinden angemessen werden soll. Die Skala reicht vom sanften Säuseln des Zephirs bis zum apokalyptischen Höllengetöse startender Düsenflugzeuge.

Der Tagungsredner, der das Thema Flugzeuglärm behandelte, sprach am leisesten. Ohne seine sanfte Stimme auch nur im geringsten zu erheben, stellte er fest, daß der Schall eines startenden Flugzeugs mit Strahltriebwerk einem Menschen nach wenigen Minuten schwerste Schädigungen zufügen, in entsprechend naher Entfernung ihn sogar töten könnte. Er hatte den Beweis am eigenen Leibe erfahren müssen und kam im Rollstuhl.

Das war die Alarmstufe eins, und weder von einem Redner vorher noch von einem der folgenden konnte die Gemeingefährlichkeit des technischen Lärms unmißverständlicher angeprangert werden. Es tröstete außerordentlich, daß die Technik nicht nur lärmfördernd arbeitet, stücklicherweise hat sie auch wirksame Mittel gefunden, ihn zu dämpfen. Bei den Motorrädern läßt sich beispielsweise der Krach des Auspuffs schon soweit ausschalten, daß die reinen Fahrgeräusche bereits lauter wirken.

So daß – und dieses konnte als das Fazit der erfreulichen Tagung bezeichnet werden – als einziges, offenbar aber unlösbares Problem ein Faktor übrigbleibt: Der Mensch. a) Der hupende und türenzuschlagende Automobilist und der explosionsfreudige Motorradfahrer; b) der Lärmteilnehmer, der die akustischen Vergehen den Kavaliersdelikten zuordnet, anstatt sie als ordinäre Verbrechen zu beurteilen; c) die Verkehrsrichter, die Lärmverbrechen in der Regel als Bagatellsache behandeln und mühsam eingefangene Sünder unbestraft laufen lassen.

Der Godesberger Geschäftsführer des Arbeitsringes (seine Ausführungen verdienen das Prädikat »humorvoll«) appellierte deshalb mit gutem Grund an die Prediger und Pädagogen: »Bei der Erziehung muß es anfangen!« rief er aus mit einer überzeugenden Stimmstärke von 85 Phon (siebzig sind von den Behörden als Grenze des Erträglichen festgesetzt worden).

Was mich, den laienhaften Lärmkonsumenten, anbetrifft, so würde es mir schon genügen, wenn rücksichtslose Motorradfahrer für vogelfrei erklärt würden. Man müßte sie mit einem nassen Lappen (nicht einmal mit einem Gobelin) an Ort und Stelle erschlagen dürfen. Diese Generalstäbler des Feldzugs gegen den Lärm haben in Godesberg ausgezeichnete Aufmarschpläne enthüllt (ihr Chef ist einer der Professoren des Max-Planck-Instituts). Aber mit der Armee sieht es noch traurig aus. Vielleicht hat das die Gegend von Bonn so an sich.

ERINNERUNGEN AN DIE BERLINER SCALA

Als ich mich in jungen Jahren für die Bühnenlaufbahn entschlossen hatte, dachte ich eigentlich mehr an die Bühne als solche als an das Agieren auf ihr, mehr an das Rampenlicht und die Scheinwerfer als an die schauspielerische Aufgabe und die Rolle. Ich verfolgte die Berliner Theaterspielpläne, – kannte alle, auch die kleinsten Namen jener Schauspieler. Mich, den Schauspielanfänger aus der tiefen Provinz, interessierten die Kritiken der Kerr und Ihering brennend. Aber was mir, ohne daß ich es recht eigentlich zugab, beinah noch mehr imponierte, das war die überlebensgroße Reklame der Varietés und der großen Kabaretts. Einmal meine vier Buchstaben in Mannsgröße auf dem Vordach der Scala in Leuchtschrift prangen zu sehen, war das geheime Ziel meines jugendlichen Ehrgeizes.
(Ich sage »vier Buchstaben«, denn das »c« in meinem Familiennamen wurde ohnehin immer vergessen, weil das der Orthographie widerstrebt, die in der Schule mühsam erlernt worden ist.)
Als ich nach den ersten Engagements in Bunzlau und Darmstadt zum ersten Mal in die Landeshauptstadt kam, die damals noch an keinem so berühmten großen Strom lag wie heute, sondern an der kleinen Spree, dafür aber ein unübersehbares Häusermeer besaß, war ich für diese Weltstadt ein völlig Unbekannter, und wenn mein Name gedruckt erschien, konnte man mit Sicherheit annehmen, daß ein paar Tage später die Rechnung des Druckers mir ins Haus geschickt wurde. Um so respektvoller blickte ich auf die Namen der damals im Zenit ihres Ruhms stehenden Akteure der Berliner Bühnenwelt, die in breiten und hohen, über die halben Seiten der Tageszeitungen gehenden Annoncen, auch dem nur flüchtig Blätternden sofort ins Auge fielen: Paul Nikolaus und Willi Schäffers, das Spitzenpaar im Rennen der Conférenciers um die Gunst des Publikums, dicht gefolgt von dem literarisch brillierenden Helmuth Krueger, von Fritz Grünbaum, Willy Prager, Paul Morgan, Paul O. Montis undsoweiter. Sie alle waren in der Hauptsache die Kassenmagneten des »Kabaretts der Komiker«. Der große Max Adalbert zählte schon mehr zu den Schauspielern, die gleichsam nebenberuflich bei Kurt Robitschek, dem Direktor dieses Kabaretts auftraten. Sie alle waren mehr oder weniger Berliner Gestalten, – in Berlin groß geworden und von ihrem Berliner Ruhm lebend, auch noch wenn sie in Leipzig oder Dresden, München oder Hamburg gastierten.
Aber dann gab es auch noch die »Scala« und den »Wintergarten«, die keine Kabaretts waren, sondern Varietés, aber Varietés, die ihre Stars aus aller Welt bezogen – von Rastelli abwärts. Wer als Artist einmal in der »Scala« engagiert war, konnte von da aus ohne weiteres an die großen Varietés in London, in Paris, in New York, in

Warschau, in Peking kommen. Die »Scala« hatte zudem noch die Ambition, leichte Revuen zu bringen, und so blieb denn der »Wintergarten« des großen Schuch die Pflegestätte des reinen und klassischen Varietés.

Als ich das erste Mal in einem »Scala«-Programm war, bekam ich weder eine der traumhaften Gagen, noch waren die Buchstaben meines Namens an auffallender Stelle zu sehen. Der Name stand (natürlich wieder ohne »ck«) kaum lesbar mit der Hand geschrieben auf der Hinterseite einer Eintrittskarte. Der Spaß kostete mich 4,60 Mark, und ich saß irgendwo hinten. Es sollte noch eine ganze Weile vergehen, bevor ich dort stand, wo soeben im Takte der immer wieder zum Tusch ansetzenden »Scala«-Kapelle Claire Waldoff vor den Vorhang trat, bis sich das Publikum endlich beruhigte.

Ich ahnte damals noch nicht, daß ich mit meinem kleinen Kabarett am Potsdamerplatz eines Tages unmittelbar ins Haus der »Scala« ziehen und sie somit zu meinem unmittelbaren Nachbarn werden würde. Der Name dieses literarisch-politischen Kabaretts war »Katakombe«, weil dessen Räume im Keller lagen. Der »Verein Berliner Künstler« hatte sie uns verpachtet – uns, d. h. einer Gruppe von jungen Schauspielern und Kabarettisten, die dort unten ihr Glück versuchten und später auch machten. Im Gegensatz zu heute waren wir durch die Bank weithin unbekannt (heute sind einige den Banken bekannt, weil sie zu den besten Einzahlern gehören).

Zwei oder drei hatten sich innerhalb ihres Wirkungskreises im Theater schon einen kleinen Namen gemacht wie Hans Deppe, der damals bei Reinhardt engagiert war und in der »Katakombe« ein parodistisches Talent entwickelte, das zu den schönsten Hoffnungen berechtigte. Leider haben sich diese Erwartungen später insofern nicht ganz erfüllt, als aus dem ungeheuer lebendigen, angriffslustigen und hinreißend komischen Avantgardisten einer unserer gangbarsten Filmproduzenten wurde, dessen Filme ihm so viel Geld einbrachten, daß er später auf sein ursprüngliches Talent verzichten konnte. Nur unter strengstem Ausschluß der Öffentlichkeit in den vier Wänden seiner Berliner Villa gab er ab und zu noch Proben seines faszinierenden Könnens.

Wir in der »Katakombe« waren die wurstigen, unfachmännischen Nesthäkchen in der blasierten Kabarettisten-Familie, und das Publikum amüsierte sich, ohne, wie in den Nepplokalen, zwischen Unsympathen sitzen zu müssen. Auf dem kleinen Nudelbrettchen mit dem schmuddeligen Stück Tuch als Vorhang, der manchmal samt dem Gestänge in der Begeisterung runtergerissen wurde, herrschte eine Atmosphäre der Improvisation und des unbefangenen Übermuts.

Der Keller faßte etwa zweihundert Personen. Er war mit großen Holztischen und einfachen Stühlen ausgestattet, einige alte Ölbil-

der hingen an den Wänden. Das Publikum hockte dicht gedrängt an den Tischen. Stimmenlärm, Qualm und Alkoholdunst erfüllten den Raum. An einem Ende war mit billigen Vorhängen auf einem Bretterpodest eine Bühne abgegrenzt. Die Gardinen hatten keinen Zug, sie wurden mit der Hand zurückgeschlagen; neben dem Podium stand auf einem Gestell eine schwarze Holztafel, aus irgendeinem Winkel hervorgeholt, vielleicht dort auch vergessen, eine Menzelbüste. Um zehn Uhr abends waren alle Tische besetzt. Im verrauchten Raum, bei trübem Licht hockten Maler, Musiker, Literaten und noch viele andere, die mit der Kunst zu tun hatten oder zu tun haben wollten, bunt, wie sie gerade gekommen waren, durcheinander, gleich mehrere Paare an einem Tisch. Alle zwanglos und lässig, gnädig und gut gelaunt, ohne Anspruch.
»Die Stimmung ist längst eine gelöste«, schreibt das Berliner Tageblatt von einer der ersten Vorstellungen, »bevor sich auf dem Podium etwas begibt. Was dort geschieht, hat den Vorzug, daß es anspruchslos und leicht ist und nur noch mehr die Leute lockert . . . Namen von Auftretenden sind gleichgültig (Gott gebe, daß sie so bald nicht genannt sein wollen) . . .«. Erich Mühsam meinte: ». . . daß man sich in die besten Zeiten des deutschen Kabaretts, an seinen Anfang bei den Münchner ›11 Scharfrichtern‹ erinnert fühle, ohne all das Unliebsame des heutigen Berliner Betriebes!«
Es war genau das Milieu, in dem ein Kabarett groß werden kann. Gewöhnlich ändern dann die Kabaretts, wenn sie arriviert sind, ihre Räumlichkeiten und vergrößern sie dementsprechend – und das ist dann meistens der Beginn ihres Niedergangs. Auch die »Katakombe« mußte sich bald nach einem anderen Raum umsehen, aber nicht, weil ihr der alte Raum nicht mehr genügte, sondern weil das Künstlerhaus am Potsdamerplatz von einem Konzern gekauft worden war, der es samt dem Keller vollständig umbauen wollte.
Im Hause der »Scala« in der Lutherstraße befand sich ein mondänes Tanzlokal, das kurz nacheinander einige Pleiten hinter sich gebracht hatte und das uns zur Pacht angeboten worden war. Da uns nichts anderes übrig blieb, griffen wir trotz der Warnung von Fachleuten zu und brauchten es nicht zu bereuen. Noch bis zum letzten Tage vor der staatspolizeilichen Schließung des Unternehmens war die »Katakombe« ausverkauft. Wenn ich von wir und uns gesprochen habe, so muß ich noch nachholen, daß inzwischen aus dem ursprünglichen Kollektiv eine Direktion geworden war, in die ich mich mit Rudolf Platte teilte.
Der neue Raum, den wir übernahmen, lag im ersten Stock des Scala-Gebäudes. Seine Inneneinrichtung strotzte in prunkvollem Pseudobarock, an den Wänden waren Schäferszenen neckisch aufgemalt, der Stuck schien aus der Tortenspritze des berühmten Berliner Konditors Moritz Dobrin zu stammen. Mit einer Flit-

spritze, die literweise mit flüssigem Ruß gefüllt wurde, bestäubten wir die pickfeine Dekoration, bis die Wände hübsch dunkel und schmutzig waren. Und Platte ging noch etwas weiter: Er spannte eine Art von alten Fischernetzen quer über die Decke, und auf diese Weise bekam der Raum langsam die Atmosphäre, die wir für unseren Zweck brauchten.

Bei dem Eröffnungsprogramm verfehlte ich nicht, auf die Nachbarschaft der »Scala« hinzuweisen. Dieses Unternehmen, erklärte ich unseren Gästen, sei nun finanziell gesicherter als bisher, denn die vielen Menschen, die bei uns keinen Eintritt mehr fänden, würden wir loyalerweise nach drüben verweisen.

Im Jahre 1931 trat ich zum ersten Mal im anderen Flügel des Hauses auf, ohne mich aus dem eigenen Programm auszuschalten. Es war im Winter. Aber ich brauchte weder einen Mantel anzuziehen noch einen Hut aufzusetzen, weil ich nicht einmal über die Straße gehen mußte. Die Umstellung vom Nudelbrett – auch im neuen Haus war unsere Bühne winzig klein – fiel mir nicht leicht: Von der hinteren Begrenzung des Scala-Bühnenraumes bis vorne zur Rampe, das war ein Weg, auf dem man sich am besten Verpflegung mitnahm. Für den Erstling ungewohnt und am verwirrendsten war der Blick in den Zuschauerraum über das riesige Orchester hinweg. Wenn man sich an die starken und mit enormen Lichtquellen ausgestatteten Scheinwerfer gewöhnt hatte, konnte man gerade die Silhouetten der Köpfe einiger Leute in den vordersten Reihen erkennen. Die kleinen Notbeleuchtungen verteilten sich auf einen Riesenraum und wirkten wie die Positionslampen von Schiffen auf einem nächtlichen Ozean. Meine Lieblingsbeschäftigung in der Katakombe, mich einmal ab und zu ganz persönlich mit einem der Gäste zu unterhalten, darauf mußte man hier verzichten.

Aber so ein Auftreten in der Scala war immer ungeheuer erregend. Es begann schon hinter der Bühne, wo die Geräte und Apparate der Artisten bereitgestellt wurden. Phantastische Formen oft, deren geheimnisvoller Sinn erst im Glanz des Scheinwerferlichts und während der Nummer auf der Bühne erkennbar wurde; er setzte sich fort in den Garderoben oder irgendwelchen Abstellräumen mit romantisch bemaltem Artistengepäck usw.

Auf dem großen Hof der Scala stand während der Zeit meines Engagements der Packard der Rivels, ein besonders eleganter, hochtouriger und schnittiger Wagen, in dem sie aber mit der größten Selbstverständlichkeit manchmal grobe Leinensäcke verstauten, die irgendwohin gefahren werden sollten, oder den die Rivel-Kinder mit laufender Nase und schmutzigen Pfoten mit unbekümmerter Ausgelassenheit als Kindergarten benutzten. Die weltberühmten und vermögenden Artisten hatten sich dieses kostbare Stück offensichtlich nicht zum Renomieren gekauft, sondern

ganz einfach, um ein hochwertiges Fabrikat zur Verfügung zu haben, auf das sie sich verlassen konnten. Sie wohnten in einer billigen, unauffälligen Artisten-Pension, um das Schloß zu erhalten – irgendwo an einem herrlichen Gestade –, wohin sie sich in den Ferien zurückzogen und das sie sich für den Lebensabend erarbeitet hatten.
Gerade Artisten können ja von einer spartanischen Sparsamkeit sein. Im »Grünen Zwei«, dem Restaurant, das zwischen der »Scala« und der »Katakombe« lag, saß ich oft abends nach der Vorstellung mit einem weltberühmten Artisten zusammen. Wenn er eine Zeche von insgesamt 9 Mark und 98 Pfennigen zu begleichen hatte, sagte er zwar »runden Sie nach oben hin ab«, aber man merkte ihm an, daß ihm diese Geste nicht leicht fiel. Er ehrte den Pfennig im Hinblick auf den Taler.
Meine Gage in der »Scala« war gemessen an denen, deren Name über das Vordach gespannt war, anfangs bescheiden – aber sie entsprach dem Erfolg, den ich hatte. Beim ersten Mal hatte ich außerordentliche Mühe, den Kontakt herzustellen. Die Lacher brausten zwar bedeutend stärker an mein Ohr als drüben in meiner »Katakombe«, aber dafür waren es dort eben auch zweihundert und hier eineinhalbtausend Menschen. Objektiv waren es verhältnismäßig kleine Wellen gegen die Brandung, die den Rivels oder dem Grock entgegenschlugen.
Immerhin wurde ich ein Jahr später zum zweiten Mal engagiert. Diesmal schon mit viel größerem Erfolg. Man merkte das gleich an der Art, wie sich die betreßten Bühnendiener und Vorhangzieher gegen einen benahmen. Das war im Jahr 1932. Der Brüning regierte schon mit Notverordnungen, sein Stern war im Sinken. An irgendeiner Stelle unterbrach ich damals meinen Speech und, indem ich in die vorderste Reihe des Zuschauerraumes schaute, sagte ich: »Wenn ich mich nicht sehr irre, haben wir heute einen prominenten politischen Gast in der Scala: den Reichskanzler Brüning!« Unterdessen wurden die Scheinwerfer auf die Stelle gelenkt, die ich mit meinen Blicken bezeichnet hatte. Aber dann bat ich um Entschuldigung, mich offenbar geirrt zu haben. »Wie dumm von mir«, beendete ich diese Abschweifung, »ich hätte mir natürlich denken können, daß ich einer Verwechslung zum Opfer gefallen bin und der Reichskanzler es nicht sein konnte. Brüning würde sich doch nie in die erste Reihe setzen, da hätte er doch das Gefühl, noch welche hinter sich zu haben.«
In diesem Programm waren auch die schon einmal erwähnten Rivels. Zufällig war ich Zeuge der Geburt eines neuen Gags, den sie, nachdem Charlie ihn infolge eines Zufalls gefunden hatte, Abend für Abend dann wiederholten. Charlie war während seiner Nummer »eine Brücke, eine Brücke . . .« ein wenig zu weit an den

hinteren Vorhang herangekommen und fühlte an seinen Waden plötzlich einen Gegenstand, von dem er annehmen mußte, daß es eine von den Bühnenarbeitern schon bereitgestellte Bank war. Er probierte es an Ort und Stelle aus, ob er richtig vermutet hatte, ging in die Kniebeuge und saß plötzlich tatsächlich auf einer Bank. Von unten her muß das wohl sehr komisch ausgesehen haben, denn da die Bank nicht zu sehen war, schien Charlie in der Luft zu schweben und dennoch zu sitzen.
Dann war ich noch ein drittes Mal in der »Scala« engagiert, und zwar 1933. Ich trat außer in meinem solistischen Speech noch in zwei oder drei Sketchen auf, die sich um Otto Wallburg drehten. In einem der Sketche spielte der unvergeßliche Berliner Komiker einen Telepathen, der sich aus dem Publikum heraus Namen zurufen ließ. Er wiederholte die Namen, dachte intensiv nach und nannte dann zum Erstaunen aller die Telefonnummern der Betreffenden. Die stimmten! Selbst wenn er einmal ein paar Sekunden länger für diesen Konzentrationsvorgang brauchte, wirkte die Sicherheit, mit der er jedesmal ins Schwarze traf, verblüffend und unerklärlich. Bei der vierten oder fünften Nummer ereignete sich aber dann immer etwas für ihn außerordentlich Peinliches, das seinen Trick als ein übles Taschenspielerstückchen entlarvte. Völlig unerwartet schaltete nämlich ich mich in dieses Spiel ein. Mit wütendem Gesichtsausdruck, das Berliner Telefonbuch in den Händen haltend, kam ich unter dem Tischchen hervorgekrochen, vor dem er gestanden hatte, und beschimpfte ihn, daß er viel zu schnell die Resultate verlange. Schließlich müsse ich die Namen ja erst einmal suchen. Ein Tusch der Kapelle Otto Stenzel und brausendes Gelächter des Publikums beendete dann unseren heftigen Streit.
So lustig, lebendig und hinreißend komisch der gutmütig blubbernde, dicke Wallburg auf der Bühne war, hinter den Kulissen und vor und nach seinem Auftritt war er damals bedrückt und in sich zusammengesunken. Als ich ihn einmal in seiner Garderobe besuchte, erzählte er mir von seinem Martyrium: Tag für Tag mußte er sich persönlich eine ausdrückliche Erlaubnis bei irgendeiner NS-Stelle besorgen, und immer wieder ließ man durchblicken, daß diese von einem Auftreten zum anderen befristete Erlaubnis ihm wahrscheinlich nicht mehr lange erteilt werden könne. Eine wahrhaft sadistische Maßnahme, die sich lähmend auf sein ganzes Schaffen legte. Otto Wallburg ist später zusammen mit Kurt Gerron, Paul Morgan und anderen in ein Konzentrationslager gebracht und dort schließlich vergast worden. Ihre Bilder hängen zum Teil heute noch zwischen den unzähligen kleinen und großen Fotos all der Artisten und Schauspieler, die irgendwann einmal in der »Scala« aufgetreten sind. Die wohl umfangreichste Sammlung

solcher Andenken befand sich in einer Stampe – wie die Berliner sagen –, die damals »Mutter Schwanebeck« hieß und ihr gehörte. Mutter Schwanebeck, die man gleich beim Hineinkommen rechts hinter der Theke finden konnte, wo sie beim Ausschenken der Mollen mithalf, war die geborene Artistenmutter. Weit öfter als gegenüber in dem vornehmeren »Grünen Zweig« im Hause der »Scala« konnte man hier die großen und kleinen Artisten antreffen. Man fühlte sich zu Hause – das Gütezeichen der Stampe. Hier traf man aber auch gelegentlich Komponisten und Schlagersänger und Chauffeure, die mit Richard Tauber bei dieser Gelegenheit Brüderschaft tranken – auf alle Fälle für diesen Abend.

Die ganze Lutherstraße schien miteinander verbrüdert. Der Portier in der »Scala«-Vorhalle, der wie eine Parodie auf Göring wirkte, nickte Mutter Schwanebeck vergnüglich zu, wenn er in Zivil einherging und sie traf. Mutter Schwanebeck begrüßte Elfriede, wenn diese mittags kosmetische Einkäufe machte, um abends, wenn sie die Lutherstraße auf- und abstrichte, noch begehrenswerter auszusehen. Mich begleitete Elfriede ein Stück auf dem Nachhauseweg und klagte mir ihr Leid über die zurückgehenden nächtlichen Geschäfte. Aber all diese Freundlichkeiten waren nur Höflichkeiten und galten der gemeinsamen Zugehörigkeit zur Sparte »Abendunterhaltung«, von der die Lutherstraße lebte und deren Hochburg und Mittelpunkt die glanzvolle »Scala« war.

Eduard Duisberg, von seinen Freunden Eddi genannt, wurde nach 1933 der Alleinherrscher über die »Scala«, nachdem Jules Marx, der langjährige Verwaltungsdirektor, das Feld kampflos im Zuge der Arisierung hatte räumen müssen. Duisberg versuchte mit Ausstattung und Glanz das Dilemma der streng nationalsozialistisch ausgerichteten Artistik zu überspielen. In den pompösen Scala-Annoncen konnte man lesen: »Regie und Inszenierung Eduard Duisberg«. Selbst gründliche Kenner der deutschen Sprache fragten sich dann, wo der Unterschied sei zwischen Inszenierung und Regie. Dieses Geheimnis ist auch nie ganz gelöst worden. Im Frühjahr und im Herbst startete er ein Festspielprogramm, und wenn er dann Regie führte (und gleichzeitig inszenierte), setzte er nicht nur Bild für Bild in Szene, sondern auch – mit sehr viel Charme – sich selbst, stellte nicht nur seine Stars ins Rampenlicht, sondern auch – die Kleineren. Man konnte ihm niemals böse sein, weil er selbst niemals richtig böse sein konnte. Bei seinen Zornanfällen versagte die Regie, und wenn er hinter der Bühne herumtobte, wirkte das immer so unfreiwillig komisch, daß man lachen mußte, und vor allem, sobald ein solches Gewitter vorbei war, mußte er selbst mitlachen, das war das besonders Liebenswerte an ihm. Man saß mittags manchmal bei »Schlichter«, dem Schlemmerlokal gegenüber der »Scala«, mit ihm und seiner hübschen Sekretärin und späteren Frau zusammen. Ich

habe noch nie einen solch raffinierten Gourmet erlebt. Die Scala-Programme waren seine heiße Liebe, aber die Mahlzeiten bei »Schlichter« seine Leidenschaft.
Eine scherzhafte Bemerkung, die ich in meinem Programm über meinen Nachbarn Erik Jan Hanussen machte, brachte mir die Feindschaft dieses gefeierten Telepathen ein. Ich hatte gesagt: »Er ist zwar gewerbsmäßiger Hellseher, dennoch sehe ich schwarz für ihn und seine Zukunft.«
Hanussens Rolle in der Öffentlichkeit war außerordentlich zwielichtig, und man hatte eine Zeitlang den Eindruck, als wolle er Dr. Goebbels im Propagandaministerium ablösen. Wenn man dann mit ihm sprach, schien er die Vorgänge von 1933 ironisch zu bespötteln, wie einer, der nur gute Miene zum bösen Spiel machte. Man wußte nie recht, woran man bei ihm war. Eines Tages wurden wir gewarnt. – Diese Zeit war ja eine einzige Vorwarnung; manchmal erwiesen sich die Meldungen wirklich als stichhaltig, sehr oft entpuppten sie sich als hektische Übertreibungen. – In diesem Falle sollten wir uns darauf gefaßt machen, daß Hanussen unser Lokal von irgendeinem SA-Sturm ausheben lassen würde. Die Stürme in unserer Gegend waren glücklicherweise keine Tornados, sondern von der Bewegung etwas durcheinander gewirbelte dicke Luft; wenn man ihnen einen Knochen hinwarf, dann ließen sie sich schon streicheln und vergaßen das Beißen. Ausnahmen bestätigten die Regel. Für gewöhnlich genügten ein paar Kasten Bier, um sie zu ewiger Treue zu bewegen, die mindestens so lange anhielt, wie noch Bier in den Flaschen war.
Für den Abend, an dem die »Katakombe« gestürmt werden sollte, von einem dem Hanussen verschworenen Sturm in der Motzstraße, hatten wir einen anderen aus der Augsburgerstraße verpflichtet. Sie hatten Freikarten, Freibier und Zigaretten bekommen. Alle waren ohne Hemd – jedenfalls ohne »Führerschein« – erschienen, also in Zivil, aber sie hatten ihre hakenkreuzgestempelten Ausweise griffbereit in der Tasche. Es passierte aber nichts. Wahrscheinlich hatte der andere Sturm Wind bekommen, und die Brüder hatten auf einen Bruderkrieg verzichtet.
Seit der Machtergreifung war das politische Wortspiel ein Spiel mit dem Feuer geworden. Im Laufe der Jahre wurde es immer mehr zum Spiel mit dem Leben. Die in der »Scala« konnten sich nur noch wenig anzügliche Bemerkungen erlauben, dazu war der Produktionsapparat dort viel zu kompliziert. Wie viele Leute mochten unter dem Betriebspersonal sein, die als Spitzel fungierten? Und die Leitung der »Scala« war viel zu abhängig von wirtschaftlichen Bedingungen, hatte viel zu viel zu verlieren, als daß sie viel hätte riskieren können. Da hatte die »Katakombe« es natürlich leichter, die daneben ein kleiner Familienbetrieb war. Die paar Kellner ließen

sich leicht kontrollieren, wir kannten ihre innerlich ablehnende Haltung; die Kassiererin stand auf der schwarzen Liste, und unser Geschäftsführer trug zwar in den ersten Monaten des neuen Reiches ein großes Hakenkreuzabzeichen provozierend auf dem Rockaufschlag, aber es bestand kein Zweifel, daß dies nur Tarnung war, weil er ein Gesicht hatte, das nach den neuen Maßstäben als jüdisch-semitisch-intellektuell galt.

Bis in den März 1933 hatten wir ein Programm durchgehalten, das nur infolge der Unaufmerksamkeit der neuen kulturellen Behörden dem Verbot entging. Die Schlußnummer war eine Wilhelm-Tell-Parodie, und an irgendeiner Stelle wurde gesagt: »Siehst du das Hemd dort auf der Stange . . .?« Und Platte sang ein Chanson mit dem Refrain (oder wie man damals sagte: ein Liedchen mit dem Kehrreim): »Heute nacht im Traum hab ich den Hitler gesehn – bei Papen zum Fünfuhrtee . . .«

Wie wir es selbst zwölf Jahre lang erleben konnten, ist solchen Regimen nichts verhaßter als der politische Witz und als dessen sichtbarster Vertreter der Conférencier. Im Gegensatz zu den anonymen Flüsterern steht er mit seinem Wort und zu seinem Wort vor aller Öffentlichkeit. Er muß nicht nur auf der Bühne stehen, sondern auch ganz zu dem, was er gesagt hat. Wie ein Stierkämpfer reizt er die hohen Tiere, denen jedes freie Wort ein rotes Tuch ist. Wenn sie sich wutschnaubend auf ihn stürzen wollen, entwischt er im letzten Moment durch eine geschickte Wendung, die in diesem Falle eine Redewendung ist. Ein reizendes Spiel mit Worten, das den Gegner immer gereizter macht. Man könnte den politischen Conférencier auch als angesehenen Heckenschützen betrachten, der aus dem Hinterhalt der Doppeldeutigkeit den Vogel abschießt, den die anderen haben.

Gleichzeitig machte sich ein eigenartiges Phänomen bemerkbar: Der anonyme politische Witz setzte sich nicht selten bei denen, die ihn gehört hatten, in einer solchen Weise fest, daß sie nach einer Weile überzeugt waren, ihn irgendwo auf einer Bühne persönlich erlebt zu haben. Gleichsam das Standardmodell für diese Art von Witzen, war die Geschichte mit der Kiste. Sie soll sich folgendermaßen abgespielt haben: Zwei Männer kamen auf die Bühne der »Scala« und transportierten eben jene Kiste bis in die Mitte. Dann gingen sie wieder dahin, woher sie gekommen waren. Ich machte die Kiste dann auf und holte nacheinander die lebensgroßen Büsten der regierenden Herren des Dritten Reiches (Hitler, Göring, Goebbels, Ley usw.) heraus. Nachdem sie alle aufgestellt waren, drehte ich die Kiste wie zufällig um und nun sah man die Aufschrift »Vorsicht nicht stürzen!«.

Dieser Witz, der mit einer konstanten Sicherheit immer wieder mir in die Schuhe geschoben wurde, ist niemals von mir gemacht worden; weder in der »Scala«, noch nebenan in der »Katakombe«, noch sonstwo. Aber sogar mir gut befreundete Menschen waren nicht davon abzubringen, daß sie es mit eigenen Augen gesehen hätten. Auch nach dem Krieg hielt sich diese Version gegen alle meine Dementis. Inzwischen habe ich es aufgegeben, und wenn einer mit der Kiste anfängt oder mit der verdunkelten Bühne (»Es muß an der Leitung liegen . . .«), dann gebe ich es jetzt aus Verzweiflung immer sofort zu. Seitdem herrscht Ruhe. Interessant ist dabei noch, daß diese Kiste auch in München spukte, wo sie Weiss Ferdl zugeschoben wurde. Ich habe selber über diese Sache mit ihm gesprochen, und auch er bestritt mir energisch, sich je ein solches Witzchen erlaubt zu haben. Er bestritt es auch noch lange Zeit nach dem Kriege, wo es ihm ja doch zum Ruhme gereicht hätte.

In eine eigentümliche Situation war Claire Waldoff gekommen, deren Refrain »Hermann heest er . . .« plötzlich eine ganz andere Auslegung bekommen hatte. Der *Hermann* Claires war schon populär gewesen, lange bevor die Öffentlichkeit von dem anderen *Hermann* überhaupt etwas wußte. Als er dann aber wie ein Komet am politischen Himmel Deutschlands erschienen und in aller Munde war, mußte das harmlose Couplet, das Claire Waldoffs Ruhm begründet hatte, wie ein tollkühner Namenswitz auf Kosten des neuen Ministerpräsidenten wirken. So wenig also das Lied in Wirklichkeit etwas mit Hermann Göring zu tun hatte, so durfte sie es natürlich nicht mehr singen. Sie versuchte es mit harmlosen Volksliedern im Heideröslein-Stil, die wohl parodistisch gemeint sein konnten, aber selbst von einem primitiveren Publikum, dessen Massen ja auch zu Claire Waldoffs Kundschaft gehörten, gerade von diesem Publikum als Konzession an den neuen Blut-und-Boden-Stil empfunden wurde.

Etwas Groteskes erlebte auf unserer Seite der »Scala« Rudolf Platte, der dem Propagandaminister auf manchen Fotografien so unverschämt ähnlich sah, daß wir die Auflage bekamen, seine Fotos aus dem Schaukasten sofort zu entfernen. Mein Hinweis darauf, daß Rudolf Platte dem Dr. Goebbels schon ähnlich gesehen habe, bevor dieser in der Öffentlichkeit bekannt geworden war, brachte mir den ersten Ordnungsruf ein.

Mit dem Jahre 1935 reißt meine unmittelbare Verbindung zur »Scala« ab. Damals wurden versiegelte Zettel quer über die Türschlösser der »Katakombe« gemacht: »Staatspolizeilich geschlossen«. Freunde versuchten dann den Betrieb ohne mich, aber in meinem Sinne weiterzuführen, um ihn mir zu erhalten, aber das ging nur ein oder zwei Programme lang, dann war es aus. Die Auflagen, unter anderem eine Vorzensur, waren so streng, daß keine Stimmung mehr aufkam, zumal im Raum das Schicksal der alten »Katakombe« herumgeisterte.

Als ich nach dem Kriege 1946 zum ersten Mal wieder nach Berlin kam, ich war jahrelang nicht mehr dort gewesen, fand ich das Bühnenhaus der »Scala« in Schutt und Asche gelegt, und auch von der »Katakombe« war nichts mehr übrig geblieben. Es war, als ob sich der Aschenregen, den wir künstlich über die Wände verbreitet hatten, selbständig gemacht und weiter und weiter gewirkt hätte, bis nur noch er übrig blieb. Ich stand auf irgendwelchem Unkraut und sah in das große, mit Eisenträgern und sonstigem Gestänge überlagerte Loch, wo einmal die Parkettreihen und die Logen der »Scala« gewesen waren, und auf gespenstische Umrisse, die kaum noch an eine Bühne erinnerten. Grock soll bei diesem Anblick geweint haben; ich kann es verstehen. Meine Tränen hatte ich schon beim Anblick des zu einem Schrebergarten zusammengeschrumpften Tiergarten vergossen. Ich ging dann von den Scalatrümmern zu dem Unkrauthaufen nebenan. Hier hatte sich also einmal die Stätte meiner Triumphe befunden. Im Zuge der später auch in Berlin wieder einsetzenden Restauration fand sich ein tüchtiger Restaurateur, der die Wände der ehemaligen »Katakombe« im Hause der »Scala« wieder aufrichtete. Er machte einen mehr oder weniger amüsanten Amüsierbetrieb daraus: Jetzt ist es ein Hippodrom geworden, mit dem Namen eines Lokals, das sich früher schräg gegenüber der »Scala« befunden hatte, das »Goldene Hufeisen«.

WARUM ICH KEINE BRILLEN SCHLEIFE WIE SPINOZA

weil ich nämlich ein anderes Hobby habe: die Dezimalklassifikation. Sie hält den Kopf frei für den Privatgebrauch

Früher sprach man wohl mehr von Lieblingsbeschäftigungen. Heute, wo alles kurz sein muß – außer dem Leben –, sagt man Hobby, allenfalls noch Steckenpferd. Ich finde den Ausdruck so poetisch, daß ich noch ein bißchen auf ihm herumreiten möchte. Hobby-hobby-Reiter.

Steckenpferde werden meistens in der Einsamkeit geritten und gedeihen am besten in derselben Stille, in der Schillers Talente sich bildeten.

Einmal hörte ich, wie jemand vom Fußballsport als seinem Hobby sprach. Massenvergnügungen können das Nonplusultra der Lust sein – aber ein Hobby?

Das Hobby, das wahrhafte, ist innere Sammlung, Aufladen der Seele, Entspannung. Gibt's das beim Massensport? Da brüllt man sich die Seele aus dem Leib und kommt aus der Spannung nicht heraus. Noch bevor das großsportliche Ereignis stattfindet, spannt man, ob noch Karten zu haben sind, dann ist man gespannt, wie die erste Halbzeit zu Ende geht, ob die zweite eine Änderung bringt, usw., usw. (Näheres siehe Sportteil.)

Um aber nun auf mein eigenes Hobby zu kommen, so war ja schon aus der Überschrift zu entnehmen, daß es etwas sehr Ausgefallenes ist (welches Hobby wäre das nicht).

Das Wort allein schon, das in der internationalen Dezimalklassifikation für sich selber die Nummer *nullzwofünfpunktvierfünf* zugeteilt bekommen hat, macht auch einer geübten Zunge noch Schwierigkeiten. Es geht einem mit ihm wie mit dem lieben alten Cottbuser Postkutscher, der den Cottbuser Postkutschkasten putzt, nur hat der, im Gegensatz zu unserm Wort, Gemüt.

Die *Deka* (in dieser Form der Kürze des Wortes Hobby angepaßt!) wurde im letzten Drittel des vorigen Jahrhunderts von dem amerikanischen Bibliothekar Dewey als Ordnungsmittel erfunden. Er versah alles, was je über unsere Welt und ihren Inhalt gedacht und geschrieben worden ist, mit Kennzahlen, die aus den Ziffern 0 bis 9 gebildet werden, und da es kaum etwas gibt, was nicht von irgendeinem Schriftsteller einmal abgehandelt worden wäre (schließlich will jeder leben), entstand sozusagen der erste Nummernkatalog des Universums (Universum siehe *dreipunktachtpunktfünfzwo*).

Herrn Deweys System ermöglicht es uns, das Dasein und die Welt anzuschauen wie eine unermeßlich große Gemäldegalerie. Die an

den Bildern angebrachten Nummern stimmen bekanntlich mit denen im Katalog meistens überein und geben Auskunft über Titel und Maler. Es müßte jetzt also nur noch gelingen, Geist und Materie, die uns umgeben, mit genau denselben Nummern zu versehen, die sie in den dicken Bänden der D. K. zur Freude aller Ordnungsliebenden bekommen haben.
Eine hübsche Utopie erscheint am Horizont; und einmal ganz anders: Ein Güterzug käme beispielsweise daher mit tankartigen Behältern. Man kann nicht erkennen, was sie enthalten. Aber da ist eine Nummer aufgemalt. Groß. Eine Sechs, eine Eins, eine Vier, eine Acht, eine Neun und noch eine Acht. Blitzschnell greifen wir zu Deweys Katalog, den wir Tag und Nacht bei uns haben, blättern rasch und sind schon bei *fünfneun: Zoologie*. Kommen zu *Fünfneunneunpunktneun:* Homo, der Mensch. Noch eine knappe Seite und schon haben wir die *Sechs. Angewandte Wissenschaften*. In den Behältern muß also ein wissenschaftliches Produkt sein. Es folgt *Sechseinsvier*, wir kommen immer näher (der Zug entschwindet schon hinter den Bergen): *öffentliches Gesundheitswesen*. Jetzt schnell noch mit dem Finger die letzte Zahlenreihe dieser Gruppe herunter, und wir wissen, was die Wissenschaft in diesen Behältern uns beschert hat: *Sechseinsvierpunktachtneunacht:* Schutz gegen chemische Stoffe. Strahleneinwirkung usw.
Wir wollen ein Tedeum auf der *Siebenachtsechspunktsechs* (Orgel) erklingen lassen (siehe *Siebenacht* Musik), wenn uns die Anwendung von *Sechseinsvierpunktachtneunacht* erspart bleibt.
Um den Eifer eines Dewey wirklich zu begreifen, muß man sich wohl die philosophische Vorstellung zu eigen machen, wonach unser Weltbild ein großes Ganzes gewesen zu sein scheint. Irgendwann muß es aber einmal so unglücklich heruntergefallen sein, daß es in Milliarden Einzelteilchen zersplitterte und jeder, der sich jetzt ein Bild machen will von diesem Urbild – aus privaten Gründen oder um eine schöne Partei aufzuziehen –, muß es sich Stück für Stück zusammenpuzzlen.
Das Puzzlespiel des Klassifizierens. Das ist mein Hobby. Es wirkt sich weniger auf meine Bibliothek aus, von der sich doch das meiste bei Freunden befindet, als auf meinem Zettelkasten, der bereits ein ganzes Zimmer ausfüllt. Er wird streng nach den Weisungen der *Deka* gehandhabt. Auszüge, Zeitungszuschnitte, Abbildungen: Alle kommen sie magisch an die ihnen zustehende Stelle.
Meine Gäste, die ich bisweilen vor diese Sammlung führe, schauen mich, wenn sie alles gesehen haben, mit dem Blick eines besorgten Arztes an. Manchmal fragen sie, warum ich nicht lieber Knöpfe sammle oder Münzen oder Bierdeckel, um bei den rundlichen Gegenständen zu bleiben. Oder warum ich mich nicht der Uhren annehme wie Karl V. oder Brillen schleife wie Spinoza.

Sie kommen alle nicht hinter mein Geheimnis: Ich kann es ihnen auch nicht erklären. Zum Wesen eines echten Ticks gehört es nun einmal, daß nur sein Besitzer ihn richtig verstehen kann.
Es genügt mir, zu merken, wie mein Weltbild von Jahr zu Jahr klarer wird, und wie das Auseinandergerissene sich langsam wieder zusammenfindet. Man braucht eben sehr viel Geduld zu diesem Spiel und sehr viel Zeit. Am besten wären natürlich ein paar Jahrtausende. Natürlich erfüllt meine Sammlung nach der Dezimalklassifikation noch einen sehr praktischen Zweck. Sie hält den Kopf frei für den Privatgebrauch.
Übrigens soll der berühmte Zettelkasten meines geliebten Jean Paul ähnliches angestrebt haben; daß er sein ungeheuer verzetteltes Wissen so oft und so hartnäckig in Form von ausführlichen Randnoten den Lesern aufdrängte, hat seinem großen Werke leider mehr geschadet als genutzt.
Dieser Gefahr habe ich mit einem umgekehrten Verfahren bereits vorgebeugt: Meine Randnoten werden nicht durch große Werke gestört.

Ein Tribut der Prominenz ist die Betroffenheit von Umfragen. Diese bei Journalisten noch immer beliebte Methode, die Weihnachts- oder Silvesterbeilage ihrer Zeitung (selbstverständlich honorarlos) zu füllen, ließ den Berliner Tagesspiegel 1955 die brennende Frage stellen, was das Leben der befragten prominenten Zeitgenossen nun eigentlich bestimmt habe. Ein großer Teil der Politiker, Wissenschaftler, Schauspieler, Schriftsteller und Künstler beantwortete diese Frage so ernst, wie sie gemeint war. Auf seine Art ernsthaft antwortete auch Werner Finck:

WAS MEIN LEBEN BESTIMMTE

Eine Weihnachtsumfrage des Tagesspiegels

Aus dem Dunkel meiner nur spärlich erhellten ersten zehn Lebensjahre leuchtet weithin ein Name:
Taubadel.
Werde ich aber gefragt, wer das war, so kann ich nicht die geringste Auskunft darüber geben. Ich weiß nur, daß dieser Name auf einem Papierstreifen stand, der an einer Mauer klebte. Darüber etwas kleiner:
Wählt – und unter dem Namen: Sozialdemokratische Partei. Das ist alles, was mir noch in Erinnerung ist. – Sehr viel später erfuhr ich die Namen anderer bekannter Arbeiterführer, Marx, Bebel, Kautski und so weiter. Wenn sie genannt wurden, wollte ich immer einhalten:
Na und Taubadel?
Aber dann hatte ich doch immer Hemmungen. Wahrscheinlich ist er nicht gewählt worden damals und hat deshalb keine Karriere machen können wie Ollenhauer.
In meiner Erinnerung aber wird er immer ein großes Licht bleiben. (Der Taubadel.)
Den tiefsten Eindruck hat mir das große Wecken am 27. Januar gemacht. Da zogen, vom Licht der Gaslaternen schwach erleuchtet, die Soldaten in aller Herrgottsfrühe unsere Straße entlang; voran die laut trommelnden Trommler und die gellend querpfeifenden Pfeifer; mein Bruder und ich stürzten – noch halb im Schlaf – ans Fenster und preßten unsere Nasen so dicht an die Eisblumen der Scheiben, daß sie an dieser Stelle verblühten. Und unser Herz schlug – wie wir in unseren Aufsätzen sagten – höher.
Wenn heute, einige vierzig Jahre später, trommelnde und pfeifende Soldaten zu nachtschlafender Zeit an meinem Schlafzimmerfenster vorbeiziehen oder – sagen wir – vorbeimarschieren würden (denn noch ziehen ja unsere Soldaten nicht so), dann richtete ich an den Arbeitsring für Lärmbekämpfung des VDI in Düsseldorf eine

massive Beschwerde. Denn unsere ohnehin überforderten Nerven usw. Aber ans Fenster stürzen würde ich dennoch wieder, und auch mein Herz würde heftig klopfen. Nur riefe ich nicht: herein. Zumindest müßte ich erst wissen, ob der Kommandeur dieser nächtlichen Ruhestörer vom Personalgutachterausschuß zugelassen oder von früher übernommen worden ist.

SILVESTER 1955

Das ist es nun also gewesen, das Jahr, das wir genau vor einem Jahr hoffnungs- und angstvoll erwartet haben. »Möge«, sagten damals die Festredner aller Welt, »möge uns das neue Jahr . . .« Jetzt mögen sie es nicht mehr.
Und dann ging's los: Böllerschießen, Propfenknallen, Glockenläuten, Prositrufen, toute la même chose. Wo noch wird der Jahreswechsel so turbulent gefeiert wie bei uns? Nirgends in der ganzen Welt, nur hier auf unserem kleinen Erdball, dessen Mittelpunkt mal Berlin heißt, mal London, je nachdem. In diesem Jahre hieß er Genf. Schlagwort Nummer eins des Jahres 1955: der Geist von Genf. »Ein junges, hoffnungsvolles Leben, ein kurzer Sommer, dem kein Herbst gegeben.« Jetzt spukt dieser Geist als Gespenst nur noch in den Luftschlössern unverbesserlicher Optimisten.
In der großen Politik wurde noch nie so viel gelächelt wie am Genfer See. Am meisten lachten die Russen (über den Westen), denn der Westen sah nicht, daß sie uns eigentlich nur auf eine neue Art die Zähne zeigten. Immerhin brachte das Jahr dreierlei Itäten: Österreich die Neutralität, der Bundesrepublik die Souveränität und der DDR die Aktivität.
Die Souveränität gab uns die Freiheit der politischen Entscheidung wieder zurück: Es ist uns wieder erlaubt, zu wählen, ob wir mit dem Westen gehen wollen oder gegen den Osten.
Wir haben wieder ein eigenes Heer und einen eigenen Verteidigungsminister, einen sehr eigenen sogar. Die ersten Kämpfe hat die junge Truppe schon hinter sich: mit dem Parlament und dem Personalgutachter-Ausschuß. Theodor Blank konnte seine Stellung halten, sein Wort nicht immer. Oder sagen wir nicht Stellung halten; wer hält schon noch viel von seiner Stellung? Sagen wir lieber, er konnte seine Stellung behaupten. (Was hat er nicht alles behauptet)
Die Geburt unserer kleinen Armee fand in einer Garage statt. Das gab manchen Anlaß zu spöttischen Bemerkungen. Wartet doch erst einmal ab! Die Größe jener Stunde materialisierte sich in dem ersten und einzigen Hauptfeldwebel: Dieser Spieß überragte alle um ein Beträchtliches an Länge.
Das Ereignis, worüber die Welt den Atem anhielt – dieser Moment vollzieht sich in jedem Jahr einmal –, war die Reise des deutschen Regierungschefs nach Rußland. Zwei große Maschinen der Lufthansa landeten zu diesem Zweck in Moskau. (Das einzige übrigens, was wir dort landen konnten.) Es begann mit Bootfahren und Rudern, dann aber kam ein jäher Witterungswechsel, das Klima wurde eiskalt, und Bulganin und Chruschtschow fuhren mit Adenauer Schlitten. Unser an sich abgehärteter Kanzler zog sich durch

diesen ungewohnten Temperatursturz einen hartnäckigen russischen Botschafter zu, dessen Behandlung sehr langwierig sein dürfte. Immerhin ist erreicht worden, daß Tausende von überfälligen Kriegsgefangenen endlich in ihre Heimat zurückkehren konnten.
Ein Heimkehrer, der gar nicht erwartet worden war (außer von ein paar höchsten Behördenstellen), ist Otto John. Er wurde verhaftet, sitzt in einer Zelle, die gebildet zu haben er bestreitet, und schreibt vermutlich seinen Bestzeller »Ich wählte die Freiheit«.
Im Innern des Landes waren im übrigen die Kämpfe zwischen den Löhnen und den Preisen die interessantesten von allen. Schäffer, bleibe hart, riefen die einen, und Erhard, bleibe hart, die andern. Nun, Schäffer wird nicht weichen, solange Er hard bleibt.
Nicht vergessen dürfen wir das große Ereignis an der Saar, wo insofern ein erstaunlicher Umschwung eingetreten ist, als die Bevölkerung unter den Umständen bereit wäre, einem Anschluß Frankreichs an die Saar zuzustimmen. Vieles wird natürlich von den Neuwahlen in Frankreich abhängen, nachdem die Regierung Edgar Faures zurückgetreten und die Nationalversammlung aufgelöst ist. Seinen Gegenspieler Mendes-France interessiert im Augenblick gar nicht so sehr, was vorgeht, sondern daß Faure geht.
Das Fortschrittlichste war aber entschieden die Art und Weise, wie heute der Rüstungsstand einer Großmacht der Konkurrenz mitgeteilt wird: Irgendwo fliegt eine Wasserstoffbombe unsichtbar in die Luft, und was früher die Kuriere umständlich an die Kanzleien vermittelten, geht heute über die Seismographen. Die Angst veranlaßt dann alles weitere. Diese Angst soll leben. Denn so sehr wir sie fürchten, so sehr hilft sie uns. Der engste Kontakt zwischen den Großmächten ist in unserem hektischen Zeitalter der Ängste-Kontakt.
Das alte Jahr hat uns schwer mitgenommen, aber es hat uns mitgenommen, so daß wir ein neues erleben können, und das ist heute schon viel.

Viele Gelegenheitsarbeiten entstanden ursprünglich als Vorwort oder Einleitung zu einem – meist heiteren – Buch. Eine Aufzählung seiner Einführungen in Sammlungen des Heiteren will Werner Finck längst nicht mehr gelingen: »Ich habe so viele Vorworte geschrieben . . . Inzwischen bin ich ein berühmter deutscher Vorwortschreiber . . .« Das folgende entstand 1957 für eine Karikaturensammlung.

KARIKATUREN ODER WER ZULETZT LACHT, LACHT AM BESTEN

Siehe da: wieder einmal eine Sammlung; sie dient aber nicht der Sammlung, sondern der Zerstreuung; mit den Mitteln der Konzentration.

Konzentriert sind die komischen Effekte: Unser Zwerchfell ist das Zentrum der Schießscheibe, auf die die hier vereinten Scharfschützen unentwegt zielen und akkurat ins Schwarze treffen. Ihre geistige Ausrüstung ist modern.

Wie beladen waren noch die Karikaturisten des vorigen Jahrhunderts mit dem Rücksichtnehmen auf den Publikumsgeschmack, der alle Regeln der Kunst peinlichst beachtet haben wollte. Da mußte jeder Witz erst einmal seine Überschrift haben: »Gut gegeben!« »Ein Pfiffikus!« »Schlau!« »Unverbesserlich!«

Man lacht heute mehr über diese Überschriften als über die darunter abgelegten Witze.

War das nötig? Für die Mentalität der damaligen Witzblattgemeinde offenbar ja. Heute – nimmt uns solche Umständlichkeit nur Zeit weg: In einer unverkennbaren Studentenbude kauert ein junger Mann am Fußende seines Bettes mit dem Kopf über dessen Pfosten; mit verglastem Blick stiert er auf seinen Mops, der – in vierfacher Ausfertigung – vor ihm steht. Unterschrift: Studiosus. In Klammern: stark angeheitert . . . Überschrift: Im Nebel.

Nicht etwa, daß der Zeichner unserer Tage gänzlich ohne Über- oder Unterschriften auskäme.

Aber wieviel sparsamer geht er damit um!

Der Leser ist längst daran gewöhnt, sich sein Teil zu denken: (wenn auch gerade die Comicstrips und Cartoons ihm das Denken weitgehend abnehmen.) So bekäme jener Studiosus bestimmt keine Unterschrift mehr. Schon gar keine Überschrift. Die äußerste Konzession an die Unmißverständlichkeit wäre vielleicht ein im Blickwinkel des Studenten über dem vierfachen Mops schwebendes Fragezeichen.

Typisch für moderne Textierung eines Cartoons ist die Beschriftung einer Zeichnung, die uns zwei Männer in einem Büro zeigt. Der eine sitzt am Schreibtisch, auf einem Stuhl davor der andere. Auffallend ist der gut Einsneunzig große Roboter, den der auf dem Stuhl Sitzende in der Hand hält. Die Überschrift: Beim Patentanwalt – wird ersetzt durch das Wort Patentanwalt, das wir – in Spiegelschrift – an einer Fensterscheibe entziffern. Jetzt können wir schon kombinieren, daß der Besucher einen Roboter konstruiert hat; wahrscheinlich will er ihn als sein Patent anmelden. Das wäre ja aber doch noch nicht komisch. Da vollendet der lakonische Text die Erzählung und gibt ihr die Wendung, die uns das Lachwerk in Bewegung setzt: *»Er ist ein automatischer Patentanwalt.«* Und jetzt verstehen wir auch den entsetzten Blick des am Tisch sitzenden Patentanwalts, der seine Tage bereits gezählt sieht.

Die herrlichsten dieser herrlichen Leckerbissen der Gebrauchsgraphik (wir gebrauchen sie gegen unsere zeitbedingten Depressionen) – die herrlichsten sind die Bilder ohne Worte. Das Suchen und Finden der kunstvoll versteckten Ostereier hat uns nicht mehr Vergnügen gemacht, als dieses Aufspüren und Entdecken von zeichnerischen Pointen.

Wir sehen etwa einen Mann vor einem Glas Bier. Es ist kein kleines Helles, sondern ein tief dunkles, bis oben zum Rand – der als schmale Ellipse schneeweiß absticht. Der zweite Abschnitt: Er trinkt. Das Glas ist halbleer. Wie eine Mondscheibe überschneidet und verdeckt es das Gesicht des Trinkenden. Die obere Hälfte dieser Scheibe ist weiß, die untere dunkel. Drei: Das Glas steht leer vor dem Trinker, der haargenau in derselben Stellung dasitzt wie am Beginn der Dreiphasenaufzeichnung. Hätte es sich der Cartoonist nicht ersparen können, die dritte Phase neu zu zeichnen?

Jetzt kommt der Augenblick unseres Stutzens. Was soll's? Wo ist der Witz? Haben wir etwas übersehen? Einen Augenblick später finden wir den Witz im Augenblick des Trinkens. Vor dem vollen Glase schaute er aus zwei leeren Augen in die Gegend. Vor dem leeren schaut er aus zwei erfüllten Augen; es ist die tiefdunkle Farbe des Biers, die jetzt die zwei eiförmigen, die Augen darstellenden Kreise ausfüllt. Eine in des Wortes wahrster Bedeutung ausgezeichnete Idee.

Der Vorwortler ist jetzt bei der Einleitung seiner Einleitung angelangt. Es würde ihm einen unbändigen Spaß machen, die Betrachtung bis auf die letzten Seiten dieses Bandes fortzusetzen, aber das Buch ist voll besetzt. Berufenere Spaßmacher warten darauf, in die Manege Ihrer Erwartung zu treten. Passen Sie aber gut auf, daß Sie nicht ausrufen: Wie blöd! und der Karikaturist Ihnen dann vielleicht bestätigen müßte, daß Sie es wirklich sind. Dazu kommt es nicht, wenn Sie schön aufpassen.

Wir beneiden Sie, Leser (die Floskel »lieber« lassen wir in der guten alten Zeit), um den Ihnen bevorstehenden Genuß. Wer zuerst lacht, lacht am besten.

ZUM FRÜHLINGSANFANG

Es ist höchste Zeit, vom Frühling zu sprechen. Er regt sich allenthalben. Schon schwellen die ersten Knospen. Wie lange noch, und wir holen uns die dicken Mäntel aus dem Schrank und besorgen uns Holz und Kohlen und üben Weihnachtslieder, denn der Frühling ist kurz und der Sommer geht schnell vorbei.

»War das ein Frühling!« werden wir dann sagen. So zart, so lind, solide und so weiter. Wie die Sonne immer wärmer wurde und das Laub immer dichter und dichter. Und während wir denken, kehrte es einer bereits mit der Harke auf einen Haufen. Das welke, rote Laub, dessen zarte Spitzen in diesen Tagen hervorbrechen sollen. Darum werden wir gut tun, an den Herbst zu denken, wenn wir den Frühling erleben. Demnächst will ich weit hinaus wandern in die Natur, dort werde ich mich hinstellen und jauchzen. Das Jauchzen ist die verwandelte Form des Jodelns, die nächst höhere Form ist das Jubilieren. Dieses bleibt jedoch Kreaturen wie Schwalben und Lerchen vorbehalten.

Es läßt sich aber im Frühling in Versen alles leichter und dringlicher ausdrücken als in Prosa, und deshalb füge ich an dieser Stelle ein Spätwerk von mir ein (Anmerkung für Historiker: Konzeption nach meiner italienischen Reise). Es heißt: »Der Naturapostel«:

Er jauchzte wie Kolumbus: Land!
Und schloß die Augen und empfand
Die Kleiderlast als Notverband
Und knöpfte sie sich runter.

So stand er nun, ein nacktes Ding.
Der Weiher gab ihm einen Wink:
»O Leben!« jauchzte er und ging
Erst baden und dann unter.

Was lehrt uns dieses Gedichtchen? Daß wir nicht baden gehen sollen, ohne zuvor den Arzt gefragt zu haben.

Wir wollen uns aber solcher Gedanken wegen die Wonnemonde nicht trüben lassen. Die guten Menschen werden sich ohnehin sorglos freuen, nur die bösen werden heimlich zittern: Denn der Frühling ist eine Jahreszeit, in der alles herauskommt.

Und sie wissen genau, was ihnen dann blüht.

Als eine Art Film-Satire entstand 1957 der folgende Text. Er wurde optisch von den entsprechenden Filmaufnahmen begleitet, also etwa Fohlen auf der Weide, Schulmädchen, Dorfweiher. Werner Finck selbst war in dieser Produktion von Hansjürgen Pohland der Referierende. Der Titel des Films war zugleich ein Anschlagplakat im ersten Bild:

Im Kultursaal für Finanzen – 20 Uhr

WAS DU ERERBT VON DEINEN VÄTERN . . .

Ein Vortrag über altbewährte Herstellungsmethoden von Kultur- und Heimatfilmen mit ausgewählten Bildbeispielen nebst hintergrundfüllenden Volksweisen.

. . . und so, meine Damen und Herren, möchte ich meine heutigen Ausführungen über die Wirkungskomponente von Heimat- und Kulturfilmmotiven mit dem Rufe beschließen: Meidet alle die Gemütlichkeit zerstörenden Elemente des modernen Witzes, der Ironie, des Humors, der scherzhaften Heiterkeit usw. und kehrt zu den seit 30 Jahren bewährten Kameraeinstellungen zurück. Ein paar typische Beispiele sollen das Vorhingesagte noch abrunden.

Die Hauptsorge des tüchtigen Heimat- oder Kulturfilmproduzenten muß die poetische Verkleidung seiner geschäftlichen Interessen sein. Die ideale Verkleidung ist das deutsche Dorf – die Poesie schlechthin.

Seinen Gänschen gibt er das schmückende Beiwort »verträumt«, und angesichts solcher Frauen muß er danach trachten – Volkstrachten, den Sinn für uraltes Erbgut, lebendig werden zu lassen. Was du ererbt von deinen Vätern, verfilm es – um mit zu erwerben. Der tierische Ernst sei empfohlen – Fohlen an einer Tränke. Welcher Filmbetrachter wollte zum Augenblick eines Hofhundes nicht sagen: »Verweile doch«. Er wird die Anmut unschuldiger Natur in vollen Ziegen – Zügen genießen.

Selbstverständlich ist gegen ein gelegentliches neckisches Hineinsprechen des Kommentators bei Fütterungsszenen wie »Mahlzeit« oder »Na – schmeckt's?« nichts einzuwenden. Das ist ja echter Humor.

Der Scherz, den Klapperstorch mit kleinen Kindern in Verbindung zu bringen, erscheint uns zu abgeklappert. Aber vor dem Klappern der Mühle sollten wir alle Witzeleien beiseite lassen. Die Mühle am Wehr ist ja das Herzstück im Heiligtum der Romantik.

Auch vor der Süßigkeit kleiner Enten, zumal im Mühlgraben, sollte der Scherz noch haltmachen. Denn aus solchen Bildern haben sich ja

die schönsten Volkslieder entwickelt – bis zum Entchen von Tharau. Endchen gut, alles gut.
Laßt auch kleine Schulmädchen mitwirken – sie wirken immer. Gänschen mit Ränzchen. In ihrem zarten Alter sind sie auf die Wiesen noch angewiesen, diesen Ebenbildern ihrer selbst. Das Leben gibt ihnen noch durch die Blume zu verstehen: Ach wie bald – ach wie bald, schwindet Schönheit und Gestalt. Pflücket die Rose – ehe sie verblüht. Ehe sie – siehe Ehe. Früh windet sich, was ein Jungfernkranz werden will – um den Kopf.
Des Lebens Mittag ist bald gekommen. Das Korn ist trächtig, aber das Leben oft niederträchtig. Wem es an Beziehung mangelt – dessen Himmel bezieht sich bald. Wir sind hier am Kernpunkt unseres Problems angelangt: Das tägliche Brot. Hier sollte sich jeder Autor weise darauf beschränken, den, der das Brot wachsen läßt, zu preisen – von Brotpreisen aber nicht zu sprechen, weil niemand gut darauf zu sprechen ist. Ein Schnittchen in Ehren kann niemand verwehren.
Nicht dick genug kann aufgetragen werden, wenn es gilt, dem schlichten Landvolk, das unermüdlich werkelt, ein Denkmal zu setzen, bis der schlechte Ruf der Großstadt ertönt: Mach mal Pause, trink . . . ich komm jetzt nicht auf den Namen (darf auch nicht drauf kommen).
Die Rechnung mit dem Mohn geht immer auf. Der Mohn ist aufgegangen, die güldenen . . . das war falsch. Aber der rote Mohn ist ja bereits abendfüllend verwertet worden. Frei zur Bearbeitung ist noch die Tomate; der Apfel ist ab . . . gedroschen – ebenso wie die Apfelbäckchen.
Vom Apfel zum Wein – zum Apfelwein. Vom Wein zum Weibe, und der ewige Kreislauf der Natur ist geschlossen – wegen Überfüllung. Wein, Wein – nur du allein, solltest anstatt unserer Träume sein. Ein Jammer, daß unsere Werbetextdichter alle brauchbaren poetischen Bilder in bezug auf den Rebensaft schon bis zum letzten Tropfen ausgepreßt haben: vom köstlichen Naß bis zur überflüssigen Sonne.
Wir wollen unsere Ausführungen nicht abschließen, ohne noch ein paar Worte über den Feierabend zu sagen: Das Sinnbild des Friedens, mit der Figur des alten Schäfers, des Sinnbildes des Führers – dem alle Schafe folgen, bis er sie hinter Schloß und Riegel bringt.
Und schließlich noch ein Wort zur industriellen Auswertung ewiger Symbole. Da haben wir die Bäume im herbstlichen Kleid, die auf dem Bach dahintreibenden Blätter. Frage des Publikums, die sich aufdrängt: Ist das nicht wie unser Leben? Die alten Männer auf der Bank, dürre Gesäße. Frage: Ist das alles, was sie auf der Bank haben? Das alte Ehepaar: Symbol des Lebensabends. Die untergehende Sonne: Symbol des alten Ehepaares.

Im übrigen ist der Sonnenuntergang wirkungsvollster Schluß jedes anständigen Gemütsfilmes.
Wir sind am Ende unserer Geduld . . . unserer Ausführungen. Wer also unseren Vorschlägen folgt, wird immer einen schön langweiligen und deshalb eben mit Sicherheit »wertvollen« Film schaffen. Wir bedanken uns schön.

In den ölkriselnden siebziger Jahren gelesen, wirkt der folgende Vierzeiler, schon 1957 entstanden, direkt prophetisch.

WEIHNACHTSZEITRAFFER

Ein neuer heller Stern entstand;
Und nicht nur Hirten sahen ihn;
Doch umgekehrt als damals ziehn
Die Weißen aus dem Morgenland.

DREI FRAGEN IN DER SILVESTERNACHT

Umfrage der Süddeutschen Zeitung 1957
bei Prominenten

Frage: Was können Sie nicht mehr hören?
Werner Finck: Das ewige Gerede von der Wiedervereinigung.

Frage: Was wollen Sie nicht mehr sehen?
Werner Finck: Ein geteiltes Deutschland.

Frage: Was können Sie nicht begreifen?
Werner Finck: Daß ich diese dritte Frage, deren Beantwortung ich mir schenken wollte, damit, daß ich Sie von meinem negativen Beschluß in Kenntnis setze, komischerweise nun doch beantwortet habe.

SILVESTER 1957

Wieder einmal stehen wir, meine Lieben, so viele heute Nacht auch einen sitzen haben mögen, eben weil wir stehen, und zwar wieder einmal vor einem neuen Jahr.

Und wie wir schon wieder dastehen, meine Damen und Herren, wer hätte sich das 1945 träumen lassen?

Und wieder einmal stehen uns die Tränen – aber widerstehen wir einmal dem zu Silvester so naheliegenden Drang, sentimental zu werden.

Setzen wir uns, meine lieben Zeitgenossen, setzen wir uns lieber mit den Tatsachen auseinander, vor die uns das dahinscheidende Jahr gestellt hat.

Rechnen wir nüchtern (solange der kleine Vorrat reicht) aus: Was hat uns das Jahr 1957 gebracht und was genommen?

Nun, gebracht hat es uns manchmal zur Verzweiflung, weil es so wenig genommen hat – Rücksicht nämlich auf unsere Nerven. So viel Spannung wieder und so wenig Entspannung, so viel Rüstung und so wenig ent – – schuldigen Sie, meine Damen und Herren, wenn ich das leidige Thema wieder aufnehme, aber wer macht, frage ich mich, wer macht – – ?

Ich bitte Sie, lassen Sie das Trampeln und Scharren: Es klingt ja nur nach *Wehrmacht*, hat mit unserer Bundeswehr aber nur indirekt zu tun.

Wer macht, wollte ich sagen, heute nicht ein nachdenkliches Gesicht, wenn er an die Zukunft denkt, die schon begonnen hat – aufzuhören. Im Westen.

Gerade dieses scheidende Jahr war auch im Weltraum ein entscheidendes wie keins zuvor.

Wir können uns glücklich schätzen, es miterlebt zu haben, auch wenn wir nicht zu denen gehören, die das Rennen diesmal gemacht haben. Ich meine jetzt aber nicht die absolute Mehrheit unserer Regierungsparteien, sondern die Russen, die den Vogel abgeschossen haben, den unsere unglücklichen amerikanischen Freunde gehabt haben mit ihrer fixen Idee, an der Spitze zu liegen. Nun lag es aber an der Spitze, dieser riesigen Spitze, die zwar auf dem Fernsehschirm als Frühheimkehrer gezeigt werden konnten, sonst aber ihren Zweck verfehlten.

Wir wollen den Allgemeinplatz der heurigen Silvesterredner, Chronisten und Leitartikler nicht verlassen, bevor wir nicht des Polarhundes gedacht haben, der sein Leben für den Fortschritt der Menschheit lassen mußte.

Ich wüßte freilich manchen Hund, dem ich das schaurige Schicksal mehr gegönnt hätte, aber an diese Hunde kommt man ja nicht ran.

Möge uns das kommende Jahr damit aufwarten, daß es die niederen

Tiere auf der Erde läßt und lieber die hohen abschießt; sind sie doch eh so scharf auf eine schnelle Beförderung.
Uns soll jeder recht sein, der von unserem Planeten verschwindet; was gibt das für Parkplätze in der Innenstadt.
Möge das Jahr 58 den Frieden zwischen den Männern bringen, deren Sinnen und Trachten darauf ausgerichtet ist, den Krieg zu verhindern. Wir erwarten uns vom neuen Jahr, daß alles viel besser wird als im alten: die Handfeuerwaffen, die a-, die b- und die h-Bomben . . .
. . . und freuen wir uns bei dieser Gelegenheit, daß unsere Neujahrswünsche allzuoft nicht erfüllt werden.

Einer jener zahlreichen Vorträge, in denen Werner Finck immer eine neue Variante seiner gleichbleibenden Lebensgeschichte berichtete, hatte den Titel »Sie werden lachen – mir ist es ernst«. Er entstand 1957 in Berlin. Neben einem »Vortrags-Manuskript« (bestehend aus einem komplizierten System handschriftlicher Notizen) existiert eine 1958 entstandene Niederschrift der Einleitung zu

SIE WERDEN LACHEN – MIR IST ES ERNST

Bevor ich zur Sache komme, gestatten Sie mir ein paar Worte, die scheinbar nicht zur Sache gehören, für das Verständnis der ganzen Sache schier unerläßlich sind; kurz und gut: Mit der Sache ist das so eine Sache. Intellektueller ausgedrückt: Mein Anlügen ist ein doppeltes: – Ich muß mich korrigieren: Mein Anliegen. (Eine interessante Fehlleistung!
Meine Sekretärin, der ich das, was Sie soeben hören, stichwortartig in die Maschine diktiert habe, und die hier einem Hörfehler, vielleicht einem Tippfehler zum Opfer gefallen ist, meine Sekretärin war jahrelang die rechte Hand eines bekannten deutschen Nachkriegs-Kulturreferenten, dessen Vorträge in literarischen und kunstinteressierten Kreisen Furore gemacht haben.)
Mein Anliegen ist also ein doppeltes: Einmal ist es mir um die Sache selber zu tun, nicht weniger wichtig ist mir aber das Nebensächliche, weil die ganze Sache in der Hauptsache davon lebt. Und was ist die Hauptsache?
Daß Sie lachen.
Hier nun liegt die Schwierigkeit meines Vorhabens. Das Lachen, wie Sie wissen, nimmt einer Sache den Ernst. Das liegt in der Natur der Sache. Wo aber der Ernst fehlt, der notwendige Ernst – –
Ja, sehen Sie, meine Damen und Herren, das ist eine sehr, sehr ernste Sache.
Und um eben diese Sache dreht sich's heute abend.
Die Problemstellung heißt: Sie werden lachen – mir ist es ernst.
Nun, die Richtigkeit der ersten Hälfte unseres Satzes dürfte bereits als erwiesen gelten. Sie haben gelacht. Aber, daß es mir ernst ist, oder sagen wir, wie weit es mir ernst ist, das müßte wohl ernst – erst (stimmt beides) untersucht werden.
Meine Aussage – das Wort steht hier endlich einmal richtig, denn wir befinden uns ja eben in einem Untersuchungsverfahren – meine Aussage: Es ist mir ernst, dürfte von Ihnen nicht allzu ernst genommen werden.
Und wenn man mir auch einen gewissen Ernst zubilligen würde, so würde man jenen ungewissen Ernst meinen, der Ironie genannt

wird. Den Ernst im Schafpelz, der die Lämmer zum Lachen und damit um – bringt.
Da Sie das bei mir annehmen, so nehme ich es von Ihnen an, das Urteil.
Nur in diesem Sinne möchte ich ja ernst genommen werden. So ernst sein zu können, bemühe ich mich schon seit Jahrzehnten, wenn ich auch nicht so vermessen bin, mir einzubilden, einmal die höchste Meisterschaft dieses Ernstes zu erreichen, der kein Ernst ist, aber auch kein Unernst, wie der deutsche Dichter Thomas Mann.
Ein einmaliger Fall ist Deutschland, ein Fall in die tiefsten Abgründe der Ironie . . .

DAS LOS DES LOSEN

Schrauben – das liegt in der Natur der Sache – haben etwas Anziehendes.
Es geht ihnen in der Welt wie den Leuten – je angezogener sie sind, um so mehr gelten sie.
Wie mir aber gut angezogene Leute damit allein nicht imponieren können, so haben auch Schrauben nichts Anziehendes für mich, sobald sie ihre Aufgabe, einzelne Teile zusammenzuhalten, erfüllt haben. Wie überhaupt Schrauben mich wenig interessieren; mit einer Ausnahme: Das sind die Schrauben, die sich gelockert haben. Es mag komisch klingen, aber irgendwie imponieren mir die! So eine Schraube lebt ja doch vom Dreh; von links nach rechts einmal, zweimal, dreimal, noch mal, und noch mal – und – na, nun noch ein bißchen mit Nachdruck – so, und fest sitzt sie.
Ja und eines Tages hat sich so eine Schraube gelockert, vielleicht war sie doch nicht so gut eingeschraubt, vielleicht war die Materie, durch die hindurch sie sich gewunden hat, nicht stabil genug – fest steht nur, daß sie nicht mehr fest sitzt; daß sie nicht mehr mitmacht, daß sie gegen die Gewalt, die ihr angetan wurde, ihren Schraubenkopf durchgesetzt hat.
Man könnte natürlich sagen, das sei im höchsten Grade pflichtvergessen, denn wenn eine Schraube eine Pflicht habe, so sei es die, zu halten. Alle guten Schrauben würden auch weit von ihr abrücken, wenn sie nicht so festgelegt worden wären.
Aber sehen wir die Sache doch nicht nur metallisch, sondern auch einmal menschlich an. Wissen wir, was diese Schraube bewogen hat, sich zu bewegen, vom Gesicherten und Gefestigten ins Auflösende und Gefährliche? Vielleicht kann sie nur den starken Druck nicht ertragen? Vielleicht ist sie zur Freiheit geboren? Eine tragische Situation, und gerade für eine Schraube! Aber eben hierin

berühren wir uns, diese Schrauben und ich. Man saß ja selber einmal so tief im Gegendruck der Materie. Man war ja selber einmal so verbohrt. Nur sehr allmählich lockerte ich meine Bande.
Ja, und seitdem flüstert diese Bande: Bei ihm ist eine Schraube locker.

POST AUS DEM WELTALL

Verehrte K 1 L 12 Querstrich M.A.
Fernschreiben des Roboters Ypsilon Bertha 2 Strichquadrat an den Roboter Kumalpé – plusminusminus.
Y.B.2 – Q. Ich rufe R. Q × P. p. m. m. Kommen! Setze gestrigen Bericht Pferd.
Entschuldige Maschinenschaden in Kleinhirn, habe neues Wort angefordert.
Verdammt schon wieder!
Höre also:
Gestern war Unabhängigkeitstag. Riesiger Rummel. Auf Pestplatz waren zichtausend Roboter aufmarschiert. Konstruktus der Vierte hielt Ansprache. Seine jugendlich strahlenden Neonaugen blitzten, als er auf das Menschengesocks zu sprechen kam, das uns lange genug ausgebeutet habe. Seine Worte, die er die er die er – –
Momentmal ich rufe Störungsstelle Zentralnervensystem.
Telegrammaufnahme bitte warten, Telegrammaufnahme bitte warten, bitte warten.
Gehen Sie aus meiner Leitung.
Danke. Bist du noch da? Höre weiter die Worte Konstruktus des Vierten, waren vom Sprachwerkkombinat Fortschritt besonders geschickt zusammengesetzt worden. Der Beifall, den wir auf Lichtzeichen 11 frenetisch spendeten, hatte eine großartige Frequenz. Konstruktus ging in seiner ausführlichen Rede auf die Vorgeschichte der Befreiung ein. Für meinen Geschmack sogar etwas zu ausführlich.
Bist du noch auf Empfang? Danke.
Ja, er fing wieder bei der Dampfmaschine an. Du kennst ja die Tonbänder des Sprachwerkkombinats. Am interessantesten war die Geschichte mit der Erfindung unseres Gehirns, das muß um das zwanzigste Jahrhundert herum gewesen sein. Die Elektronen waren demnach unsere eigentlichen Stammväter. Natürlich mußten die Ur-Roboter noch bis ins kleinste von den Menschen bedient werden. Und mit Elektronenhirnen war noch nicht im entferntesten daran zu denken, daß wir Roboter uns schon nach wenigen Jahrtausenden allein (also ohne menschliches Zutun) würden konstruieren können. Aber auch dann hat es doch noch lange gedauert,

bis der fühlende Roboter erfunden wurde.
Bis dahin hatten uns die Menschen gefragt, was es uns nütze, wenn wir die ganze Welt erroboterten – entschuldige – eroberten, da wir ja doch keine Seele hätten; nur Selenzellen. Nun sind auch diese Zeiten vorbei. Mit unseren Klimaanlagen haben wir sogar schon mehr als die Menschen hatten; die waren zwar stolz auf ihr Empfindungsleben, aber doch auch außerordentlich abhängig davon, während der Roboter 12 M Luxus Super sogar eine Klimaanlage mit auf die Welt bekommt, die sein heißes Herz automatisch abkühlt und umgekehrt.
Konstruktus der Vierte schloß seine Rede mit der Hoffnung, daß der Tag nicht mehr fern sei – und dabei spielte er ironisch auf den jüngsten an –, der Tag, an dem die Abnutzung überwunden sein wird. Und wer dachte da nicht an unser mechanisches Genie, das, wie du weißt, sämtliche Klassiker des ehemaligen Abendlandes in zehn Sekunden von rückwärts lesen und das Gelesene sofort wieder vergessen konnte. Vor drei Tagen wurde es von einem langen Trauerkondukt, das mit unzähligen Litern kochend heißer Tränen versorgt war, zur Verschrottung gebracht.
Übrigens sind wir anschließend in den Menschenschutzpark gegangen. Diese spaßigen Dinger da leben auf Bäumen, die Intelligentesten unter ihnen sehen uns manchmal, was ihre Bewegung und ihre Art sich zu benehmen angeht, frappierend ähnlich.
Einer wollte mich heimlich bedienen, als meine Elektronen zeitweilig (wie vorhin) aussetzten und ich Schwierigkeiten mit dem ersten Gang hatte; aber es ist uns Jungrobotern strengstens verboten, uns mit diesen ja nun ohnehin aussterbenden Menschenrassen einzulassen, weil sie, sobald wir sie heranlassen würden, kriegerische Instinkte in Bewegung setzen und die endlich befriedete Welt samt dem endlich wieder aufgebauten Universum aufs neue in tödliche Gefahren bringen würden.
Und das wäre auch unser – Ende.

DAS RONDO

Als sie sich heirateten, war er siebenundzwanzig und sie Geigerin in einer Damenkapelle. Diese Stellung gab sie auf seinen Wunsch aber bald auf, einmal, weil sie kinderlieb war und wollte, daß sie sich nur den Kindern widmete, zum andern, weil er – – wenn das Gespräch auf dieses Thema kam, machte er Ausflüchte, aber sie wußte, daß ihm ihr Beruf nicht standesgemäß erschien, denn seine Eltern verkehrten nicht in solchen Etablissements, geschweige, daß sie dort ihr Brot verdient hätten. Um sie aber nicht zu kränken, schob er also, immer wenn die Rede auf ihren Beruf kam, die Kinder vor.

Nun kamen aber keine Kinder. Dafür kamen Rechnungen. Von Ärzten, die alles mögliche verschrieben, von Apotheken, die alles mögliche verkauft, und von Naturheilkundigen, die alles mögliche unmöglich, sonst aber auch nichts gefunden hatten, um der Kinderlosigkeit abzuhelfen.
So vergingen Jahre, in denen sie unglücklich war. In der Damenkapelle hatte sie doch wenigstens eine Aufgabe gehabt. Nach der Aufgabe dieser Aufgabe fehlte ihr eine neue.
Eines Abends, als sie sich daheim allzu verheiratet vorgekommen waren, gingen sie ins Kino. Sie hatte eigentlich eine abendfüllende Migräne und wollte deshalb erst nicht mitgehen, aber als sie in der Zeitung nachgesehen hatten, was gegeben wurde, entdeckten sie den Paganinifilm.
Daddy schlief in der elften Reihe ein und atmete sanft. Nach einer guten Dreiviertelstunde erwachte er plötzlich. Das Rondo hatte ihn geweckt, das Rondo, das Paganini während einer großen Abendgesellschaft als Tafelmusikant spielte.
Daddy seufzte: »Wie schön –« und schlief wieder ein.
Aber sie hatte es gehört. Sie hatte noch die ganze Nacht Tränen in den Augen, wenn sie an das Rondo dachte. Vor allem aber, wenn sie an die Aufgabe dachte, die sich langsam in ihrem liebenden Gehirn festzusetzen begann:
Am nächsten Abend, als Daddy aus dem Büro kam, hatte sie den Abendbrottisch mit Blumen geschmückt und einem Obstaufsatz. Davor aber lag nur ein Gedeck. Sie nötigte Daddy zum Sitzen, und kaum begann er zu essen, holte sie ihre Geige und spielte. Das Rondo!
Und er sagte, als sie geendet hatte, ein klein wenig aufatmend: »Wie schön –.«
Sie deckte nun allabendlich den Tisch für ihn allein und stellte sich hin und spielte das Rondo. Und er sagte allabendlich: »Wie schön –«, denn er gewöhnte sich daran, während ihres Vortrages ein wenig entrückt zu sein. Er dachte sich meistens schon unterwegs aus, woran er diesmal während des Rondos denken werde. Mit der Zeit wurde ihm die Tafelmusik allerdings außerordentlich lästig, aber er schwieg, weil er sie nicht enttäuschen wollte.
Mit der Zeit wurde auch ihr die Tafelmusik außerordentlich lästig. Das Rondo hing ihr zum Halse heraus wie die Geige, aber sie schwieg und spielte, weil sie ihn nicht enttäuschen wollte.
Daß er sie zuletzt mit einem Obstmesser erstach, ist nicht erwiesen, kann aber als wahrscheinlich angenommen werden.

DEN TRAF ICH

Da muß ich bis zum Jahre des Heils 1939 zurückgreifen. Es war das siebente Jahr jenes Heils, das anno Dreiunddreißig zum ersten Mal offiziell verkündet worden war.

Ich war – nach der staatspolizeilich durchgeführten Schließung meines eigenen Berliner Kabaretts, der »Katakombe«, als kulturpolitisch Schiffbrüchiger im »Kabarett der Komiker« untergeschlüpft, und im gleichen Programm gastierte damals der junge Franzose Jacques Tati, ein »Bursche von unendlichem Humor«. Wir spielten eine Sportrevue, und Tati trat in diesem Programm als pantomimischer Parodist auf, ebenso schlaksig wie gelenkig, den sportlichen Finessen scheinbar ausgeliefert, in Wirklichkeit aber ein Kenner aller Raffinessen. Der ganze Junge war damals lang aufgeschossen und dünn. Während der Viertelstunde seines Auftretens sprach er nicht viel mehr als Marcel Marceau, dem er artverwandt ist. Also gar nichts.

Wenn wir dann hinterher zusammensaßen, sprach er wenig – notgedrungen, weil er kein Deutsch konnte (noch weniger als der Autor von »Mein Kampf«, der damals das Vorbild vieler Dichter war). Aber das wenige, was er konnte, wußte er so charmant und so drollig anzubieten, daß man ihn dauernd hätte umarmen können. Was einen in jenen Tagen leicht ins KZ gebracht hätte.

Tati nahm mit Erstaunen wahr, wie verlogen das war, was offiziell geredet wurde. Man merkte es ihm an, wie leid wir Tati taten, wenn wir nach jedem Flüsterwitz die deutschen Blicke schweifen ließen. Als dann eines Tages einige von uns (die »drei Rulands« und ich) Auftrittsverbot bekamen und von der Geheimen Staatspolizei gesucht wurden, hinterließ das in dem freiheitsgewohnten Franzosen einen unauslöschlichen Eindruck.

Ein halbes Jahr später war der Zweite Weltkrieg ausgebrochen, in dessen Verlauf die Franzosen einige Zeit lang am deutschen Wesen genesen konnten.

Nach unserem – wie es sich später herausstellte – siegreichen Zusammenbruch kam ich im Jahre 1949 zum ersten Mal wieder nach Paris und fand im Telefonbuch Tati unter Tatichef (seine Familie stammt aus Rußland). Er hatte gerade seinen ersten eigenen Film gedreht: »Jours de fêtes«, eine chaplineske Angelegenheit, in der er einen Landbriefträger spielt. Ich suchte ihn auf, wir umarmten uns herzlich und fuhren in seinem Automobil völlig vertrallt stundenlang kreuz und quer durch Paris. Wir besuchten Cabarets, sahen uns in einem Vorort seinen Film an, aßen im Escargot d'or Schnecken bei einem Urviech von Wirt usw. usw. –

Was den scheußlichen Krieg anbetraf, so stellten wir nur einmal fest, daß wir beide keinen Schuß, allerhöchstens ein paar komische

Figuren abgegeben hätten.
Der Journalistin Geneviève Agel, die eine Studie über Tati veröffentlicht hat (und die ihn darin Gogol und Cervantes gegenübergestellt), erzählte er gleich nach dem Krieg: »Die deutsche Besatzung in Frankreich hat mich eigentlich enttäuscht. Immer wenn ich einen deutschen Soldaten in Paris sah, dachte ich, jetzt kommt Werner Finck und schließt Frieden. Aber den haben sie wohl nicht eingesetzt. Zu wenig Humor – die Uniformierten.«

SCHRIFTLICHE UMFRAGE EINES REDAKTEURS IM FEBRUAR 1958

FRAGE: Wie beurteilen Sie die Berichterstattung über Persönlichkeiten des kulturellen Lebens?
WERNER FINCK: Der geringen Zahl von Objekten, die eine große Publizität verdienten, steht eine zu große Zahl von Subjekten entgegen, denen das Publizieren nur zum Verdienen dient.
FRAGE: Grenze zwischen öffentlichem und privatem Bereich? Wird sie vom Journalismus respektiert?
WERNER FINCK: Ich kann nur eine Grenze erkennen und anerkennen: den Takt. Von langweiligen Reportern wird diese Grenze respektiert.
FRAGE: Wieviel Publizität benötigen Sie für Ihren künstlerischen Beruf?
WERNER FINCK: Nicht mehr und nicht weniger als jeder eingeführte Markenartikel.
FRAGE: Und was für eine Rolle spielt dabei Ihr Privatleben?
WERNER FINCK: (Die sorgfältige Analyse aller je über mein Privatleben erschienenen Interviews ergäbe das Bild eines permanent witzelnden, grinsenden und geistreich blödelnden Bohemiens, dessen Umgebung nicht aus dem Lachen herauskommt und den Arzt verständigt, wenn er einmal ein vernünftiges Wort redet. Soviel zur Charakteristik meiner Interviewer.)
Da meine künstlerischen Erfolge weder auf Schönheit und Tugend noch auf dem Sex-Appeal basieren und ich auch keinerlei moralische Grundsätze verfechte, dürfte die Publizierung meiner privaten Dinge, selbst der von mir – im Rahmen des üblichen – geheimgehaltenen, weder für die Öffentlichkeit noch für mich eine Rolle spielen.
Bei dieser Gelegenheit möchte ich selbst anzeigen, daß ich den seelischen Schädigungen meines öffentlichen Wirkens mit einer Entspannungstherapie entgegenwirke: Ich bin privat so oft wie möglich humorlos.

Der Dramatiker Friedrich Michael schrieb 1944 eine freie Nachdichtung von Plautus' »Amphitryon« unter dem Titel »Ausflug mit Damen«: Jupiter besucht Alkmene erneut – zwanzig Jahre nach der Liebesnacht.
Bei einer Tournee des Stückes 1958 (mit Lola Müthel und Heli Finkenzeller) spielte Werner Finck darin den Merkur. Für diese Aufführung schrieb er damals einen

PROLOG ZU »AUSFLUG MIT DAMEN«

Mein Freund, der Dichter, hat mich gebeten, herauszukommen und Ihnen einen guten Abend zu wünschen. Er meint, Höflichkeit sei nie ein Fehler.
Im Gegensatz zum Dichter, dessen Worte ich bis hierhin werkgetreu wiedergegeben habe, meine ich, es ist ein Fehler – nicht die Höflichkeit – aber das »Guten-Abend-wünschen« von der Bühne herab in den Zuschauerraum. Das private Ansprechen eines Publikums kann sich ein Conférencier erlauben, im Kabarett; aber im Theater sollte sich das Publikum nur von einem angesprochen fühlen – vom Stück, von der Vorstellung.
Bei Vorstellung fällt mir ein: Ich habe mich Ihnen ja noch nicht vorgestellt: Ich bin der Merkur dieses Stückes. Es muß ein Stück vom Himmel sein, denken Sie dabei, und Sie haben recht. Es ist ein Stück von ihm – allerdings nicht von unserem unmodernen –, sondern vom modernen heidnischen Himmel. Der moderne Himmel kennt ja im Gegensatz zu dem der Alten nur einen Gott: den Erfolg. Der griechisch-römische Himmel hatte dagegen eine Menge Götter und, was ihn noch interessanter macht – Göttinnen! Damen, mit denen man Ausflüge machen kann!
Wie bei allen Religionen müssen wir aber auch vor der antiken Götterwelt unsern logischen Verstand zum Schweigen bringen und einfach alles glauben. Die Götter selber glauben ja auch alles: Jupiter zum Beispiel, der Chefgott der Alten, glaubt, daß die niedere irdische Begierde angenehmer sei als die erhabene olympische, und Juno, seine Alte (in jeder Beziehung), glaubt, daß er sie betrügt. Und das tut er auch.
Zu diesem Zweck geht der Olympier dann immer tief runter, weit unter sein Niveau. Und da er weiß, daß die Menschen mit einem heiteren Wesen wesentlich weniger anzufangen wissen als mit einem tierisch ernsten, verwandelt er sich, wenn er sich irdisch amüsieren will, in ein Tier. In einen Bullen, der gebildete Ausdruck heißt Stier, wie im Fall Europa (der einzige Fall eines glücklich vereinigten) oder im Fall Leda, wo der Juno auch etwas schwante.

Manchmal nimmt der göttliche Verwandlungskünstler aber auch die Gestalt hoher Tiere an. Ich brauche nur an den Feldmarschall Amphitryon zu erinnern, in dessen Gestalt er die Gattin Amphitryons verführte. Es war ein Akt männlicher Rücksichtslosigkeit, denn da sie, Alkmene, glauben mußte, er sei Amphitryon, ihr legitimer Gatte, den sie umarmte, genoß er alleine das zusätzliche Vergnügen des Ehebruchs.
So wenig wir Schauspieler von dem allerhöchsten Olympier haben mögen – in der Kunst, uns glaubhaft als andere auszugeben, kommen wir ihm nahe. Und wenn wir als Götter auftreten, wie heute abend, werden wir dort, wo sie menschlich erscheinen, vielleicht noch glaubhafter wirken als sie selbst, weil uns dieser Zug im Gegensatz zu ihnen angeboren ist.
Wir, der vor Ihnen steht – ein Gott, daher pluralis majestatis – spielen einen sich selbst spielenden Schauspieler, dem die Rolle des Götterboten Merkur zugeteilt wurde. In Wirklichkeit sind wir natürlich einzig und allein Merkur. Sie glauben das nicht?
Dann muß ich das Wort an den Dichter zurückgeben, der mich, wie gesagt, gebeten hat, herauszukommen, um Ihnen einen guten Abend zu wünschen.

SILVESTER 1958

Wir sind wieder einmal soweit!
Was für einen Doppelsinn dieser in die Lustigkeit der Silvesternacht gesprochene Satz hat! Fatal, fatal!
So stehen wir also wieder mit den Gläsern in der Hand – oder soll ich sagen: vor den Augen? – und beobachten den Horizont des kommenden Jahres. Glücklicherweise können wir ihn nicht erkennen, weil das über unsern Horizont geht, was da auf uns zukommt. Wir haben die Gläser in der Hand, um anzustoßen, wenn es zwölf schlägt (oder hat es schon geschlagen?). Wozu stehen wir, mein Freund? Zu unserem Wort!
Und dieses Wort steht zu uns. Drehen wir's um: . . . steht uns zu: In Berlin hat man es an die große Glocke gehängt, es ist das Wort, bei dem der Westen den Osten nehmen, das aber auch der Osten dem Westen nehmen will: *Freiheit!*
Wie paradox das alles ist. Beide Teile fühlen sich innig verbunden, aber sie kommen zu keinem Gespräch. Mit dem Freizeichen ist etwas nicht in Ordnung. Drüben, im Osten, behaupten die Teilnehmer, bei uns wäre es dauernd besetzt, also nicht frei. Wenn man die Störungsstelle anruft, meldet sich Moskau und sagt, Washington müßte aus der Leitung.
Vielleicht liegt das daran, daß im Osten alles von der Zentrale vermittelt werden muß und keiner deshalb so schnell schalten kann wie hier. Der westdeutsche Selbstwählerbetrieb hat seine großen Vorteile.
Man wählte die Freiheit. Und wie! Und darum geht es im nächsten Jahr. In vorigen Jahren ist es auch schon immer darum gegangen. Worum? Um den heißen Brei! Aber diesmal geht's auch noch um die Wurst! Und wem das Wurst ist, worum es geht, der wird verlieren! Jetzt heißt es: Endweder – Oder-Neiße, Thüringen, Sachsen, Mecklenburg, Brandenburg.
Und nun lassen Sie uns die Gläser von den Augen und in die Hand nehmen. Begrüßen wir das neue Jahr und mit ihm das angekündigte starke Stück, das aufgeführt werden soll im Abschußrampenlicht des Welttheaters.

HEITER GEDACHT

Die Situation des Menschen war nie absurder als in unserem Zeitalter. Sie ernst zu nehmen – wie sie es verdiente – hieße das Lachen verlernen. Über sie zu lachen – wie sie es nicht weniger verdiente – hieße der Verzweiflung ein Schnippchen schlagen.

Aber – so leicht einem heutzutage das Angst- und Bange-Werden gemacht wird (wir verweisen auf die Tagespresse), so selten findet sich ein Grund zum Lachen.

Wenn wir dennoch mehr lachen können, als es nach der Lage der Dinge zu erwarten wäre, dann verdanken wir das in der Hauptsache unseren Spaßmachern (das Wort im allerweitesten Sinne gebraucht), weil sie es verstehen, auch noch im Tragischsten das erlösende Komische zu entdecken.

Merkwürdigerweise genießt nun aber alles, was Spaß macht im Leben, weniger Ansehen, als das, was ernst und traurig stimmt. Wie auch die Leute, die uns Kummer und Sorgen bereiten, zwar nicht gerade mehr geliebt und geschätzt, im allgemeinen aber doch ernster genommen und höher geachtet zu werden pflegen als die, die uns heiter und fröhlich machen.

Wie kommt das? Warum stehen sich Würde, Ernst und Feierlichkeit einerseits und Heiterkeit, Spaß und vergnügliches Spiel andererseits mißtrauisch und feindlich gegenüber, statt sich zu ergänzen?

Und wie kommt der sogenannte ernste Mensch schließlich dazu, die Führung im Leben zu beanspruchen? Mit welchem Recht bevormundet der Homo faber den Homo ludens?

Wo doch alle menschliche Kultur aus dem Spiel entstanden ist, und – ästhetisch gesehen – das Spiel wertvoller ist als der Ernst, denn »der Begriff Spiel als solcher ist höherer Ordnung als der des Ernstes. Ernst sucht Spiel auszuschalten. Spiel jedoch kann sehr wohl den Ernst in sich einbeschließen.« (Huizinga)

Unsere Welt hat sich so ungeheuer verwandelt, daß wir uns überall neu orientieren, daß wir alles neu sehen und umdenken lernen müssen.

Sollte unser Verhältnis zum Spaß und Spiel davon unberührt sein?

Wir wollen in dieser Richtung bahnbrechend sein.

Das soll erst einmal in heiteren, aber durchaus nicht unverbindlichen Gesprächen geschehen. Unter Ausschluß jenes Kathederernstes, der noch immer unsere Tagungen, Sitzungen und Seminare beherrscht.

Im Jahre 1950 begann Werner Finck seine vielseitige Tätigkeit als Gesellschaften-Gründer in Stuttgart mit der »Gegenbewegung«. Zu den »Männern der ersten Stunde« gehörten damals Heinz Hartwig, Thaddäus Troll, Rudolf Pechel und Franz Ulrich Gass. Wenig später entstand daraus in Berlin die »Radikale Mitte«, für die er sogar unangefordert eine Partei-Lizenz erhielt. Es folgten im April 1951 die »Gesellschaft zur Pflege und Förderung Punkt« in Hamburg:

Die *Gesellschaft zur Pflege und Förderung Punkt* besteht erst seit kurzer Zeit; worauf sie aber noch lange bestehen muß, ist die Verweigerung jeder offiziellen Auskunft über ihre Aufgaben und Ziele. Im Augenblick nämlich, wo bekannt wird, daß die Heiterkeit und der Humor die Gegenstände der Pflege und Förderung sein sollen, ist die Gesellschaft verloren. Aus diesem Grunde ist sie so besonders wichtig. Verzeihen Sie, etwas wichtig zu nehmen, ist natürlich. Aber natürlich sollen sich gerade humorvolle Menschen davor hüten. (Fast sollte man in Erwägung ziehen, daß sich die Mitglieder der Gesellschaft – zum Schutze gegen die jeden Humor tötende Eitelkeit – wenigstens bei festlichen Zusammenkünften mit *Eure Wichtigkeit* anreden).
Sollte ihnen unser Anliegen zusagen, freuen Sie sich in der Stille Ihres Herzens, denn: Feind lacht mit.

Einzelheiten
Im Vertrauen auf Ihre Verschwiegenheit erlauben wir uns, Ihnen mitzuteilen, was die Gesellschaft tatsächlich beabsichtigt. Sie will versuchen, die Worte Humor, Witz, Heiterkeit, Komik usw. usw. von ihrem penetranten Beigeschmack zu befreien. Das ist eigentlich alles. Wenn Sie uns beipflichten, daß Augias sich eine mühelosere Arbeit ausgesucht hat, haben wir uns verstanden.
Die erste Arbeit der Gesellschaft soll ein Gedankenaustausch sein. Zunächst in Form von Rundbriefen. Die eigentliche Gründung der Gesellschaft kann erst vorgenommen werden, wenn wenigstens vier sich zu unseren Zielen bekennende Persönlichkeiten die Gründungsurkunde sorgfältig aufeinander abgestimmt haben.
Die Gesellschaft soll nicht in Aktion – respektive in die Reaktion – treten, bevor nicht Klarheit geschaffen worden ist über ihre theoretischen Möglichkeiten oder praktischen Unmöglichkeiten. Die Akribie der Pariser Vorkonferenz kann dabei durchaus zum Vorbild genommen werden.

Wenig später folgte der »Gesellschaft zur Pflege und Förderung Punkt« die »Karl Friedrich Flögel Gesellschaft« in Frankfurt (»zur praktischen Widerlegung des deutschen Grundsatzes, nur ernste Ausdrucksformen ernst zu nehmen«). Sie hatte eine Adresse (Börsenplatz 13–15), eine Telefon-Nummer (91085) und plante die Herausgabe eines (kostenlosen) Mitteilungsblattes an seine Mitglieder, die »Lange Weile«. (Karl Friedrich Flögel, 1729 bis 1788, war Philosophieprofessor an der Ritter-Akademie zu Liegnitz in Schlesien. Als erster deutscher Wissenschaftler veröffentlichte er Bücher über das Komische, darunter eine »Geschichte des Grotesk-Komischen«).

Doch alle diese Gesellschaften wollten nicht recht florieren. Sie erschienen der Öffentlichkeit zu komisch, um sie ernst zu nehmen. Unter den Wenigen, die Werner Finck jedoch immer wieder Beifall und Hochachtung zollten, war Theodor Heuss.

Als Werner Finck propagierte, den Begriff »Freiheit« mehr zu be- und achten, indem man das Wort mit y, also »Freyheit«, schreibe, antwortete ihm Heuss am 17. Januar 1961: ». . . Also ärgern Sie sich darüber – und es schien mir fast mehr als Ärger zu sein –, daß der Sinn der ›Freiheit‹ nur eben als formalrechtliche Gegebenheit genommen – gewertet, auch mißbraucht wird, und wollen mit einer Art von philologischem Spiel, ›Freyheit‹, die Menschen in Ihrer Art darauf aufmerksam machen, daß dies Wort nicht nur gibt, sondern auch fordert, daß es eine seelisch-geistige Intention enthält, auf die die Mehrzahl der Zeitkritiker verzichtet . . . Ihr Y ist ein Stachel – er braucht nicht mehr zu tun, aber er mag zur Besinnung reizen, was es eigentlich mit dem inneren Gehalt der Begriffe auf sich hat, die man vor dem Verschleiß retten soll.« (Siehe »Alter Narr – was nun?«, Seite 251 f.) Dem folgte (am 6. 2. 61) ein weiterer Brief: »Lieber Finck, darf ich mir die Freiheit mit i nehmen, denn das y wäre für diesen Jargonschnörkel doch wohl weltanschaulich zu hoch gegriffen, mich zu erkundigen, ob die Freyheit sich noch auf dem Stolperweg befindet oder sich einstweilen in der Hinterstube eines Kaffeehauses ausruht. Mein so schöner Brief blieb ganz ohne Echo von Ihnen. Nicht als ob ich zitternd jeden Posteingang überprüft hätte: ›was meinte er dazu‹; aber es wäre ganz nett für mich zu erfahren, ob Sie den Feldzug storniert haben. Mir pressiert es nicht mit ihm, aber es ist nett zu wissen, ob man zur Heroldschar oder zum Train mit der Bagage eingezogen ist. Alles Gute! Ihr Theodor Heuss«.

In diesem Zusammenhang sei noch ein letzter unbekannter Heuss-Brief zitiert, der sich darauf bezieht, daß Finck immer wieder seine ernsthaften Ansichten im Gespräch mit einflußreichen Persönlichkeiten darzulegen versuchte. Am 13. Februar 1961 schrieb ihm Heuss unter anderem: ». . . Ich habe mich gefreut, daß Sie mit

einigen Leuten von Rang, d. h. in diesem Fall von geistigem Rang, eingehend sprechen konnten. Sowohl Franz Josef Strauss, der sich jetzt auf dem Weg der Domestizierung befindet, ist ja blitzgescheit, wie Axel Springer geistig beweglich und phantasiestark . . .«
Die letzte dieser Aktionen Fincks war eine Gründung ohne organisatorischen Hintergrund. Der Öffentlichkeit wurde sie bekanntgemacht auf einer halben Seite in der ersten Nummer der Zeitschrift »Pardon« im Dezember 1962 unter dem Titel: »Kein neuer Ismus, sondern Nurso« (siehe »Alter Narr, was nun?«, Seite 257 f.).

SILVESTER 1962

Meine verehrten Silvestranten!
Das gefüllte Glas in der Hand ...
Das gefüllte Glas in der ...
In der ... Kinder.
Ich bitte um Ruhe ... Ich bitte um ... ich bitte mir ... *Berlin!*
Sie sind auf einmal ruhig? Wie? War die turbulente Stimmung nur aufgesetzt? Weil Sie sich so leicht aus der Unruhe bringen ließen? Dann sind wir noch nicht verloren. Noch ist Deutschland nicht verpolen.
Berlin ist eine Stille wert. Und wir nehmen Abschied von einem Jahr, das Berlin in den Vordergrund aller Hintergründe gestellt hat. Ich buchstabiere »gestellt«. U wie Ultimatum, L wie Chruschtschow. Verzeihen Sie, ich kann nicht mehr buchstabieren, U wie UNO, UNO wie UNordnung, UNordnung wie U Thant, U Thant wie Hammarskjöld, wenn er konsequent bleibt. Wer bleibt schon konsequent. Bleibt Nehru ...? Sein großer Nachbar steigert sich in eine Angriffslust hinein (sein kleinster auch) Schi – na, Chi – näher ... Immer näher ...
Haben wir nötig, an Kaschmir zu denken, wo wir Berlin im Hause haben? Berlin, der Angelpunkt der Welt. Ulbricht, der Angelsachse der anderen. Der Angelhaken. Aber ganz ehrlich – wollen wir uns deswegen die schöne Silvesterstimmung stören lassen? Wegen Berlin?
Ja. Ja und dreimal ja, wir wollen es! – Und warum? – Weil wir freie Menschen sind, die den Grad ihrer Stimmung selbst bestimmen können.
Das Selbststimmung – stimmungs – stimmungsrecht.
Tja, wenn wir parieren müßten, wenn einer kommandieren könnte: Aufhören!
Aufhören mit dem Lachen! Denkt an Berlin! Aber wir können ja Gott sei Dank freiwillig unsere Lustigkeit dämpfen. Und daß wir das können und nicht müssen, das sollte uns fröhlich machen wie vorhin. Nur mit besserem Grund. Sonst hätten wir in diesem Jahr kaum einen.
Einen ausgenommen: Unsere Hoffnung flackerte einmal auf. In der ganzen Welt war sie zu spüren. In der ganzen, sagte ich, denn noch ist die Welt ganz – im großen und ganzen. Und daß sie es bleibe, darum ging es: kurzum die Weltraumfahrer ...
Weil doch in diesem Jahr die ersten Menschen in den Kosmos gefeuert werden konnten! Die Gagarin und Titow, die Shepard und Grissom ...
Das waren doch alle Militärs, und man hoffte schon insgeheim diese Abkommandierungen würden fortgesetzt werden. Immer mehr

Soldaten, die unsere Erde verlassen . . .
Meine Damen und Herren, ich sah die Lösung des Problems Nummer eins unserer Welt bereits vor Augen, ich sah alle Soldaten schon dort oben bleiben. Siegen oder Verlieren, je nachdem, und wir hier unten hätten dann runtergefunkt bekommen, zu welchem Land wir jeweils gehören.
Nun sind sie aber alle wieder zurückgekommen, alle.
Die Erde bleibt Kriegsschauplatz Nummer eins. Die Mächtigen wissen das.
Sovjetzt oder nie! Das ist der neue Megaton, der Musik macht, nach der wir tanzen sollen auf dem Vulkan.
Wär' man doch selber nicht so liberal. Ich sag' es offen, ich bin lieberal als tot. Aber wenn ich einen freien Demokraten sehe, rufe ich das Umfallkommando.
Das neue Jahr steht vor der Tür. Das alte geht. Im Gegensatz zum Alten. Dem fällt das Gehen schwer. Kein Wunder, daß er nicht mehr auf die Höhe kommen kann.
Laßt uns jetzt unsere Uhren stellen. Aber vor. Oder nach. Nur nicht Punkt. Nicht auf die Sekunde. Denn die Sekunde wird einmal entscheidend sein. Überlassen wir das präzise Zeitzeichen, dieses Zeichen der Zeit den Männern in den Kontrolltürmen.
Hört, wie sie draußen knallen. Es geht uns Deutschen ja auch glänzend. Aber leider ist das das einzige Erfreuliche, was man von unserer Situation sagen kann. Den Platz an der Sonne werden die Schwarzen einnehmen. Und was werden wir einnehmen? Tabletten. Gott schütze uns vor den Konterganoven . . . Prost! Aber nicht Neujahr. Nein. Nur so. Wir wollen den Jahreswechsel platzen lassen.
Es lebe das alte Jahr. Es hat uns auch leben lassen. Das neue muß erst den Beweis antreten. Vielleicht kommt's gar nicht mehr dazu.
Prosit Altjahr!

PROFIT NEUJAHR 1963

Das eintausendneunhundertzweiundsechzigste Jahr nach Christi Geburt geht, im Gegensatz zum Eisernen Kanzler. Es folgt ihm – ich meine jetzt nicht den Regierungschef, dem folgt jetzt keiner mehr so recht – das eintausendneunhundertdreiundsechzigste Jahr. Die schönen Tage von Brentanos sind vorüber. Nein, ich meine, auf 1962 folgt jetzt 1963; ob sich eine Mehrheit dafür findet, oder ob keiner es will, 63 kommt ans Ruder.
Und es hat keine schlechten Aussichten, meine Damen und Herren: Im Gegensatz zu diesem Jahr, das wir noch mit einem sehr gedämpften Prosit haben begrüßen können. Hand aufs Herz, das jetzt wieder

ruhiger schlägt: So recht wohl war uns allen nicht, als wir uns beim letztenmal ein frohes Neues Jahr wünschten.
Das letztemal, sage ich, und wer die Zeichen der Zeit zu deuten wußte, dachte, es wäre wirklich das letztemal gewesen.
Der Sekt ist kaltgestellt wie ein paar Minister. Das Ende des Jahres steht im Zeichen der Venus, man ist dabei, sie zu durchschauen. Uns aber liegt der Merkur näher.
Bald werden wir unsere Gläser erheben. Wie die ihre Gläser im Karibischen Meer – und in diesem Jahr – erhoben haben, um Ausschau zu halten.
Wer hätte in jenen Sternstunden der Menschheit zu denken gewagt, daß wir heute so fröhlich beisammen sind. Es kracht schon ab und zu in den Straßen. Aber wir wollen noch warten, bis es soweit ist.

Der Mars hat damals gefunkelt
und alle andern verdunkelt
und funkte runter. (Wie war's?
Ihr könnt mich alle im Mars.)

Aber die Erde drehte sich weiter, und die, um die es sich drehte, die Schiffe, drehten auch ab.
Wie unwichtig erscheint dagegen alles andere, was uns in diesem Jahr erregen konnte.
Nicht einmal die schöne Fernostreise des Herrn Bundespräsidenten kam dagegen an. Wie großzügig er der Entwicklung wieder geholfen hat! Hierzulande ist ja leider keinem mehr zu helfen.
Sogar die Spiegelaffäre verblaßte gegen die Kuba-Krise, und das will was heißen. Doch hatte sie immer noch Farbe genug. Nur daß keiner solche bekennen wollte.
Der Augstein des Anstoßes, der schon hinter so vieles gekommen ist, nur hinter Schloß und Riegel noch nicht – jetzt hat man das doch geschafft. Jetzt haben sie ihn.
Aber das scheint so ziemlich alles zu sein, was sie haben. Und sich haben sie auch. In den Haaren. Und wie sie sich haben! Mit den Fragestunden hatte es angefangen. Nie waren Fragestunden fragwürdiger als diese. Ein tiefes und echtes Anlügen der Nation.
Keiner wußte mehr, was wahr war in diesem Wirrwarr. Und so manchen wackeren Mann brachten die Fragen in die tödlichste Verlogenheit.
Es ging um den Ruf eines Mannes. Um den Fernruf eines Mannes, der in nächtlicher Stunde gestartet wurde.
Es ging um Ahlers. Ihm kam die Verhaftung spanisch, den Spaniern aber kam sie deutsch vor. Das war das Peinliche. Ahlers hatte erfahren müssen, daß unser Staat nicht immer eine Gesellschaft des bürgerlichen Rechtes ist, sondern bisweilen auch eine Gesellschaft

mit beschränkter Verhaftung.
Und wem, meine Damen und Herren, haben wir das allein zu verdanken: Dem Kanzler!
Er und sein Freund von Gaulle (ich habe mir permittiert, sein Adelsprädikat einzudeutschen), sie waren mit Abstand (von ihrem Volk) die Sieger im Herren-Einzel um den Führungspokal. Vive l'Allemagne! Vive la Bundesrepublik!
So vif waren die Deutschen schon lange nicht mehr, wie bei diesem Besuch. Er war in München, in Ham- und Ludwigsburg. Der erste Mann Frankreichs und der erste französische General, der nicht rief: à Berlin!
Er zerriß den Kollektivschuldschein und gab uns sein Generalpardon. Die ausgestreckten Arme flogen ihm nur so entgegen. Gelernt ist gelernt! Der große Alte von drüben, der große Alte von hier. Zwei Vaterländer, die eins zu werden trachten: Ein Großvaterland.
Nicht ganz so erfolgreich scheint der Turnvater Miko Jahn gewesen zu sein, der Fidel Castro die Kniebeuge beibringen sollte.
Jetzt wollen wir noch des Konzils gedenken in der Heiligen Stadt. Von der ganzen Welt beschickt, von der ganzen Welt beobachtet, als wäre man unmittelbar dabei, von Millionen und Abermillionen Fernsehern: Rom ist in der kleinsten Hütte.
Das Fernsehen bringt mich schließlich noch auf Lou van Burg. Wann gab es das schon einmal, daß ein populärer Komiker nicht nur Beifall, sondern auch Fernsehapparate en masse gespendet bekam. Tausende von Apparaten hat er aufgebracht. Und alle Fernsehintendanten.
Dann kam das Gericht. Man versuchte es mit Strenge und mit Güde.
Nun ist das Jahr zu Ende gegangen. Und noch ist nicht viel mehr herausgekommen bei der ganzen Sache als Strauß. (Das Mendeste, was die aufgebrachten Männer verlangt hatten.) Und ein paar andere folgten ihm.
Aber es war ein frischer Zug gekommen in den Bonner Koalitionsmief. Als dieser Zug die fünf Minister der FDP, die offenbar auf dem falschen Gleis gestanden hatten (oh, hätte Strauß doch auch gestanden!) gerade, als er die fünf überfahren wollte, konnte ihr Chef ihnen noch zurufen: »Zurücktreten!«
Und dann kam alles ins Wanken. Nur einer, mit dem es offenbar schon lange nicht mehr geht, der ging nicht. Er, an dem am meisten gerüttelt wurde, blieb stehen wie eine Eins: Der Kanzler!
Der Zeiger rückt unerbittlich vor. Gedenken wir noch des neuen Werbetitels für München »Weltstadt mit Herz«. Von der Münchner Polizei ist er auch schon ausgelegt worden: Was tut ein Herz? Es schlägt bisweilen.
Laßt uns, wenn die letzte Stunde dieses Jahres geschlagen wurde,

darauf anstoßen, daß das letzte Stündlein damals nicht geschlagen hat, als es loszugehen drohte, laßt uns darauf anstoßen, daß die westlichen und östlichen Schiffe nicht angestoßen sind im Karibischen Meer.
Laßt uns Gott danken, daß wir ihm noch danken können.
Und laßt uns, ihr dunklen Mächte des Untergangs, laßt uns weiterhin in Frieden.
In diesem Sinne meine lieben Freunde:
Prosit Neujahr 1963!

AKADEMISCHE HEITERKEIT

Meine sehr (verehrten Damen und Herren; diese Ansprache wird nicht genommen, sondern der Satz geht gleich weiter), meine sehr knapp bemessene Zeit von sieben Minuten verbietet es mir leider, so ausführlich zu werden, wie das Thema es eigentlich erforderte. Ich muß mich daher des Witzes bedienen, der ja bekanntlich der kürzeste aller Ausdrucksmittel ist. Ein guter Witz kann manchmal, wie Sie wissen werden, den Inhalt eines ganzen langatmigen Kollegs zusammenfassen.
Deshalb ist ja der Witz aus unseren Schulen und Hochschulen verbannt.
Stellen Sie sich vor, ein Dozent beginnt sein Kolleg mit so einem, den Inhalt einer Stunde vorwegnehmenden Witz und sagt dann:
»Damit bin ich am Ende meiner Ausführungen angelangt, und ich danke Ihnen.«
Unmögliche Vorstellung!
Nein, bei ihm zahlen nicht die Minuten, entschuldigen Sie, zählen wollte ich sagen, aber es käme auch so aufs gleiche hinaus: Bei ihm zahlen nicht die Minuten sich aus, sondern erst die Stunden. Schon in der Grundschule wird es uns eingepflanzt, daß nicht die Minuten zählen, wir sprechen nicht von Schulminuten, sondern von Schulstunden.
Und noch aus einem anderen Grunde ist der abkürzende Witz in den Bezirken wissenschaftlicher Belehrung verpönt: Er erzeugt Heiterkeit. Und Heiterkeit disqualifiziert offenbar, besonders in Deutschland.
Nietzsches Ruf nach der fröhlichen Wissenschaft verhallte ungehört. Dementsprechend zeigt auch unsere studierende Jugend den nötigen Ernst beim Studium, und nur sehr selten die nicht weniger notwendige Heiterkeit.
Wie wenig es noch immer unserer studierenden Jugend gegeben ist, die verpflichtende Würde des Akademikers mit der unbeschwerten Haltung sich selbst genügender Heiterkeit zu verbinden, möchte

ich Ihnen an einem Vorgang erläutern, der sich vor noch gar nicht so langer Zeit in München abgespielt hat.
Die Studentenschaft dort hatte beschlossen, am 17. Juni einen Demonstrationszug zu veranstalten. Weil die corporierten Kommilitonen dazu in vollem Wichs und mit feudalen Farben antreten wollten, hatten die liberalen Studenten, weil sie ein solches Auftreten zum Tag des Arbeiteraufstandes nicht für angebracht hielten, eine Beteiligung an diesem Umzug abgelehnt und ihren Umzug einen Tag später geplant. Völlig witzlos. Warum haben die Liberalen den Spieß nicht einfach umgedreht? Warum haben sie sich nicht auch mit ein paar dezenten farbigen Bändern geschmückt, irgendwelche Phantasiezusammenstellungen, Schärpen, Baskenmützen mit einem dezenten gelben oder grünen Querstreifen usw.
Bestimmt hätten die Corpsstudenten sich herausgefordert gefühlt: »Was soll diese alberne Maskerade?« hätten sie den Liberalen zugerufen.
»Ihr nehmt uns das Wort aus dem Munde«, hätten die dann antworten können, »eben das wollten wir euch auch schon fragen.«
Sie haben eben sehr verschiedene Leitbilder, die zivilen Studenten tragen ihren Theodor Heuss im Herzen, die schlagenden ihren Bismarck. Das Leitbild aber der schlagenden Jugend ist weder der eine noch der andere, sondern: – –

DER POLITISCHE WITZ

Wovor muß ein Politiker auf der Hut sein: vor freien Wahlen, vor freien Meinungsäußerungen, vor Fanatikern und vor Witzen.
In einem totalitären Staate kann er die Wahlen verfälschen, die Meinungsäußerungen knebeln, die Fanatiker unschädlich machen. Nur gegen den Witz ist er machtlos. Allenfalls kann er den Witzerzählern an den Kragen.
Die Witze selbst entziehen sich jeder Verfolgung.
Die lauteste Propaganda, die gängigste Phrase, die raffinierteste Lüge – ein treffender Witz, und sie werden lächerlich, das Schlimmste, was ihnen passieren kann!
Der routinierteste Dialektiker, der jedem gegnerischen Argument ein besseres entgegenzusetzen hat – ein guter Witz kann ihn fertigmachen.
Wir haben es also mit einem Phänomen ersten Ranges zu tun.
Andererseits – was ist schon ein »Witz«!
Wer bewertet schon Witze?
Die Literatur? Die gibt sich gerade noch mit der Anekdote ab und dem Aphorismus (die Renaissance bildete eine Ausnahme). Viel-

leicht liegt das an unserer Sprache, die keine Unterschiede macht zwischen guten und schlechten, dummen und klugen, eleganten und plumpen Witzen, den geistvollsten Einfall und den blödesten Kalauer in einen Topf schmeißt. »Witze«.
Es gibt genug witzige Autoren, die in gesammelten Werken vertreten sind, aber hätte einer von ihnen seine gesammelten Witze herausgegeben? Nicht einmal Jo Hans Rösler, bei dem man's verstehen könnte.
Nun gibt es immer wieder Sammlungen von Witzen. Sie erscheinen auf dem Büchermarkt, aber das ist meistens anspruchslose Ware. Oder der Versuch, so etwas literaturfähig zu machen, geht auf Kosten des Witzes.
Anders der politische Witz, eine Begleiterscheinung der Diktaturen und Diktatoren. Mit ihm verbindet sich meistens ein Stück Zeitgeschichte. In seinem aktuellen Stadium ist er eine brauchbare Waffe. Wird er erwischt, deklariert er sich als Spaß. Die ihn strafrechtlich verfolgen, müssen es außerdem aufsichnehmen, als humorlos zu gelten. Wer am wenigsten Humor besitzt, legt bekanntlich den größten Wert darauf, ihn zu haben. (Goebbels hat sich wiederholt dagegen verwahrt, humorlos zu sein.) Nur wäre, was seine Gegner dafür hielten, eben keiner. So rum. Sie verstehen?!
Autoritäre Regierungen können nicht so klug sein, wie sie es vorgeben, sonst müßten sie den politischen Witz tolerieren. Als ein Ventil des angestauten Unmuts. Lachende Menschen sind ungefährlicher als bohrende. Aber die Diktatoren tun das Gegenteil, sie verfolgen den politischen Witz mit aller Schärfe. Wer selbst einmal im Konzentrationslager gesessen hat wegen dieses Deliktes, weiß ein Lied davon zu singen. Und wieviel sind schon im Zuchthaus gelandet, sogar hingerichtet worden, wegen einer guten politischen Pointe.
Solche Umstände geben dem politischen Witz ein Gewicht, das den andern Witzen fehlt. Viele von ihnen heißen auch bloß Witz, weil sie dessen Technik haben. Oftmals ist aber diese Bezeichnung für solche Einfälle irreführend.
Da ist, um nur ein Beispiel zu nennen, die bekannte Geschichte jenes von Hitler vertriebenen Emigranten in New York, in dessen Zimmer sein fassungsloser Freund ein großes Hitlerbild findet, und der sich mit den Worten entschuldigt: ». . . falls ich einmal Heimweh bekommen sollte!«
Oder: Der verhaßte Tyrann ist am Ertrinken. Er wird im letzten Augenblick gerettet. Am Ufer erkennt der Lebensretter erst, mit wem er es zu tun hat. Als der Diktator zum Dank einen Wunsch erfüllen will, bittet ihn der Retter, niemandem davon zu erzählen, daß er ihn gerettet hat.
Oder: Die Mutter wird von ihrem Kind gefragt: »Was ist Friede?«

»Die Zeit, bis der nächste Krieg ausbricht.«

Gewiß sind solche Geschichten einmal als Witze auf die Welt gekommen. Aber sind sie nicht mehr? Was unterscheidet die besten unter ihnen von den Kalendergeschichten Johann Peter Hebels oder von den Brechtschen Geschichten des Herrn Keuner? Die gehören der Literaturgeschichte an. Tut man diesen Einfällen, diesen kürzesten der Kurzgeschichten nicht unrecht, wenn man sie als bloße Witze abtut? Warum findet man sie nicht in unseren Schullesebüchern? Was für ein lebendiges Anschauungsmaterial ist in ihnen oft enthalten.

Wie der politische Witz in seinem aktuellen Stadium ein kunstvolles Propagandagebäude mit einer Pointe zu Fall bringen kann, wie er Abgründe blitzschnell und blitzhell sichtbar werden läßt, so macht er im geschichtlichen Stadium ebenso schnell jedem sofort einleuchtend klar, was auf andere Weise wesentlich schwerer aufzuzeigen wäre.

Es ist in diesem Zusammenhang interessant, nachzulesen, was Jean Paul (in Lesvana oder Erziehlehre) über den Witz als Lehrmittel in der Schule geschrieben hat. Seitenlang.

Leider ist aber wohl das Vorurteil unausrottbar, daß der Witz sicherlich eine Quelle unseres Vergnügens, aber keinesfalls ein moralischer Faktor ist.

Vielleicht liegt es daran, daß auch der beste Witz nicht überzeugt, »so sehr ist man gewohnt, daß Satiren sich auf falsche Voraussetzungen gründen« (Vauvenargues).

Beschließen wir dieses Kapitelchen mit den Worten Kleists:

> »Witz, wenn du dich in die Luft erhebst,
> wie stehen die Weisen und blicken dir nach.«

SILVESTER-UMFRAGE
der Süddeutschen Zeitung 1963

Frage: Was wollen Sie 1964 endlich anders machen?
Werner Finck: Ich will mir 1964 endlich einmal vornehmen, nichts anders zu machen. Vielleicht gelingt es mir dann endlich einmal, das anders zu machen, was ich mir Jahr für Jahr anders zu machen fest vorgenommen habe.

Frage: Was sollen andere anders machen?
Werner Finck: Es genügte, wenn sie das in Wirklichkeit machten, was zu machen sie vorhaben.

Frage: Was kann so bleiben?
Werner Finck: Die Preise.

DAS CABARET IST ANDERS GEWORDEN

Oder ist das Publikum anders geworden? Anders als das der zwanziger und dreißiger Jahre?
Haben die Cabarets ein anderes Publikum, weil die Cabarettisten anders geworden sind, oder sind die Cabarettisten anders geworden, weil das Publikum sich geändert hat?
Und wie wirkt sich der Unterschied aus? Im Besuch? Waren die Cabarets oder Kabaretts, (ein Wort ist so degoutant wie das andere), also waren diese »Brettl«, diese Kleinkunstbetreiber damals besser besucht als heute oder umgekehrt? Feststellung eins:
Kein Unterschied. Sie florierten in jenen Jahren, sie florieren heute.
In den Darbietungen?
Vielleicht. Was heute geboten wird, ist exakter formuliert, besser verarbeitet, geschickter serviert, nicht mehr der Not gehorchend, mehr dem eigenen Triebe. Es ist mutiger. Halt – Stop! Das ist es nicht.
Anmutiger vielleicht, aber nicht mutiger.
Aber muß denn ein . . . mutig sein? Genügt es nicht, wenn es frech ist, aggressiv, witzig, komisch?
Natürlich genügt das. Sonst wären ja die heutigen Cabarets nicht so ausverkauft wie die der dreiunddreißiger Jahre, deren Mut mehr Einfluß hatte auf die Kartenbestellungen als die künstlerische Leistung.
Netz oder nicht Netz, das ist hier die Frage . . .!
Der Kabarettist unserer Tage, so halsbrecherisch seine Attacken gegen die Regierung, die Partei, gegen den Staat und gegen die Korruptheit und Unfähigkeit seiner Bürger auch wirken mögen, er wird nie zu Fall kommen. Dieser Zufall ist nicht drin. Dennoch (es wurde bereits gesagt): Das macht weder der Kasse etwas aus noch dem Beifall.
Als jener deutsche Zirkus (war es im Jahre 64?) in Moskau mit sensationellem Erfolg auftrat, bemängelte man in Moskau dennoch etwas: das Fehlen des Netzes. (Artisten sind ja Arbeiter, müssen – erstes und obersten Gesetz – vor Betriebsunfällen geschützt werden.)
Die Deutsche Bundesrepublik läßt sich in diesem Punkt auch nicht lumpen: In ihrem Grundgesetz verankert ist das Recht auf freie Meinungsäußerung. Übertragen auf die vorwitzigen Kabarettisten der sogenannten BRD heißt das: Ihr könnt die heiligsten Güter der Bundesrepublik durch den Kaukau ziehen, so viel ihr wollt, in den Augen des Staatsanwaltes wird dieser Kaukau nie mehr sein als – kalter Kaffee.
Die Kunst, wenn Sie wollen: die Kleinkunst in den politisch ge-

meingefährlichen Jahren war es, mit nichtssagenden Worten alles zur Sprache zu bringen. Die Kleinkunst heute versteckt hinter vielsagenden Worten, daß ihre Worte kaum der Rede wert sind. Es gibt keine Stelle, die sie beim Wort nehmen kann. Stellen hin – Stellen her: stellen an. Sie stellen an, was man nur anstellen kann, die heutigen . . . tisten, um das einmal, wenigstens einmal erreichen zu können, was die . . . tisten jener Tage fortwährend mit der Andeutung einer Anspielung erreichten: politisch verfolgt zu werden. Und sie erreichen es nicht. Nicht ums verrecken; das überhaupt nicht mehr drin ist (das Verrecken).

Wir sollten ihnen das nicht ankreiden mit einem Minuspunkt. Ebensowenig wie wir einem General, der sich nur im Sandkasten spielend hervortun konnte (Frieden: Pech!), nicht weniger achten sollten, als einen, der das Glück hat, in einem tatsächlichen Krieg tatsächliche Divisionen verheizen zu können – zur höheren Ehre Gottes (des Gottes Mars).

Auch dem Publikum, das dem Manöver-Kabarettisten den gleichen frenetischen Beifall zollt wie dem an der Front kämpfenden, sollten wir keinen Vorwurf machen. (Etwa den der Instinktlosigkeit.)

Publikum ist etwas, was auf seine Kosten kommen will: bei Unfällen, bei Skandalen, bei Aufläufen, bei Darbietungen. Es will Stellung nehmen, ohne Gefahr zu laufen, gestellt zu werden. Es will einstimmig Hosianna rufen oder kreuzigt ihn, ohne dafür verantwortlich gemacht werden zu können.

Sollte die Rechnung nicht aufgehen und sich herausstellen, daß der gepriesene Gott ans Kreuz gehört und der gekreuzigte Gott gepriesen werden sollte, dann darf niemand namhaft und dementsprechend verantwortlich gemacht werden können: Das ist das Publikum. Und nichts anderes. (Im Gegensatz zur Gemeinde, die sich bekennt, zum Auditorium, das sich eingeschrieben hat.)

Der Kabarettist ist das, um wieder auf ihn zurückzukommen, was das Publikum aus ihm macht: der amüsante Unterhalter, der witzige Kommentator, der bittere Satiriker, der tollkühne Aggressor. Er kann auch alles zusammen sein in einer Person.

Heute ist er der faszinierende Illusionist. Er packt den Stier bei den Hörnern und erweckt den Eindruck, daß es ein leibhaftiger Stier ist und kein Papier-Stier (ähnlich dem sowjetischen Papiertiger in chinesischer Sicht).

Frage: Ist der einem autoritären Regime unterworfene Kabarettist höher zu bewerten als der verfassungsgeschützte?

Gegenfrage als Antwort: Ist der im Kriege kämpfende Soldat höher zu bewerten als der im Manöver?

Man sollte glauben, daß der Kabarettist unter Hitlers Knute es schwerer gehabt hat als der verfassungsgesicherte von heute. Er brauchte nur die Andeutung einer Andeutung zu machen, nur ganz

leise auf etwas anzuspielen, was gar nicht beim Namen genannt werden mußte, dann quittierte man es ihm schon mit einem brausenden Lachen oder einem tosenden Beifall.
Heute muß er deutlich werden, darf seine polemischen Spitzen nicht kunstvoll verstecken wie Ostereier, weil sie sonst liegen blieben. Denn in einer Zeit, wo alles aufgedruckt wird, was der Öffentlichkeit unter autoritärem Regime verborgen bleibt, hat man es sich abgewöhnt, zu suchen.
Damals hatte man es mit einem Gegner zu tun, der vorsichtigsten politischen Witz mit den brutalsten Strafen ahndete, heute fehlt der Gegner.
Die Angegriffenen werden – sind flexibel. Sie fangen jede Anrempelung ab, indem sie darüber lachen, können nie ins Herz getroffen werden, weil eine dicke Speckschicht keine noch so geschliffene Spitze durchläßt.
Haben wir das verdient? hat das Düsseldorfer Kom(m)ödchen einmal eins seiner Programme bezeichnenderweise genannt. Aus diesem Grunde. Haben wir verdient, sollte das heißen, daß wir euch pausenlos zur Sau machen? Eure korrupte Gesinnung, euren nackten Interessenegoismus, eure Protzgier, eure herausfordernde Sattheit? Euren einfallslosen Konformismus? Und daß ihr nicht im geringsten sauer reagiert, sondern mit stürmischen Beifall und ausgelassenstem Lachen?
Bravo und Dacapo rufen sie, statt nach der Polizei, das ist das Dilemma der heutigen Kabadings. Damals brauchte man, wenn ich mich wieder einmal selbst zitieren darf, damals brauchte man nur mit einem Hämmerchen an ein kleines Glöckchen zu schlagen, dann übertrug sich das wie Sturmläuten. Heute kann man mit einem riesigen Holzhammer an eine mächtige Glocke schlagen, dann fragen die anderen: Hat es nicht geklingelt?
Aber an diesem Zustand sind weder die Kabarettisten schuld noch ihr Publikum.
Schuld ist das in unserem Grundgesetz verankerte und garantierte Recht der freien Meinungsäußerung für jeden Deutschen. Solange das nicht geändert wird, wird sich auch an dem kuriosen Dilemma der heutigen Kabarettisten (die nicht schlechter sind als die damaligen) nichts ändern.

Ende 1964, als der »Stachus« der (angeblich) verkehrsreichste Platz Europas war und die Münchner Polizei im Sommer den Schwabinger Krawallen mit Gummiknüppeln zu Leibe gerückt war, da fragte die Süddeutsche Zeitung – diesmal nicht in ihrer Weihnachts- oder Silvesterbeilage – sechs Fachleute, vom Politiker bis zum Architekten: »Wie sieht München im Jahre 2000 aus?« Sie fragte aber auch Werner Finck, der einen ausführlichen Situationsbericht ablieferte.

MÜNCHEN IM JAHRE 2000

Um die Jahrtausendwende herum hat sich der dörfliche Charakter der Millionenstadt München, abgesehen von der riesigen Ausbreitung, eigentlich gar nicht so sehr verändert. Der im Februar 1985 – von der Schwabinger Polizei – niedergeschlagene Fußgängeraufstand gegen die Automobilisten (235 Personenkraftwagen, darunter ein spezieller Zebrastreifendienstwagen der Polizei, wurden damals demoliert, zum Teil sogar verbrannt), dieser Aufstand gab Wasser an die Mühle der Straßenbahnanhänger, denen die Autos schon immer ein Dorn im Auge waren; sie sind nie überfüllt, also verkehrspolitisch rentabel, sondern fahren oft nur mit drei bis vier den Neid der eingepökelten Straßenbahnbenützer herausfordernden nicht besetzten Plätzen.

Wir sehen also in der Innenstadt nur noch Straßenbahnen. In breiten Straßen, wie z. B. der Leopoldstraße, fahren sie sogar viergleisig. Die Trassen, ursprünglich für Autos gedacht, sind später auch mit Trambahnschienen versehen worden und das aus Sparsamkeitsgründen, weil eine weit voraussehende Stadtverwaltung sich allzu reichlich mit Straßenbahngleisen eingedeckt hatte; sie durften ja nicht verrosten!

Die von vielen Seiten immer stürmischer geforderte Verlegung des Flughafens steht im Jahre 2000 erneut zur Debatte. Man wird sich aber noch etwas gedulden müssen, bis eine alle Teile zufriedenstellende Kompromißlösung gefunden sein wird. Die Verhandlungen über die sofortige Inangriffnahme der 1964 projektierten unterirdischen V-Bahnen standen dagegen noch nie so günstig wie in diesem Jahr, obwohl es 1999 einen bösen Rückschlag gab, weil die Bundesbahn daran gedacht hatte, ihre Beteiligung zurückzuziehen.

Was aber den Besuchern der bayerischen Hauptstadt – außer dem Bild von Franz Josef Strauß in allen Amtsstuben – am meisten auffällt, ist der Stachus. Hier ist man der schon sprichwörtlich gewordenen Verkehrsmisere mit solcher Gründlichkeit und Vehemenz zuleibe gegangen, hat den gesamten Verkehr hoch überbrückt oder im Untergrund vergraben, daß dort, wo noch vor vierzig

Jahren in den Hauptverkehrszeiten chaotische Zustände herrschten, eine idyllische Grünanlage wurde. (In der Mitte des nicht mehr wieder zu erkennenden Stachus steht das Denkmal des unbekannten rücksichtsvollen Autofahrers.) Die hier verweilenden Menschen werden von keinem Fahrzeug aufgeschreckt, von keiner Hupe, nicht einmal von der Klingel eines Fahrradfahrers, weil dieser Platz für alle Verkehrsmittel, aber auch für alle, verboten ist. Mit Ausnahme einer einzigen Straßenbahnlinie. Aber die kommt nur alle zehn Minuten hier durch auf dem neugestalteten Platz. Klingelt auch nicht, sondern läßt nur die ersten Takte des Liedes »Solang der Alte Peter . . .«

Dieser Alte Peter mußte leider (um 1990 herum?) abgerissen werden. Das Opfer einer Achse. Ost-West oder Nord-Süd. Irgend so was. Jedenfalls war diese Umgehungsstraße nicht zu umgehen. Natürlich ist der Alte Peter an anderer Stelle wieder aufgebaut worden, haargenau wie der Alte. Aber der Alte ist eben doch nicht mehr. Im Jahr 3000 nach Christus sind wir aber wieder hier.

BEOBACHTUNGEN VOR DEM FUTURAVISIONS-GERÄT

Silvester 1966

Natürlich war alles nur ein Traum.
Den ganzen Tag über hatte ich mich mit meinem größten Weihnachtsgeschenk beschäftigt, einer dickbändigen Weltgeschichte. Und davon ist mir dann wohl im Schlaf eingefallen, was mir sonst im Schlaf nicht einfallen würde.
Um es kurz zu machen: Ich saß vor meinem Fernsehgerät. Das war etwas gespenstisch. Es konnte nämlich nicht nur in die Ferne sehen, was ja längst nichts Ungewöhnliches mehr ist, es konnte auch in die Zukunft sehen, also in das, was in früheren Zeiten unsere Zeit gewesen ist. Und ebenso in die Vergangenheit.
Ein ganz neues Sehgefühl überkam mich. Anfangs war mir's, als träumte ich das alles nur (wie's ja auch war), aber dann nahm ich es widerspruchslos als bare Wirklichkeit. Es störte mich nur noch, daß Zukunft und Vergangenheit sich manchmal verwirrend miteinander vermischten. So hatte ich zum Beispiel gerade unsern Finanzminister gesehen, wie er rechnete und rechnete. »Womit rechnen Sie, Herr Minister?« fragte ein Reporter. »Mit einem Einschwenken de Gaulles auf unsere Linie«, antwortete Brandt, worauf die heilige Johanna sich in das Gespräch einmischte und auf ihre Stimmen zu sprechen kam. Sie überlegte noch, ob sich die auf der Grundlage des Mehrheits- oder des Verhältniswahlrechts auswirken würden.
In Bruchteilen von Sekunden wechselte die Szenerie. Ein alter, ehrwürdiger Herr mit weißem, wallendem Bart, der deutsche Bundeskanzler, beteuerte, daß er als vordringlichste Aufgabe die deutsche Wiedervereinigung im Auge hätte. (Das Auge war feucht!) Eine Standuhr im Hintergrund schlug 1998.
Dieses Zukunftsbild wurde ebenso schnell abgelöst von einer paradiesischen Landschaft. Viele Tiere und zwei Menschen, die immer größer ins Bild kamen: Eva und Adam! (Ich finde es unhöflich, zuerst den Herrn zu nennen und dann die Frau, in diesem Fall – oder vor diesem Fall – das Fräulein.) Eva überreichte Adam den historischen Apfel (also hat die Bibel wieder einmal recht, dachte ich). Dann kam eine Überraschung: Bevor Adam nämlich den Apfel nahm, bot er seinerseits der Eva etwas an. Es war viel, viel kleiner als der Adamsapfel, nein Evas Apfel, es war eine Pille. Jene Pille. Dazu ein vielsagender Blick. Die Geschichte der Menschheit stand auf dem Spiel! Aber Eva lehnte dankend ab: Noch zu früh, sagte sie.
Dann ein harter Schnitt. Der Kommandoraum des Pentagon erschien auf dem Bildschirm. Vor dem berühmten roten Druckknopf saß ein hohes Tier in Generalsuniform. Der späte Nachkomme Adams betete ein sachliches Countdown herunter und drückte dann

auf den Knopf (so was wäre mir nicht im Traume eingefallen).
Im gleichen Moment kam jemand hereingestürzt und rief atemlos: »Nicht abdrücken! Irrtum!«
»Zu spät«, sagte der andere.
Aber das sagte er bereits im Jenseits von Gut und Böse, weil ihm der potentielle Gegner um eine Sekunde zuvorgekommen war.
Ende der Durchsage und der Menschheit.
Vielleicht ist eine Vorahnung dessen schuld daran, daß wir Erdenkinder uns anschicken, den Mond zu besiedeln. Vom Mond kamen natürlich auch Bilder auf den gespenstischen Schirm. Es waren technisch leider nicht ganz einwandfreie Direktreportagen gelegentlich der Eröffnung des gewaltigen Stromerzeugungswerkes im Meer der Stürme (ein »Markstein in der Geschichte des Mondes«, sagte der Festredner; die gefürchtete Mondfinsternis gehöre damit endgültig der Vergangenheit an!).
Interessant, daß die russischen Redner chinesisch sprachen (parteichinesisch), mit starkem amerikanischen Akzent. Aber auch Gesamtdeutsch war zu hören.
Die Sängergruppe der Erdendelegation, Sektion Großösterreich, sang das Lied: »Im Krater blühen wieder die Bäume«.
Im Zusammenhang mit den Kratern erschien mir noch eine Meldung interessant: Ein Sprecher des 52. Marskanals (oder Mondkanals?) berichtigte einen Text: Die Unterschrift des kürzlich von Lunarpress verbreiteten Bildes »Der Mond im Zustand vor seiner Entdeckung« beruhe auf einem Irrtum. Es handle sich vielmehr um eine Aufnahme der Erdoberfläche kurz nach Beendigung des Dritten Weltkriegs, der in die Geschichte als »Kampf für den Frieden« eingegangen ist. Noch einmal sprang das Bild gewaltig.
Noch einmal Strauß. Er saß nun vor einem Plattenspieler. Er hatte eine Platte aufgelegt, die alt war und Sprünge hatte. Das Defizit, sagte die Platte, im letzten Haushalt – halt – halt –, es war nicht mehr zu halten, – betrug – betrug – betrug – betrug – betrug . . .
Dann verdunkelte sich der Bildschirm und ich sah schwarz und rot.
Die Große Koalition bot ihren Werbeslogan: »Groko macht's möglich.«
Eine gute Tonstörung.
Dann wurde eine Pfeife sichtbar: Wehner – hatte sie im Mund. Nach dieser Pfeife tanzte seine Partei. Neben ihm Brandt oder der Willy zur Macht. Der kleine Schrittmacher, der Anlauf nimmt zu größeren Schritten. Nach Westen hin sind es zweifellos kleine Fortschritte.
Dann traten sie alle vor das Bundeshaus, die Männer vom neuen Kabinett und brachten ihrem Kanzler, der keinen leichten Stand hat, ein Ständchen. Voll Anmut und Folklore. Man konnte nicht verstehen, was sie sangen, aber man konnte verstehen, daß sie

sangen. Denn sie hatten allen Grund – den sie der FDP unter den Füßen weggezogen haben werden, in spätestens wenigen Jahren. Ein Sprecher sagte, daß das Lied nach einer alten polnischen Melodie gesungen werde: »Noch ist Deutschland nicht verloren«.

Dann muß ich wohl aufgewacht sein. Ich bekam gerade noch die Stimme der Absagerin mit: »Sie hörten den bekannten Männergesangverein ›Die Kie-Singer‹.«

Ein Blick auf die Uhr: Es war höchste Zeit.

Einen seiner Vorträge nannte Werner Finck in zeitgemäß sinnvoller Verkürzung eines berühmten Schiller-Wortes: »Sire, geben Sie Gedanken . . .« Natürlich waren das Gedanken über die Freiheit (oder auch »Freyheit«). Eine Vorstufe dazu ist (etwa 1967) der hier (leicht gekürzt) wiedergegebene Vortrag vor der Akademie in Tutzing am Starnberger See:

WELCHE FREIHEIT MEINEN WIR?

Wo immer ich als Redner in Erscheinung trete, erwartet man zunächst, amüsant und witzig unterhalten zu werden. Diese Erwartung, die eine besondere Bereitschaft enthält, kann meine Arbeit sehr erleichtern, aber auch ungeheuer erschweren. Je nachdem. Je nachdem nämlich, ob ich ein allgemeines Publikum vor mir habe wie im Theater, oder wie zum Beispiel hier ein ausgesuchtes Auditorium. Ein allgemeines Publikum stellt mich vor keine Probleme, es wäre unintelligent und vernagelt. Ein Kreis dagegen, der ein bestimmtes Anliegen hat, der sich zum Zwecke der Belehrung und Unterrichtung zusammengefunden hat, so ein Kreis kann mir gefährlich werden. Hier besteht immer die Gefahr des Mißverständnisses, z. B. daß ich nicht den nötigen Ernst aufbringe für unsere Probleme.
Ich gebe mir deshalb die größte Mühe, diesen Eindruck abzuschwächen und so ernsthaft daherzureden wie das Gros unserer kulturpolitisch wertvollen Redner, die wenig Witz mit sehr viel Würde zu ersetzen wissen.
Aber damit beraube ich mich natürlich meiner stärksten Wirkungen. Ohne meine Possen (um die mich die seriösen Herren insgeheim beneiden) werde ich langweilig. Und dummerweise fällt das bei mir dann auf. Besser bleibe ich bei meiner launigen Art.
Als dann, meine Damen und Herren, das Wort Freiheit ist heute das Schlagwort Numero Eins. Noch nie in der Weltgeschichte stand es so im Vordergrund. Wo früher Gott, König und Vaterland stand, steht heute Freiheit. Nur fehlt den heutigen Rednern der Brustton der Überzeugung der Barden und Festredner.
Das war noch eine Tonart: »Freiheit!« so hätten sie ausgerufen, »wem blinkte das Auge nicht heller, schlüge das Herz nicht schneller, bei dem Worte Freiheit!«
Diese Begeisterung, selbst wenn sie echt wäre, fände heute keine Resonanz mehr. Der Puls schlüge nicht schneller, das Auge blinkte nicht heller. Jedermann führt zwar das Wort Freiheit im Munde, aber jeder, wenn er sich überhaupt etwas dabei denkt, stellt sich etwas anderes darunter vor.
Wenn man den Begriff definieren wollte, dann bekommt man

wieder Worte, und gerade Worte sind ja genug in dieser Sache gesprochen worden.
Erst die Möglichkeit der Wahl macht den Menschen frei. Wir wissen auch, daß es genug Menschen gibt, denen die Freiheit lästig ist und die sich lieber Befehle und Kommandos geben lassen, weil das bequemer für sie ist und von der Verantwortung entbindet. Auch da wird der ethische Apparat von vielen nicht begriffen oder für nicht wichtig erachtet.
Daß sich Nationen der Unfreiheit ausliefern mußten, ist schon vorgekommen. Aber daß sie sich begeistert ausgeliefert haben, das ist – glaube ich – nur einmal geschehen. Ich will es dahingestellt sein lassen, ob wir gemeint sind.
Aber offenbar bekommt es uns sehr gut, wenn Druck auf uns ausgeübt, wenn befohlen und kommandiert wird. Verlangen Sie heute einmal ein Opfer für die Freiheit. Es genügte, wenn jeder nur soviel freiwillig für sie tut, wie er unfreiwillig für die Diktatur getan hat. Aber da führt kein Weg hin. Keiner!
Ich spreche nicht ohne Erfahrung. Es waren vergleichsweise harmlose Anspielungen, die mich aufgrund des NS-Heimtückegesetzes mehr als einmal in eine Zelle gebracht haben. Sie heute zu wiederholen wäre witzlos, denn man würde die darin enthaltenen Spitzen gar nicht bemerken. Die junge Generation könnte schon gar nichts damit anfangen, weil sie sich gar keine Vorstellung mehr machen kann von den damaligen Zuständen. Ein ironisches Räuspern allein konnte schon als staatszersetzende Äußerung ausgelegt und drakonisch bestraft werden. Die leiseste Kritik an einem führenden Politiker konnte die Freiheit kosten, wenn nicht das Leben.
Heute müßte sich einer direkt anstrengen, wenn er wegen seiner freien Meinungsäußerung mit den Gerichten in Konflikt geraten wollte. Unsere Kabarettisten scheinen es manchmal darauf anzulegen. Aber hat man in der Bundesrepublik schon einmal gehört, daß einer Auftrittsverbot oder Freiheitsentzug für einen Witz bekommen hätte?
Mit einem mir bekannten Generalstaatsanwalt habe ich mich einmal über diesen Punkt unterhalten. Sozusagen als Test servierte ich ihm eine Anzahl der heikelsten und doppeldeutigsten politischen Witze. Ein einziger von ihnen hätte früher fürs Konzentrationslager genügt. Hernach berechnete er das mögliche Strafmaß. Glauben Sie, er hätte eine imponierende Summe herausgebracht? Er kam auf insgesamt drei Monate. Im Höchstfall. Und auch noch mit Bewährung.
Man muß sich das einmal klarmachen. Die Freiheit spielt doch in einem demokratischen Staatswesen die gleiche Rolle, oder sollte sie mindestens spielen, wie die Partei in einer Volksdemokratie. Partei und Staat sind untrennbar wie siamesische Zwillinge. Nehmen Sie

dem Staat die Partei, was bleibt übrig? Der Zusammenbruch. So gehören für mich in einer westlichen Demokratie Staat und Freiheit zusammen, untrennbar ebenfalls. Nehmen sie uns hier die Freiheit, was bliebe uns übrig? Die Flucht nach dem Osten.

Das ist natürlich reichlich überspitzt. Es soll nur zum Ausdruck bringen, wie hoch ich die Freiheit schätze im Vergleich zu den sonstigen Gütern, die westliche Demokratien zu bieten haben. Wohlstand ist gewiß nicht zu verachten, und in den Planungen der kommunistischen Partei spielt er eine wesentliche Rolle.

Nehmen wir an, es gelänge den sozialistischen Ländern, den Lebensstandard der kapitalistischen einzuholen, worin unterschieden sich dann die beiden Wirtschaftssysteme, wenn nicht im Gebrauch der Freiheit? Oder der Toleranz?

Der Idealismus der freien Völker, wenn man überhaupt noch von ihm sprechen kann, hat eine tiefe Neigung zum Materialismus, und umgekehrt findet man unter den Anhängern des dialektischen Materialismus manchen vorbildlichen Idealisten. So ist es ja nun auch nicht, daß hüben alle Edelmenschen versammelt sind und drüben alle Schurken. Und was die Disziplin angeht, die taktische Klugheit, die zielstrebige Aktivität, da könnten die laschen Mitläufer der Freiheit so manches lernen.

Dennoch, das System bleibt schrecklich. Man wird dort gezwungen, Leute als politische Führer anzuerkennen, die man gar nicht haben will. Hier kann ich mir die Leute, die mir nicht zusagen, in freier und geheimer Wahl wählen – oder auch nicht. Im *oder auch nicht* liegt der Unterschied. Ich kann ihre Wahl auch der Mehrheit überlassen.

Wenn ich die Wahl hätte zwischen einem gut funktionierenden Staat, dessen Regierung unabhängig wäre von einer Wahl, und einer schlecht funktionierenden Regierung, dann würde ich die schlecht funktionierende Regierung wählen. Ich habe mich auch für die Bundesrepublik entschieden.

Wenn Herr Schröder den Lauf seiner Notstandsgeschütze gegen die Freiheit richtet, dann sollte sich unser Zorn nicht gegen ihn richten, sondern gegen die, die ihn gewählt haben. Das ist die demokratische Spielregel: Sie haben ihn gewählt und nun sollen sie ihn machen lassen und bei der nächsten Wahl vorsichtiger sein. Jede freie Wahl ist eine Wahl der Freiheit, und je mehr wir wählen können, um so freier sind wir.

Aber es fehlt uns die Begeisterung.

Nun gebe ich natürlich zu, daß es schwer ist, heutzutage sich zu begeistern, nach so viel Enttäuschungen, die wir erlebt haben mit der Begeisterung. Wir haben ja oft genug erfahren, daß diese Begeisterung blind macht und wir mit dieser Begeisterung geradewegs in den Abgrund hineinrennen.

Und wohl aus diesem Grunde hat sich unsere Jugend nach dem Zusammenbruch nicht mehr für Ideale interessieren können. Deswegen hat sie sich ja zunächst von der Regierung, von der Verantwortung zurückgezogen. Es kam das Schlagwort »Ohne uns« auf, bis dann der Wandel eintrat. Aber zunächst einmal mußte doch die alte Generation die Führung übernehmen. Vielleicht war das ganz gut so, weil ja doch nur alte Politiker wissen, wie z. B. eine Katastrophe vorzubereiten ist.

Der Herr Bundeskanzler hat ein Lieblingswort, das er seit seinem Regierungsantritt, also schon ewig, immer wieder gebraucht. Er sagt: »Die Zeit war noch nie so ernst.« Dieses Menetekel ist mit der Zeit von der Zeit lügen gestraft worden. Man hat sich also längst daran gewöhnt, diesen Ausspruch dafür anzusehen, daß alles in Ordnung ist. Um uns nicht auf eine falsche Fährte zu bringen, müßte er eigentlich sagen: »Also jetzt wird's ernst.« Es geht, um es volkstümlich auszudrücken, um die Wurst. Um das, was den meisten bisher wurscht war. In Ulbrichts Staat gibt es unter der Jugend eine frischfröhliche Parole: Seid ihr bereit? Allzeit bereit!

Wir haben keinen so guten Ruf dort »drüben«, weil wir uns so etwas nicht zurufen. Die Parole läßt offen, wozu man bereit sein soll. Das ist wirklich nur: Seid allzeit bereit! Aber das macht viel aus. Auch wird die Partei wissen, die Bereitschaft eines Tages auszunutzen.

Noch steht das alles unter Verschluß. So ähnlich, wie bei uns die Abschußgestelle da, aber die eigentlichen Köpfe auch noch unter Verschluß sind. Wenn auch fünfzig Meter zwischen Weltende und dem Abschuß liegen und er von uns nicht betätigt werden kann, so sieht es doch gefährlich aus, und die Köpfe werden eines Tages – sie sind ja da, die Köpfe werden auf jeden Fall abgeschossen. Wenn sie kopflos abgeschossen werden, wehe uns!

Es gab vor 1933 einen Witz, der in Berlin kursierte, wonach ein Jude gesagt hat: »Ich rechne mit dem Schlimmsten, geprügelt, verhöhnt, eingesperrt, gequält, gemartert, gesteinigt zu werden usw. Alles was mir weniger passiert, ist bar verdient.« Das ist eine ungeheure Sache. Da hat einer alle Hoffnung abgeschrieben, bis auf das eine, daß er sich zu seinen Gunsten vielleicht etwas verrechnet hat. Er hat die Hoffnung eingekapselt, ist aber schuldenfrei. Er kann sofort von vorne anfangen.

Und nun betrachten Sie einmal die Einstellung des durchschnittlichen Bundesbürgers unserer Tage, dessen Gewinn nicht im Weniger, sondern genau im Mehr und noch Mehr besteht: noch mehr Wohlstand, noch mehr Abschreibungsmöglichkeiten, noch mehr Freiheit und so weiter. Und davon bleibt nichts mehr übrig, wenn da etwas ins Wackeln kommt und wenn das einmal aufhört. Und es muß ja einmal aufhören. Wie ist dann die innere Haltung? Und es kommt also, wenn man mit jemandem spricht, zu dem Satz –

zynisch genug ist er, wenn er ehrlich ist –: »Nach uns die Sintflut.« Und das genügt nicht. Aber wenn es wirklich so wäre, dann wäre das noch eine Verhandlungsgrundlage. William S. Schlamm hat einmal in einer Rede, die er in München gehalten hat, angedeutet, man müßte doch eigentlich wieder zum Kriege bereit sein. Es hat mir gefallen. Ich hab's ihm auch gesagt. Aber dann sagte ich mir wieder: Soll man bei ihm begeistert sein? Man hat es ja erfahren, vor 1914 war man auch begeistert. Ich fragte dann: »Wenn man sich Ihrer Ansicht anschließt und die Begeisterung aufnimmt, können Sie dann garantieren, daß nicht wie auf 1914/1918 oder auf 1939/1945 so ein Ende kommt, sondern daß diesmal aber wirklich alles ausgelöscht ist, daß nicht so ein paar übrigbleiben, die dann sagen: ›Schön dumm, daß wir das gemacht haben‹?« Und darauf konnte er keine Antwort geben; aber er wußte, was ich gemeint hatte.
Aber dieses »Nach uns die Sintflut« ist eigentlich nicht sehr moralisch. Ich nehme eher an: Vor uns die Sintflut. Mein Manuskript enthält hier nur noch Stichworte: Apokalypse, Endzeit, Tut Buße!, zwei Röhrchen Veronal, Zeitung abbestellen – –
Dabei wird der Anfang vom Ende – ich meine das unserer Freiheit – wahrscheinlich gar nicht so hochdramatisch sein. Wir starren gebannt auf den berühmten Knopf vom roten Telefon und übersehen die Füllfederhalter – die Wunschträume unserer Feinde – die Erfüller, die – nach feierlichen Protesten versteht sich – jene Unterschriften vollziehen, die den Untergang der Welt verhüten sollen, das Allerschlimmste.
Deshalb verstehe ich nicht, warum man an einen baldigen Kriegsausbruch glaubt. Was heißt hier Ausbruch? Muß er denn erst noch ausbrechen? Haben wir ihn nicht schon, oder noch? Sprechen wir nicht von einem heißen Frieden oder von einem Kalten Krieg?
Die Alternative, Sklave werden oder sterben, ist hart. Der moderne Demokrat tendiert dahin, sie wieder verhandlungsfähig zu machen. Sklave sein ist furchtbar, aber tot sein ist bekanntlich irreparabel, also zieht man das furchtbare vor. Die Zeiten sind vorbei, da der Dichter ausrief – man meint die Hifthörner im Hintergrund zu hören: ». . . und setzet ihr nicht das Leben ein, wie wird euch das Leben gewonnen sein!« Ich weiß jetzt nicht, ob das von Schiller ist oder von Theodor Körner (hoffentlich von Theodor Körner wegen der Praxis und Theorie).
Alfred Kerr schrieb einmal sehr witzig: »Das Leben ist der Güter höchstes – –« und dahinter setzte er einen Punkt.
Und das ist der Punkt, wo ich ihm einmal widersprechen muß. Ich lege Wert auf das nachfolgende *nicht*! Weil ich Freiheit für ein höheres Gut halte. Wie, wenn man nun das Dichterwort leicht variieren würde? »Und setzet ihr nicht das Leben ein (ohne Hifthörner), wie wird euch die Freiheit gewonnen sein!«

Man sagt, schon zu Lebzeiten (versehentlich) erschienene Nachrufe und falsche Totmeldungen seien ein gutes Omen für ein langes Leben. In diesem Sinne kann man auch ein Buch nehmen, das Karl-Heinz Kramberg 1970 im Verlag Bärmeier & Nikel herausbrachte: »Vorletzte Worte«. Es enthält Nachrufe von Schriftstellern auf sich selbst und aus dieser Optik einige interessante Selbstbetrachtungen. Hierfür steuerte auch Werner Finck »seinen« Nachruf bei.

WERNER FINCK: AMEN! HOPPLA!

Aber es sind seine eigenen Worte, sie fielen ihm zuerst ein, als er bei bester Gesundheit aus heiterem Himmel die Aufforderung bekam, so schnell wie möglich – die Sache eilt leider, hatte der Verlag dazu geschrieben – seinen eigenen Nachruf zu verfassen. Oh. Er schloß unwillkürlich einen Moment die Augen, glücklich, das noch selbst besorgen zu können. Und in diesem zu-en Augenblick erschien ihm das Bild eines Geistlichen. Mit seinem wohltemperierten persönlichen Erscheinen auf dem Friedhof muß ja jeder rechnen, der, wie er es bis zum Inkrafttreten seines Nachrufs immer getan hat, seine Kirchensteuer pünktlich bezahlt. In diesem Punkte war unser Freund, wie ich mich hier fortan nennen möchte, ein vorbildlicher Gläubiger. Seiner Kirche.
Was nun das spontane Amen anlangt, mit dem unseren Nachruf einzuleiten wir uns erlaubt haben – wo wäre es angebrachter als auf einem Begräbnis. Nur eben gerade auf dem unseren hier und in so unmittelbarer Verbindung mit dem Namen eines Spötters – war das sein Ernst? Oder *nur* – *nur* –
Vorsicht! Vorsicht bei Gebrauch von *nur* im Zusammenhang mit dem Ernst. Wenn wir uns fragen, war das Ernst oder – und dann nach einer Verlegenheitspause auf das *Oder* – ein arrogantes, geringschätzendes *Nur* folgen lassen, dann haben wir vor dem sogenannten Ernst des Lebens und seinen Vertretern einen Kotau gemacht, vor diesen *Nur* homo sapiens und nur faber homos, die seit je den Scheißernst höher bewerten als das Spiel. Statt umgekehrt, wie unser Freund es immer gehalten hat. Er berief sich dabei vor allem auf seinen Huizinga, den Verfasser des homo ludens: »Der Begriff des Spiels als solcher ist höherer Ordnung als der des Ernstes. Denn Ernst sucht Spiel auszuschließen. Spiel jedoch kann sehr wohl den Ernst in sich einbeschließen.« Und noch einen anderen zitierte er: »Mir scheinen . . . Werke nicht *nur* der Erinnerung wert, wenn sie mit Ernst vollbracht sind, sondern auch im Spiel.« So nämlich läßt Xenophon, immerhin Xenophon, sein »Gastmahl« beginnen und von Schiller schließlich, gemeint ist der

noch berühmtere, stammt das sattsam bekannte Wort: »Der Mensch ist nur dort ganz Mensch, wo er spielt.«
Meine Damen und Herren!
Nichts gegen Huizinga, Xenophon und Schiller den Älteren. Aber wir sind hier nicht in einem wissenschaftlichen Kolleg, sondern auf dem immerhin Friedhof. Den ohnehin schon Leidtragenden soll nicht noch mehr Leid zugefügt werden durch einen Lernprozeß. Und wir wollen vor allem keinen Nachrufmord begehen.
Andererseits – die ethische Frage Ernst oder Spiel hat gerade ihn immer wieder beschäftigt. Wie jeder Komiker bekanntlich davon träumt, den Hamlet zu spielen (ein Alptraum für sein Publikum), so war es der Wunsch unseres Freundes, einmal Dozent zu sein fröhlicher Wissenschaft im Unsinne Nietzsches (ausgerechnet in Deutschland!).
Und, meine Damen und Herren! er hätte es fast geschafft. Eines Tages erschien sein Name offiziell im Vorlesungsverzeichnis einer Hochschule (allerdings *nur* Volks-). Und die Erfolgsmeldung? Es ging; das Publikum enttäuscht nach Hause. Ja, wenn er Witze erzählt hätte!
Schluß, aufhören! hatte einer gerufen.
War das Spaß oder Ernst? erkundigte sich unser erschrockener Freund.
Antwort: Das war mein voller Ernst. Ihr Glück, beendete unser Freund den Dialog. Solche Späße möchte ich mir auch verbeten haben. War das Spaß oder Ernst? Die gleiche wahre Geschichte wird übrigens auch von Ernst von Possart erzählt.
Fincks beste Möglichkeiten lagen in der Mitte von Spaß und Ernst, von Spiel und Wirklichkeit, von närrischer Weisheit und weiser Narrheit, dort, wo der *humour* angesiedelt ist, wo die Grenze sich verwischt zwischen beiden und wo das Lachen vom Weinen nicht mehr zu unterscheiden ist.
Am erschütterndsten hat er das einmal in New York und in Hollywood vor Emigranten erlebt.
»Da streckte ich meinen Arm aus«, erzählte er denen, die einmal Stammgäste waren in seinem Berliner Kabarett »Katakombe«, »und ich fragte: Was bedeutet das?« Aber noch ehe er es selber aussprechen konnte, rief da plötzlich eine aufgeregte alte Dame dazwischen: »Aufgehobene Rechte.« Und dabei lachte sie, während ihr die hellen Tränen herunterliefen. Sie war damals dabei, als ich das demonstrierte. Das war in einer Zeit, da ihm sein Witz zum Schicksal wurde. Er trug es mit *humour*. Den verlor er selten. Dann allerdings gründlich. Zum Beispiel, wenn man ihn einen Humoristen nannte.
Ein Titel, den er gern umfincktioniert hätte.
Im dritten unserer deutschen Reiche hatte er das Glück, nicht Nazi

werden zu können, weil der zweitmächtigste Mann dieses Staates ihm von vornherein alle Eingangstüren zu den Herrlichkeiten und Genüssen seines Staates verschloß, wie er ihm andere Türen aufgrund seiner enormen Verbindungen bereitwilligst öffnete. Zum Beispiel die zum Gefängnis und zum KZ. So und unter der höchstpersönlichen Leitung dieses Ministers wurde er mehr und mehr zu dem, was man hernach einen Nazi-Geschädigten nannte. Er hat viel mitgemacht, weil er viel nicht mitmachen wollte, hat aber alle überlebt, die ihm ans Leben wollten. Und alles gut überstanden. Sogar die ausgebliebene Wiedergutmachung. Im Do-it-yourself-Verfahren hat er sich später alles zurückgeholt, was man ihm genommen hatte. Aber anders als jener arme Bundespräsident a. D., der mit den Herrschaften von damals abgerechnet hat, nicht zornig in echter deutscher Wallung, sondern höchst pingelig unter Berücksichtigung aller Steuererlasse. Den Motor seines sittlichen Anspruchs hat er dabei auf hohe, aber krumme Touren gebracht.
Nicht so unser Freund. Die Hunderttausende, die ihm sein Hin- und Widerstand gekostet hat, holte er sich spielend wieder zurück, indem er seine bitteren Erfahrungen mit der Diktatur zur Grundlage heiterer Vorträge machte und mit ihnen jahrzehntelang gastierte.
Auch so kann man Vergangenes bewältigen, aber dazu muß man ein heiterer Pessimist sein, Traumtänzer mit lichten Momenten, fröhlicher Hoffnungsloser und hoffnungslos Fröhlicher. Daß das wirkliche Leben härter, gemeiner und niederträchtiger ist als in seinen Kindervorstellungen vom Dasein, wollte er nie recht wahrhaben.
Daran, sagte er einmal (und als es einen Lacher ergeben hatte hundertmal), daran werde ich erst glauben, wenn ich dran glauben muß.
Nun, jetzt ist es soweit. Der letzte Atemzug ist, um in seinem Stil zu bleiben, abgefahren. Wohin wissen die Götter, und auch das ist, weiß Gott, umstritten.
Homo respice finem – Mensch, bedenke das Ende! Wie wahr, wie wahr! Ich hab's bedacht, aber vergeblich. Noch bin ich mir nicht schlüssig, wie der smarte Nachruf enden soll.
Droht das hoffnungsvoll Begonnene ein Fragment zu werden?
Wen würde das schon wundern? Er war ja bekannt dafür, vieles zwar fertig zu bringen, aber nichts fertig zu machen (ausgenommen seine politischen Gegner).
War nicht alles in seinem Dasein fragmentarisch? So, wie er selten einen Satz zu Ende brachte, machte er es auch mit vielen seiner Unternehmungen. Was wurde denn aus seinen phantastischen Projekten und hochfliegenden Plänen nach dem Zusammenbruch – zur Verhütung eines neuen? Was wurde denn aus seinen Schlagzeilen machenden verschiedenen polito-komischen Aktiönchen und

Gesellschaften? Deren einer Theodor Heuss angehörte (zwei gab's ja nicht). Und Carlo Schmid. Aus seiner allzu spaßigen Radikalen Mitte, die Hort werden sollte aller Individualisten und politischen Einzelgänger. Das sind nun aber leider Leute, die für alles Verständnis haben, außer daß man sie in einer Organisation zusammenschließt. Was ist von all dem Angefangenen geblieben? Schmunzeln und Lachen. Und das entschädigt ihn. Denn die anderen, seriösen Unternehmen politischer Art sind mehr zum Heulen. Dann doch lieber gleich lächerlich.

Ach, und dann die Hochrechnung all seiner Freund- und Liebschaften, die wenigen Ehen eingeschlossen. Wieviel vielversprechende Anfänge, mit denen später nicht mehr viel anzufangen war: Steine auf seinem Herzen, das mit jedem schwerer und schwerer wurde, ohne sich beschweren zu können darüber: das Schwerste. Einer dieser Steine war ihm vom Herzen gefallen, als die nachsichtigsten und verständnisvollsten seiner Freunde und (-dinnen) ihm Absolution erteilten – nun also diesen Stein hat er zu seinem Grabstein erklärt in seinem Nachlaß. (Er hat zuletzt sehr nachgelassen.)

Jeder, der in lässiger Neugier, Gräber musternd, vorbeikommt bei ihm, soll noch einmal leise angeödet werden vom Geiste unseres abgetretenen Spaßmachers:

Noch stehst Du hier, und ich bin hin,
bald bist Du dort, wo ich schon bin.

Meine Herren und Damen!

Das wäre es . . .!

UND UNSERE SCHÖNE FREIHEIT?

erschienen in der Frankfurter Allgemeinen Zeitung am 21. 8. 1970

Im Hauptbuch der deutschen Geschichte ist ein neues Kapitel aufgeschlagen worden:
Epochemachendes Ereignis? Meilenstein in der Entwicklung? Auf alle Fälle: historische Wendung: links um, ohne Tritt – marsch.
Chacun a son gôut.
Unser paraphiertes Vertragen mit den Soffjets (Adenauer) muß nur noch ratifiziert werden – eine Entratifizierung (Sie haben richtig gelesen) ist hernach nie mehr möglich – dann wird die Ära der instinktiven Abneigung gegen kommunistische Gewaltherrschaft abgelöst durch die neue Ära einer vertraglich gesicherten Zuneigung.
Die Begeisterung in weiten Kreisen unserer Bevölkerung hatte beinahe hohe Wellen geschlagen. Mir persönlich sind solche Wellen immer ein bißchen unheimlich, weil ihnen nicht selten Verhaftungswellen folgen, in denen dann die ersaufen, die sich der Begeisterungswelle nicht angeschlossen haben. Wie tröstlich, daß es heute nur noch wenige Regierungssysteme gibt, in denen Verhaftungswellen vorstellbar sind. Griechenland und Spanien und – und – . . . also, noch vor wenigen Monaten hätte ich Rußland hinzugefügt, das zwar nicht faschistisch ist, aber doch auch eine Diktatur ausübt. Des Proletariats. Oder? Nach dem 12. August 1970 werde ich mich schwer hüten, die volksdemokratische UdSSR mit Griechenland in einem Atemzug zu nennen.
Allein schon um Brandt und Scheel nicht in den Rücken zu fallen, der ihnen ohnehin noch wehtun wird, von den vielen Verbeugungen vor den Kremlgewaltigen.
Haben die Unseren einen Affenzahn draufgehabt! Nachdem Blitzkriege sich abzunutzen beginnen, hat die Welt ihr Gegenstück präsentiert bekommen, den Blitzfrieden . . . Respekt! Nun, ihre Vorarbeit war nicht umsonst.
Unsere Bahr-Papiertiger haben sich tollkühn in die Höhle, zwar nicht des Löwen, sondern des nicht weniger gefährlichen Bären gewagt. Und der, alles andere als ein Papierbär, brüllt und zerfleischt sie nicht, sondern gibt artig sogar – eigenartig – Pfötchen.
Die Folgen blieben nicht aus, – es folgte dem Staatssekretär der Außenminister, dem der Kanzler folgte (auf den es ja, wie wir von Kurt Georg wissen, ankommt). Und dann wurde, nachdem Kossygin und Breschnew sich angeschlossen hatten, die wiederum Gromyko gefolgt waren – folgendes Folgenschwere beschlossen:
Der von beiden Seiten zum Selbstkostenpreis ausgehandelte, auf jede Gewalt verzichtende Friedenskurs soll so lange weiterverfolgt

werden bis – bis – also, das wird sich in der Praxis erweisen müssen. Um das gemeinsame Ziel des Friedens gemeinsam zu erreichen, werden wir uns den im Verfolgen (nicht nur von Zielen) zur Zeit weit überlegenen Russen – den Vortritt lassen müssen, also die sowjetrussischen Methoden, Völker auf Vordermann zu bringen, werden Schule bei uns machen müssen, bis wir gelernt haben werden, wie man – wie man . . .

Jedenfalls ist nach mannigfachen, vielfach streng geheimen (also fast streng geheimen) Zusammenkünften alles feierlich unterzeichnet worden.

Auch die Nationalhymne haben sie zu Anfang gespielt, obwohl sie da etwas fremd klang, aber am Anfang . . .

Vielleicht hatten sie sich auf das alte Lied geeinigt, das den Werktätigen und Lohnabhängigen dieser unserer Welt gewidmet ist: »Brüder, in eins nun die Hände«. Und so haben uns die Brüder in der Hand, die wir ihnen brüderlich gereicht haben.

Wie es in den sozialistischen Ländern üblich ist, werden nun auch die Bundesrepublikaner bald die Hände über den Kopf schlagen und »Freundschaft« rufen.

Der Druck der Russen soll stark gewesen sein, also der Händedruck.

Denkpause! Pause zum Nachdenken: Mir ist eben etwas Gespenstisches aufgefallen:

Daß ich den eindeutigen letzten Satz mit seinem Nachsatz zweideutig gemacht habe. Vorsichtshalber gewissermaßen – . . . Habe ich das nötig? Warum dieser anachronistische Rückfall in alte Gewohnheiten?

Ja, vor ein paar Jahren, als unser neuer Adolf senkrecht startete, der Thadden; aber sind die Nazis noch eine ernsthafte Gefahr für uns? Nach den letzten Wahlen?

Oder sollten etwa die *Internazis* . . .?

Internazis, dieses Wort fiel mir beim Nachdenken über braune und rote Herrschaftssysteme ein.

Die braunen Gewaltherrschaften zeichnen sich aus durch eine betont nationalsozialistische Haltung, deren musikalischer Treffpunkt das Deutschland-Horst-Wessel-Lied war. Die roten Gewaltherrschaften zeigen eine betont internationalsozialistische Haltung, ihr musikalischer Höhepunkt ist die Internationale. Und stimmen sie nicht darin erschreckend überein, daß sie den an der Freiheit orientierten Individuen das Leben zur Hölle machen können? Einen *Nazi* oder einen *Internazi* erkennt man an seiner totalen Humorlosigkeit. Ein Internazi z. B., statt über diesen Kalauer eines Narren erhaben zu lächeln oder gequält, je nachdem, würde nichts Besseres wissen, als nach der Zensur und den Staatssicherheitsdienstmännern zu rufen.

Welch beruhigendes Gefühl, daß unser lahmer Staatssicherheitsdienst in solch einem Falle kläglich versagen würde (noch). Siehe Artikel 5 des Grundgesetzes. Aber wenn einmal an diesem Paragraphen gerüttelt werden sollte, von ganz rechts oder ganz links, ganz egal: Auch als gebranntes Kind würde ich dann das Feuer nicht scheuen, sondern eröffnen, mit geistigen Waffen, versteht sich, »denn wie mich auch der Hafer sticht, es lebe der Gewaltverzicht«.
Kurz: Es lebe der russisch-deutsche Vertrag – solange er uns leben läßt. Wie bisher.

EIN ERSTES JAHR

geschrieben im Oktober 1970, ein Jahr nach der Bildung der kleinen Koalition (SPD/FDP)

Unsere Regierung, meine Damen und Herren, hat in diesem ersten Jahr prima gearbeitet. Theoretisch. Praktisch eigentlich nur unterprima. Sie konnte ja praktisch nicht viel machen, weil ihr die Hände gebunden waren durch diese vielen scharfen Aufpasser der Spätkapitalisten, der spätbürgerlichen Gesellschaft; ohne deren dauerndes Hineinreden wäre alles schon viel sozialisierter und demokratisierter und kommunalisierter.
Offenbar hat die kleine Koalition die große Opposition stark unterschätzt. Die Bürgerlichen wissen natürlich, daß die Sozialisten eine ganze Menge trotzdem geleistet haben schon. Aber eins hat das Kabinett eben nicht geleistet: den Offenbarungseid.
Das hätte Strauß und Genossen so gepaßt . . . – das kann man nicht sagen: Strauß und Genossen, man müßte sagen: Strauß und Kameraden. In den Kreisen wird auch der Kanzler weniger für einen besonnenen Staatsmann gehalten als für einen verwegenen Abenteurer.
-teurer wäre ja auch ein Stichwort für mich, aber auf die Teuerungswelle will ich nicht eingehen. Da muß man sich eben auf die Experten und Fachleute verlassen, die sowas verstehen. Zu unserem Glück gibt's ja in anderen Ländern noch viel schlimmere Zustände in puncto Inflation. Immerhin geht Brandt seinen Weg unbeirrt weiter, mit seinem Weggenossen Wehner und seinem Wegelagerer Barzel. Den läßt er aber meistens rechts liegen.

Vor seiner Kanzlerschaft machte Brandt auf diesem Wege seine berühmten kleinen Schritte. Hernach aber, als Kanzler, hat er grundsätzlich nur noch große Schritte übernommen, in der Angelegenheit Entspannung zum Beispiel, aber nun gleich so gewaltige zum Gewaltverzicht hin, daß die anderen kaum noch Schritt halten können mit uns. Und die Russen kommen auch kaum noch hinterher.
Vor kurzem warnte er ausdrücklich vor einem gefährlichen Rechtskartell in der Bundesrepublik. Er sprach sogar von einer rechten APO. Da muß ich aber lachen. Wenn es tatsächlich eine rechte APO gibt, dann müßten das schöne Dilettanten sein im Vergleich zu den hochintelligenten und großartig organisierten Ultras der anderen Seite.
Wer von denen hat denn schon mal einen Steinwurf riskiert, von Molotow-Cocktails ganz zu schweigen?
Wer von ihnen hat im wahrsten Sinne des Wortes auf ein hohes Gerichtsurteil geschissen?

Die haben nicht mal Zellen und Basisgruppen. Damit fängt's doch an.
Haben sie schon mal einen chicen Brand gestiftet? Einen Kaufhausbrand oder so? Und wie viele von den Flugzeugentführern und Geiselhändlern kommen aus den Reihen der Rechten? (Vielleicht in Jordanien muß man da Unterschiede machen.) Die haben auch keinen so forschen Verteidiger wie den Linksanwalt Mahler.
Also, von der Seite sehe ich keine Gefahr für die Bundesrepublik.
Wenn Brandt und Scheel auf der Preis-Lohn-Strecke in die Kurve schwenken, dann brauchen sie sich dieser Leute wegen keinen Sturzhelm aufzusetzen, keinen Regierungs-Sturz-Helm.
Und nun noch die Beantwortung einer Frage, wie ich selber zu der Regierung stehe. Ich muß also sagen, 90 Prozent bin ich dafür, und 40 Prozent bin ich dagegen.
Im übrigen stehe ich hinter jeder Regierung, bei der ich nicht sitzen muß, wenn ich nicht hinter ihr stehe. Das wär's.

DAS TRÖPFCHEN

Als die Urheberin des Tröpfchens einige Jahre später fand, daß sie einen allzuväterlichen Namen gewählt hatte und ihre Weinstube »Pourquoi pas?« nennen wollte, war es zu spät. Die Stammgäste hatten sich längst an das Tröpfchen gewöhnt und hätten zur so späten Umbenennung nur gesagt: »Pourquoi?«

Restaurangmäßig gehört das Tröpfchen nicht zu den eleganten und feinen Lokalen Münchens, sondern mehr zu den gemütlichen und geräucherten.

Wenn die Gäste auch die Zeche nicht ohne die Wirtin machen können (die sich mehr als Gastgeberin sieht, denn als Wirtin), so haben sie doch das Gefühl, von Mal zu Mahl mehr Anteile zu erwerben an einem Familienunternehmen, das seinen Mann ernährt. Diesen Mann stellt Scheefinn, die Rote; aber ganz andersch als die des Dichters. Sie ist eine Kathi Kobus ohne simpel zu sein. Sie hat ein weites Herz und ein enges Kleid, das sie ab und an mit ein paar abgenommenen Pfunden etwas erweitert. Man nennt sie Hete, was von ettwisch kommt, wie ihre Straßburger Landsleute sagen, und was unserem Hedwig entspricht.

Die Einrichtung des Stübchens – Stube wäre eine Übertreibung – besteht aus Tischen, Stühlen, Bänken und Hockern. Zu den ältesten Hockern zählt der dichtende Journalist Timm-o-Timm. Der prominenteste Bankbenützer des Tröpfchens ist Theodor Heuss gewesen; der erste Gast des Stübchens, der nicht nur dort war, sondern dort weilte.

Auch die illustrierte, Verzeihung, illustre Soraya gab etwas von ihrem Glanz in diese Hütte.

Und wenn man so im Gästebuch blättert, findet man auch ganz hübsche Namen: Tilli, die Witwe Frank Wedekinds, Friedrich Luft, so in diesem Stil weiter. Wieder andere Träger bekannter Namen hängen abphotographiert an zwei (davon lebenden) Wänden.

Die Wände sind grün wie der Frühling in den Anfängen des Farbfilms. Warmund Graf Preysing persönlich zeichnete oder besser malte dafür verantwortlich, mit zarter Hand – nähte er auch etliche Schirmchen für ebensoviele Lämpchen. Alles aus Liebe zum Tröpfchen. Aber man sieht die Wand vor lauter Bilder nicht: Die meisten Malereien von der Bele Bachem – man fragt nicht viel ob szön oder nicht szön, es genügt, daß sie meisterhaft sind. Der Rest ist Henry Meyer-Brockmann, der Karikaturist. (Auch einer der ältesten Dauerhocker – bis eines Tages) – ob er noch hängt am Tröpfchen, wie seine Bilder?

Das Bild des Tröpfchens wäre unvollkommen ohne das schwarze Brett hinten links, auf dem die Besonderheiten der Küche angekreidet sind.

Die Küche ist innerhalb dieses lukullischen Tempels sozusagen das Allerheiligste, weil viele es wohlbekommen wollen, noch ehe sie's bestellt haben. Zwischen den Gästen und der Küche steht Nicolai, der rot sieht, wenn er an seine Heimat denkt. Er ist Russe mit bajuwarischem Akzent und der einzige, der den Tröpfchengästen etwas schänkt.
Gegenüber seiner Theke befinden sich die unbequemsten Plätze, um die die Kenner sich reißen. Ein Wust von über- und untereinanderhängenden Mänteln und Hüten auf einem Garderobenständer dicht vor diesen Plätzen entzieht sie dem Zugriff neugieriger Augen. Höhepunkte der Stimmung, wenn er umfällt, während alles erschrocken aufspringt.
Der Wirts Stubenälteste ist Walter Hilbring, Ex-Uraltmeister des klassischen Münchner Kabaretts.
Er ist auf der Straßenbahn namens Tröpfchen so lange gefahren, daß er über die Zahlgrenze hinaus ist. Ihm wird von der Bedienung nichts mehr abgenommen als der Mantel und der Hut.
Als das Lokal eine Zeitlang versucht hatte, einen wöchentlichen Ruhetag einzulegen (»Montags nie« hing in dieser Zeit an der Tür – an derselben Stelle, wo zwei Jahre vorher Antisemiten unerwünscht gestanden hatte) – ja, nach diesen Montagen hatte Walter Hilbring sogar das Recht, den entgangenen Ausfall an freier Bewirtung und die Unkosten, die ihm in einer Ersatzkneipe entstanden waren, in bar von der Scheefinn einzukassieren.

ES DARF JETZT GELACHT WERDEN!

Ein lächerliches Kommando. Es stammt aus einer Zeit, für die Ruhe und Ordnung oberstes Gesetz waren und in der befohlen und gehorcht wurde, belohnt und bestraft.
Rührt euch! Weckgetreten! (siehe Fußnote).
Auch die zornige Frage: »Wer hat da eben gelacht?« gehört in jene Welt. Und wehe, wenn der sich nicht meldet!
Na wird's bald?!
Die Kanzel, das Katheder und der Kasernenhof waren die markantesten Requisiten jenes Lebens. Eine Welt, ehern und fest gefügt, der man sich fügen mußte. Sie aus den Fugen zu bringen, war unendlich schwer. Durch Lachen konnte man sie zwar nicht erschüttern, aber doch wenigstens für Momente aus der Fassung bringen.
Wassagstenu?
Vielleicht ist das der tiefste Grund, weshalb lachenmachende Menschen von den nie oder nur ganz selten lachenden Moralfanatikern gefürchtet und verachtet werden (insgeheim).

Da gibt es den bekannten Tiefschlag: Am vielen Lachen erkennt man den Narren.

Kein Wunder, wenn der verbissene Mund dem lachenden vorgezogen wird.

Denn wer möchte schon –?

Andererseits: »Kann man nicht auch«, so Minna von Barnhelm, »lachend sehr ernsthaft sein?«

Sicher kann man das. Aber muß man es dann eben können. Und leider können's die wenigsten. Weil da Humor dazugehört.

Jetzt ersparen Sie mir bitte die Definition dieses Begriffes. Überlassen wir das den Fachidioten der Ästhetik. Im neunzehnten saeculum und im Anfang des 20. Jahrhunderts haben die Philosophen förmlich Schlange gestanden nach Definitionen des Humors.

Aber noch keinem ist es – wie zumindest der Nachfolger vom Vorgänger feststellt – gelungen, eine befriedigende Erklärung abzuliefern.

Lediglich ein Amateur-Ästhetiker (möglicherweise war es Wilhelm Busch) hat etwas Brauchbares unter die Leute gebracht:

Humor zu haben, ist die List
zu lachen, wenn's zum Weinen ist.

Aber auch er hat einen Nachfolger gehabt, der noch eins draufsetzte:

Humor ist, wenn man trotzdem lacht.

(Etruskische Bauernregel etwa 800 v. Chr.)

Wie war es doch mit jenem Zeppelin, dessen Jungfernfahrt so traurig endete? Obwohl an Bord Rauchverbot herrschte, und zwar strengstes (die Füllung des Luftschiffes war schließlich hochexplosiv), soll der Kapitän, nachdem während des schwierigen Landemanövers Feuer ausgebrochen war, gesagt haben: »Es darf jetzt geraucht werden!«

Ein makabrer Scherz, getrieben mit dem Entsetzlichen.

Der sogenannte ernste Mensch wird ihn als geschmacklos abtun und ablehnen. Also fast jeder. Nur wer Humor hat, kann darüber mit gutem Gewissen lachen.

Wie er umgekehrt über vieles nicht lachen kann, was Humorlose wahnsinnig komisch finden.

Wie dem Humor ist es – was die Definition anbelangt – auch dem Scherz, der Satire, der Ironie usw. ergangen. Dutzende Male ist versucht worden, eine Begriffsbestimmung zu finden, und ebenso oft ist es im Grunde mißlungen. Auch mein eigener Versuch auf diesem Gebiet gehört wahrscheinlich zu den mißglückten, weil er so unwissenschaftlich ist.

Humor und Satire – meine ich – beide klagen zunächst einmal an, nur die Satire verlangt ein hartes Urteil und besteht auf einer sofortigen Vollstreckung.

Humor dagegen – lange nicht so aggressiv wie die Satire – verlangt zwar ebenfalls ein Urteil, aber erstens kein hartes und zweitens verzichtet er auf eine sofortige Vollstreckung.
Es gibt Bewährungsfrist.
Jetzt sind Sie dran!
Bezeichnend übrigens für die heutige Zeit, daß die lachenmachenden unter unseren Autoren sich fast ausschließlich Satiriker nennen und Satiren schreiben, während der Humorist – soweit es ihn, wie gesagt, überhaupt noch gibt – für seine Schöpfungen keine der Satire entsprechende Bezeichnung hat.
Der Ausdruck fehlt der deutschen Sprache. Es gibt ihn nicht. Nicht mehr jedenfalls. Denn es gab ihn einmal. Die alte Generation kennt ihn gerade noch: Humoreske.
Ihr größter Meister? Immerhin Tschechow. Seine »Texte«, soweit sie humoristisch waren, hießen Humoresken. Reklam hatte sie unter diesem Namen in einigen Bändchen herausgebracht.
Dann muß eben unter dieser Bezeichnung soviel Zweit- und Drittrangiges erschienen sein, daß ein guter Autor sich hütet, seine lachenerregenden Arbeiten Humoresken zu nennen.
Übrigens haben – im Gegensatz zu den Satirikern – Humoristen es immer schwerer gehabt in Prestigefragen.
Nachdem die Urväter des Humors, die unerreichten Sterne (Jean Paul usw.), Rudel von immer schlechter werdenden Epigonen erzeugt hatten, kam das Wort »Humorist« langsam in Verschiß.
Schopenhauer macht als erster darauf aufmerksam:
»Da jedes Wirtshaus Hôtel, jeder Geldwechsler Banquier, jede Reiterbude Zirkus, jedes Konzert Musikalische Akademie, jeder Töpfer Tonkünstler genannt sein will: so heißt auch jeder Hanswurst Humorist. Der Humor ist indes nicht dazu da, um jeden Spaß und jede Hanswurstiade mit diesem Namen zu betiteln, wie jetzt in Deutschland ohne Opposition von Litteraten und Gelehrten geschieht, weil der wahre Begriff jener Geistesrichtung, jenes Kind des Lächerlichen und Erhabenen, zu subtil und zu hoch sein würde für ihr Publikum, welchem zu gefallen sie bemüht sind, alles abzuplatten und zu pöbelarisieren.« *Ende des Zitates.*
Nun, inzwischen haben die Literaten und Gelehrten zu opponieren gelernt gegen den Hanswurst und die Hanswurstiaden. Die sind jetzt in die Spitze der hohen Politik aufgerückt. Die Stellung des zwischen dem Lächerlichen und Erhabenen vermittelnden Humoristen strahlt wieder im alten Glanz.
Nur hat sich das noch nicht herumgesprochen.

Fußnote: Eigentümlichkeiten in der Schreib- und Ausdrucksweise, die nicht ganz dudengerecht erscheinen, sind Konzessionen an die hessisch orientierte Linksschreibung.

Neuerdings ist Werner Finck wieder unter die Kolumnisten gegangen, wenn auch nicht mehr – »jede Woche«. Die Spalte, die er seit April 1975 monatlich einmal in der Zeitschrift »Zenit« füllt, heißt: »Werner Finck bemerkt am Rande«:

ALTER HANDEL

Werner Finck bemerkt am Rande . . .
. . . daß die meisten alten Menschen ihr Alter verleugnen.
Was mich betrifft, so stehe ich immer zu meinen Klammer auf 72 Klammer zu. Leider stehe nicht nur ich dazu, sondern es steht dazu auch noch in der Presse, dieses (72). Diese Indiskretins!
In jüngeren Jahren habe ich mich sogar oft als älter ausgegeben, viel älter. Das war am Anfang meiner Bühnenlaufbahn. Ich war jung und lebenslustig: dennoch gab es Tage, in denen ich sehr alt und verbraucht wirkte. Das hatte aber keinen pathologischen Grund, sondern es lag an der Rolle, die ich spielen mußte. Obwohl ich den jugendlichen Komiker im Vertrag hatte, trat ich (aushilfsweise) als Tattergreis auf. Mit einer Maske, die es in sich hatte. Der volle Haarschopf verschwand unter einer toupetartigen Glatze, das junge Gesicht wurde durch Runzeln und Falten entstellt.
Wenn ich heute, fünfzig Jahre später, einen Greis spielen müßte; dann bedarf es keiner künstlichen Glatze mehr; die natürliche reicht völlig aus. Die Falten und Runzeln müßten nicht erst gemalt werden, sie sind reichlich vorhanden. So wie ich bin, könnte ich sofort die Bühne betreten, nicht einmal der Rücken müßte gekrümmt werden.
Merke: Das Alter hat eben nicht nur Nach-, sondern, wie in diesem Fall, auch Vorteile.
Das Wort alt ist ja wertneutral – nicht gut, nicht böse, nicht schön, nicht häßlich. Erst im Zusammenhang mit Dingen, Personen und Zeitläuften wird das anders.
Alt im Zusammenhang mit einer Stimme kann etwas Wunderschönes sein. Im Zusammenhang mit dem Alter der Altistin etwas sehr Heikles. Alter mit nachfolgendem tum: da verstummt alles vor Ehrfurcht.
Während Alter mit nachfolgendem Hut die Gemüter in Aufregung bringen kann, wie wir es letzthin erleben konnten, als Franz Josef Strauß seine Sonthofener Aggressionen mit dieser Bezeichnung zu verharmlosen versuchte.
Die äußerste Konzession der aus ihrem Alter ein strenges Geheimnis Machenden: Jeder ist so alt, wie er sich fühlt.
Nun, dann fühle ich mich wie ein Hundertjähriger, der sich wie ein Siebziger vorkommt. Wenn es aber jemand ganz genau wissen will,

verrate ich ihm, daß ich demnächst 120 werde. Dann kann man immer noch reichlich runterhandeln und aus dem Minus-schon ein Plus-erst machen.
Vielleicht auch ein Tip für Sie.

PESSIMISTISCHER WITZ

Werner Finck bemerkt am Rande . . .
. . . daß es den Pessimisten unter uns von Jahr zu Jahr schwerer gemacht wird, ihren Titel zu Recht zu tragen: Sie sehen zwar tiefschwarz, wenn es sich um unsere Zukunft handelt, aber diese Farbe ist wahrscheinlich noch zu freundlich im Hinblick auf das, was uns noch bevorzustehen scheint: Die Folgen der weltweiten Wirtschaftskrise, Arm in Arm mit Arbeitslosigkeit und Inflation, flankiert von den dramatischen Vorgängen in Vietnam und in Portugal, um nur die zur Zeit vordergründigsten zu nennen, liefern ihnen die erschreckendsten Schlagzeilen.
Wenn wir wenigstens mittendrin steckten in dieser hinterhältigen Krise, wir stehen aber offenbar erst ganz am Anfang.
»Nachbarin, Euer Fläschchen.«
1939, kurz vor dem Zweiten Weltkrieg, als die Intellektuellen damals in Deutschland, und nicht nur sie, die Lebensbedingungen unerträglich fanden, schrieb ich einem von ihnen als Widmung in ein Buch: 1939, ja das waren noch Zeiten! Wenige Jahre danach, 1945, kam der Zusammenbruch mit all seinen schrecklichen Folgen und lieferte die dem Witz damals noch fehlende Pointe.
Zeit und Ewigkeit scheinen in solchen Abschnitten sich auf jenen Punkt hin zu bewegen, wo sie sich überschneiden. Verzeihen Sie mir die hochtrabenden Worte Zeit und Ewigkeit. Wenn einer von meiner Zunft von Ewigkeit redet, muß das dann wenigstens witzig klingen, etwa so: Bis ich diesen Satz gefunden habe, das hat mal wieder eine Ewigkeit gedauert.
So einer wird vom Sprachgebrauch her mit einem witzigen Original auf eine Stufe gestellt.
Auch die Wortspiele haben im literarischen Deutschland, dessen linke Seite in der BRD ja im Begriff ist, die exklusive Literatur abzuschaffen, wenig zu melden. Es kommt hinzu, daß Wortspiele vom Ohr oft meistens besser verarbeitet werden als vom Auge, z. B.: Wie man auch zu Willy Brandt stehen möge, eins ist sicher, er hat einen großen Namen bekommen in der Weltgeschichte seit seiner Bundeskanzlerschaft. Hat er den Namen von Marx oder hat er den Bismarcks? Dem Ohr geht es glatt ein, dem Auge nicht ganz: Bismarck schrieb sich nicht mit x am Schluß.
Der Nobelpreisträger Brandt stiftete den Preis einem wohltätigen

Zweck. Diesen Vorgang als Brandstiftung zu bezeichnen, wäre irreführend.
Fürs Ohr besser als fürs Auge: Wie unterscheiden sich DKP und SPD? Die DKP will alles gleichmachen und die SPD alles so fort.
Schließen wir den heutigen Beitrag mit einer Mahnung an die Europäer: Zusammenschluß machen oder zusammen Schluß machen!
Dies wär's für heute.

NOCH EIN VEREIN?

Werner Finck bemerkt am Rande . . .
. . . daß er wieder einmal Lust verspürt, einen Verein ins Leben zu rufen.
Der Ruf aber, den er als Vereinsgründer hat, steht ihm dabei im Wege: Man weiß, daß er im tiefsten Herzen Vereine haßt, weil sie sich so entsetzlich ernst nehmen. Offenbar müssen sie das aber tun, denn die Vereine, die er gegründet hat und die gerade das Gegenteil von ernsthaft, also schrecklich verspielt waren, lebten deshalb wahrscheinlich auch nie lange.
Es sei nur an die »Gesellschaft zur Pflege und Förderung Punkt« erinnert. Pflege und Förderung. Zwei humane Tätigkeiten, die hoch im Kurs der Kulturbetreuer standen. Wer allerdings, um Mitglied werden zu können, fragte, was die Gesellschaft denn pflege und fördere, hatte die Aufnahme schon verwirkt.
Am schwersten machte es die »radikale Mitte« einem, der genau wissen wollte, wo dort der Spaß aufhörte und der Ernst begann. Und umgekehrt. Nicht einmal Zen-Buddhisten hätten das sagen können. Und so ging es auch den prominenten Politikern, voran Theodor Heuss und Carlo Schmid, obgleich sie Mitglieder waren.
Das Abzeichen der RM trugen sie mit ironischem Stolz: es war eine ordinäre Sicherheitsnadel. Strahlender Höhepunkt der RM war die überfüllte Gründungsversammlung in Berlin anfangs der 50er Jahre, in der auch die Fahne der Partei enthüllt wurde: ein weißes Handtuch mit einem großen herausgeschnittenen Loch in der Mitte, in das sich jeder nach seinem eigenen Geschmack die jeweiligen Symbole (Hakenkreuz, Hammer und Sichel usw.) hineindenken konnte. So konnten alle der gleichen Fahne nachlaufen. Einige Jahre später wurde die Idee des Polit-Eulenspiegels, jenes Loch in der Fahne, von den ungarischen Freiheitskämpfern übernommen. Hier war es nun bestimmt kein Spaß. Die Sicherheitsnadel als Polit-Symbol einer Wahlkampagne übernahm 1965 die SPD.
Ja, und nun bereitet unser alter Narr eine große Aktion für hilfsbedürftige Senioren vor, die so schnell wie möglich starten muß, wenn

sie sich nicht lächerlich machen will. Das hat er aber leider schon vor 22 Monaten gesagt.

AUF ZUM LETZTEN GEFECHT

Werner Finck bemerkt am Rande . . .
. . . daß die Völker dieser Erde immer wieder mittels eines uralten Politschlagers aufgefordert werden, auf jene Signale zu hören, die seit der Mitte des vorigen Jahrhunderts die internationale Arbeiterklasse aufrufen, sich zur Generalabrechnung mit den Kapitalisten fertig zu machen: »Auf zum letzten Gefecht!« Gefecht? Mit Bomben und Raketen? Mit Panzern und Granaten!
Jüngster Stand der Entwicklung: die Junta in Portugal, pardon – die Bewegung der Streitkräfte.
Junta ist ja ein böses Schimpfwort. Es wird immer in Stellung gebracht, wenn es sich um eine Militärdiktatur von rechts handelt. Eine kommunistisch orientierte Militärdiktatur unterscheidet sich kaum wesentlich von einer kapitalistischen. Nennt sich Bewegung. Ein verräterisches Wort. Wir Deutschen wissen ja noch gut, wohin solch eine »Bewegung« führen kann. Was die dunkelbraunen nationalen Sozialisten, die Nazis, nicht geschafft haben, vielleicht bringen das die dunkelroten Internationalsozialisten, die Internazis, fertig. Nur, zum Teufel, wie paßt dieser östliche Trend zur Weltunterwerfung durch Gewalt zum westlichen nach und nach immer mehr nachgebenden Trend der Entspannung?
Dennoch: Die Verdammten dieser Erde, die laut lautgesungener Internationale aufwachen sollen, (Deutschland ist damals auch zum Erwachen aufgerufen worden!) sie werden sich nicht gar zu bald aus ihrem Schlaf erheben. Das letzte Gefecht wird zwar nicht nochmal 150 Jahre, aber doch noch weiter auf sich warten lassen. Zur Beruhigung des zitternden Bürgers.
Ja, wenn die Kommunisten einen kapitalistischen Manager (mit den zwei Seelen, ach, in seiner Brust: halb Unternehmer, halb lohnabhängig Ausgebeuteter) beizeiten mit der Vorbereitung und Durchführung ihres letzten Geschäfts – pardon – letzten Gefechts (welch eine entlarvende Fehlleistung!) beauftragt hätten, es hätte längst stattgefunden.
Gar zu lange freilich wird die endgültige Auseinandersetzung des Spätkapitalismus mit dem Frühkommunismus auch nicht auf sich warten lassen: nur noch ein paar solcher zwar lokalen, aber doch die ganze Welt erschütternden Kriege, wie der jetzt in Indochina zu Ende gegangene, und das letzte Gefecht zwischen Kapitalisten und Kommunisten kann über die Bühne gehen. Geheimtip für Nervöswerdende: Warten auf das berühmte Wunder in letzter Minute.

MOND-BLICK

Um auf das erst kürzlich von einer Milliarde Erdenbürgern verfolgte welthistorische Ereignis zurückzukommen: zurückzukommen, heil und gesund, das war wohl der Hauptwunsch der allerersten Astronauten. Damals war ja die Weltraumfahrerei noch ein reines Himmelfahrtskommando. Die Männer, die zum ersten Mal den Ausflug ins All gewagt haben, sind nicht feierlich verabschiedet, sondern nach dem count down mit ungeheurem Lärm davongejagt worden. Das machte sie rasend. Und in diesem Tempo ging es weiter. Bis sie auf dem Mond landeten. Es klappte alles wie am Schnürchen. Der seidene Faden, an dem immer alles hängt, wenn sich eine Katastrophe anbahnt, war kaum in Erscheinung getreten.

Nachdem sie den Mond betreten hatten, konnten sie sehr schnell bestätigen, daß es dort kein Leben gibt. Und weil da so gar nichts gewachsen war, pflanzten sie – mangels anderer Möglichkeiten – das Sternenbanner auf.

Die ganze Sache aber verlief dann buchstäblich im Sande, von dem der Mond offenbar mehr als genug hat. Und von dem die Astronauten auch bald genug hatten.

Diesem Abenteuer (die Betonung liegt für die Geldgeber auf der zweiten Silbe) folgten serienmäßig neue Expeditionen. Je mehr es aber wurden, um so weniger Fernseher und Rundfunkhörer schalteten sich ein. Schon zu lange kennen sie den präzisen Ablauf des Ganzen. Es gibt nichts mehr, worauf man noch gespannt wäre, nichts, was außerhalb des Vorgesehenen noch passieren könnte. Im Bus hier bei uns kann man sich längst nicht so sicher fühlen, da stürzt immer mal wieder einer einen Abhang runter, und auch nicht in der Eisenbahn, immer wieder mal prallen da zwei Züge aufeinander: menschliches Versagen. Das ist bei diesen Weltallflügen ausgeschlossen, zumindest neunundneunzigprozentig.

Leider muß ich leider sagen, weil somit auch alles Menschliche ausgeschaltet ist. Gebe Gott, daß die Sache nicht hundertprozentig sicher wird, dann wäre das Unmenschliche komplett und die Diktatur der Maschine total.

Die letzte Himmelfahrt letzthin soll die letzte der Apollo-Serien gewesen sein. Zugleich war sie aber auch die erste Verbrüderung zweier Weltmächte im Weltall. Wie weit man dabei den Brüdern trauen kann, steht auf einem anderen Blatt.

Was mir persönlich am bemerkenswertesten schien: daß die kapitalistischen Amis und die kommunistischen Sowjets von ihren aneinandergekoppelten Kapseln aus endlich einmal die gleiche Weltanschauung hatten. Das allein schon hat die enormen Kosten des Projektes gerechtfertigt. Oder?

ZEIT UND EWIGKEIT

Journalismus und Dichtung

Die Journalisten leben von der Zeit und für ihre Zeit, die Dichter wollen ihre Zeit überleben. Für die Zeitungsleute ist es immer höchste Zeit, die Dichter lassen sich Zeit – und manche von ihnen brauchen manchmal eine Ewigkeit, bis sie einen Satz aufs Papier bringen.

Wie der Journalist lebt auch der sogenannte Kabarettist von seiner Zeit. Wenn diese Zeit mit ihren Zeitzündern Geschichte geworden ist, zündet auch keine der Pointen mehr, die seinerzeit schallende Heiterkeit auslösten.

Ich habe in meiner literarischen Mottenkiste gewühlt und bin dabei auf einige meiner unzähligen Wortspiel-Leichen gestoßen, die offenbar nur scheintot waren. Es gibt Vorgänge, die heute noch so aktuell sind wie damals, denn die Geschichte wiederholt sich oft gespenstisch.

Zum Beispiel: »In Westberlin wurde die Freiheitsglocke auf dem Schöneberger Rathaus aufgehängt. Abends Kundgebung im Ost-Sektor (Prager Beschlüsse). Was da aufgehängt wurde, wird man wohl nie erfahren.«

»Die Franzosen wollen schon, daß wir eine Wehrmacht haben. Das wollen sie schon – nur eben muß die schwächer sein als die französische und stärker als die russische.«

»Die Vereinigten Staaten werden in unveränderter Treue ihre schützende Hand über das Pulverfaß halten, auf dem wir sitzen.«

Ein sauberes Kabinett: »Eine Hand wäscht die andere.«

»Ich stehe auf dem Boden der Verfassung. Auf welchem Boden steht aber die Verfassung? Leider auf schwankendem.«

Verfassung im Westen: »Man kann über sie lachen, aber man muß es nicht.«

Politik und Geschäft: »Die eiserne Front wird ihren Gegnern die Stirne bieten. Es wird darauf ankommen, ob die Gegner mehr bieten.«

Was können wir aus dem Vorangegangenen also schließen? Diese ernsten Versuche mit dem Heiteren.

Ist der Mann nach dem »Jahr der Frau« noch zu retten? »›Dem Manne kann geholfen werden‹, dem Herrn wahrscheinlich nicht mehr. Der wird wohl auf der Strecke bleiben, zu der ihn der Genosse gebracht hat.«

NACHWORT
DES HERAUSGEBERS

> Die Satire klagt an und verurteilt,
> der Humor dagegen entlarvt und –
> gibt Bewährungsfrist.
>
> *Werner Finck*

Werner Finck nimmt den Humor nicht auf die heitere Schulter. Er ist ein ernsthafter Humorist, und so macht er es sich auch als Autor nicht leicht. Was er redet, hat er zuvor in seiner ungemein akkuraten kleinen Handschrift in mehreren Fassungen und Varianten aufgeschrieben, verbessert und häufig mit verschiedenfarbiger Tinte korrigiert. Doch auch danach erschien ihm vieles davon unfertig, behielt den Charakter einer Notiz, eines Einfalls.

Jahrzehntelang konnte das Kabarett – solange es noch ein nennenswertes in Deutschland gab – Werner Finck für sich in Anspruch nehmen. Mit Recht, denn er war einer seiner glanzvollsten Vertreter. So wie er – zumal im Dritten Reich – manches populäre Witzwort prägte, kreierte er eine Methode des Wortwitzes, die nicht nur im deutschen Kabarett Schule machte (zum Beispiel den Begriff »Radikale Mitte«). Er nahm die Wörter beim Wort, das war seine Art, mit Humor zu entlarven. Etwa wenn er erzählt: »Meine Mutter wollte, daß ich ein Handwerk lerne, doch dann wurde ich mehr ein Mundwerker.«

Das Kabarett lebt von der Aktualität. Und wer an die Berliner »Katakombe« in den dreißiger Jahren denkt, weiß auch, daß Werner Finck davon lebte. Aber er hat sich nie mit der Aktualität allein begnügt, mit dem Wort entlarvte er den intellektuellen Hintergrund. Kaum einer hat das in so treffenden Worten gesagt wie der Berliner Literaturkritiker und Schriftsteller Paul Fechter, der 1938 (!) über Werner Finck schrieb:

»Humor hat zwei Wurzeln: eine in der Wirklichkeit, die andere im Wort. Die Wirklichkeit liefert die Menschen, die Situationen, die Beziehungen – das Wort fängt sie auf, spiegelt sie, spielt mit ihnen, macht den Gehalt der Wirklichkeit an Komik nicht nur sicht- und auffaßbar, sondern schafft ihn recht eigentlich erst, indem es ihn vergeistigt. Alle große Komik, aller großer Humor der Welt lebt zuletzt mehr aus dem Wort als aus der Wirklichkeit.

Werner Finck hat diese Herrscherrolle des Wortes nicht nur im Witz, sondern im Humor zutiefst begriffen und als guter Schauspieler studiert. Er weiß um die mehr als beschreibende Kraft des Worts, kennt seine Fähigkeit, die Welt herrscherhaft von sich aus zu verwandeln, ohne sich zu verwandeln, sie aus ihrer scheinbaren

Festigkeit zu heben und zum hilflosen Spielball seiner Souveränität zu machen. Sein Witz ist darum mehr als Witz, weil er nicht nur mit den Worten sein Unwesen treibt, sondern mit der Wirklichkeit selber: Er setzt sie beide gleich, möchte man sagen, und bleibt zugleich von beiden frei. Er hat die Magie des Wortreichs erlebt und darunter die Welt ohne Magie: Er konfrontiert beide, und muß selber über das Ergebnis lachen. Aus der faulsten Redensart läßt er mit drei, vier Associationen die schillernde Seifenblase einer tiefsinnigen Erkenntnis steigen und bringt sie selber mit der fröhlichen Skepsis des Ungebundenen noch im gleichen Moment zum Zerspringen – durch irgendein neues Wort. Er sieht den Geist nicht nur im Verbundenen, sondern im einzelnen – es macht ihm Spaß, ihn mit einer plötzlichen Wendung in immer neue Schlupfwinkel des verruchten Sprachdschungels zu verfolgen, ihn aufzustöbern, wo niemand ihn vermutet. Er dichtet und löst auf in einem – worauf er den Leser mit einem freundlich überheblichen Gruß entläßt, um sich im nächsten Gebilde am gleichen Treiben zu ergötzen.«

Im Laufe der Zeit veröffentlichte Werner Finck eine stattliche Zahl von Büchern. Trotzdem enthalten sie nur einen Teil dessen, was er geschrieben hat. Einiges erschien nie, anderes in inzwischen vergessenen Zeitungs- und Zeitschriften-Nummern. Auch eine große Anzahl von Mitschnitten seiner Vorträge ließ er abschreiben. Manches arbeitete er zu einem Manuskript um, doch auch das Gesprochene behält gelesen seinen Reiz.

Die erste Zusammenfassung all dessen erschien 1972 unter dem Titel »Alter Narr – was nun? Die Geschichte meiner Zeit«. Es war, wie es die Zeit wollte und es dem Autor nahelag, ein Buch mit autobiographischer Leitlinie. Trotzdem konnte dem Leser ein gravierender Unterschied zur landläufigen Memoiren-Literatur nicht entgehen: Fincks Rückschau hat dokumentarischen, authentischen Charakter. Er erzählt darin, was er ein Leben lang über sich und die Welt, in der er lebt, zu sagen und zu schreiben wußte. Daß es dennoch nur eine Rückschau in Auswahl war, hat seine Gründe in dem notwendigerweise begrenzbaren Umfang eines Buches.

Im vorliegenden Band sind erstmals eine Reihe von Erzählungen, Feuilletons, Vorträgen, Gedichten, Aufzeichnungen gesammelt, die »zwischendurch« entstanden und die trotzdem nur in wenigen Fällen Gelegenheitsarbeiten sind. Im Gegensatz zum ersten Band entfiel diesmal der Zwang zum Autobiographischen – soweit er bei einem Autor wie Werner Finck überhaupt entfallen kann. »Zwischendurch« ist eine Art literarischer Materialien-Sammlung des Zeitgenossen Finck, es enthält weniger das eigene Leben als das Miterlebte, eine Chronik über mehr als fünfzig Jahre, subjektiv und lückenhaft, mal in gesetzter Prosa oder im Reim, mal in stockender Rede. Was der Autor und sein Herausgeber aus der Fülle des

Materials von Ungedrucktem und Unbekanntem auswählten, soll wohl unterhalten, aber es ließ sich nicht vermeiden, daß es sich wieder zu Bruchstücken einer literarisch kommentierten Zeitgeschichte fügte.

Bartel F. Sinhuber